思想的・睿智的・獨見的

經典名著文庫

學術評議

丘為君　吳惠林　宋鎮照　林玉体　邱燮友

洪漢鼎　孫效智　秦夢群　高明士　高宣揚

張光宇　張炳陽　陳秀蓉　陳思賢　陳清秀

陳鼓應　曾永義　黃光國　黃光雄　黃昆輝

黃政傑　楊維哲　葉海煙　葉國良　廖達琪

劉滄龍　黎建球　盧美貴　薛化元　謝宗林

簡成熙　顏厥安（以姓氏筆畫排序）

策劃　楊榮川

五南圖書出版公司 印行

經典名著文庫

學術評議者簡介（依姓氏筆畫排序）

- 丘為君　美國俄亥俄州立大學歷史研究所博士
- 吳惠林　美國芝加哥大學經濟系訪問研究、臺灣大學經濟系博士
- 宋鎮照　美國佛羅里達大學社會學博士
- 林玉体　美國愛荷華大學哲學博士
- 邱燮友　國立臺灣師範大學國文研究所文學碩士
- 洪漢鼎　德國杜塞爾多夫大學榮譽博士
- 孫效智　德國慕尼黑哲學院哲學博士
- 秦夢群　美國麥迪遜威斯康辛大學博士
- 高明士　日本東京大學歷史學博士
- 高宣揚　巴黎第一大學哲學系博士
- 張光宇　美國加州大學柏克萊校區語言學博士
- 張炳陽　國立臺灣大學哲學研究所博士
- 陳秀蓉　國立臺灣大學理學院心理學研究所臨床心理學組博士
- 陳思賢　美國約翰霍普金斯大學政治學博士
- 陳清秀　美國喬治城大學訪問研究、臺灣大學法學博士
- 陳鼓應　國立臺灣大學哲學研究所
- 曾永義　國家文學博士、中央研究院院士
- 黃光國　美國夏威夷大學社會心理學博士
- 黃光雄　國家教育學博士
- 黃昆輝　美國北科羅拉多州立大學博士
- 黃政傑　美國麥迪遜威斯康辛大學博士
- 楊維哲　美國普林斯頓大學數學博士
- 葉海煙　私立輔仁大學哲學研究所博士
- 葉國良　國立臺灣大學中文所博士
- 廖達琪　美國密西根大學政治學博士
- 劉滄龍　德國柏林洪堡大學哲學博士
- 黎建球　私立輔仁大學哲學研究所博士
- 盧美貴　國立臺灣師範大學教育學博士
- 薛化元　國立臺灣大學歷史學系博士
- 謝宗林　美國聖路易華盛頓大學經濟研究所博士候選人
- 簡成熙　國立高雄師範大學教育研究所博士
- 顏厥安　德國慕尼黑大學法學博士

經典名著文庫130

思想錄（上）

Pensées

【論宗教和其他主題的思想】

帕斯卡爾 著
(Blaise Pascal)
何兆武 譯

經典永恆・名著常在

五十週年的獻禮・「經典名著文庫」出版緣起

總策劃 楊榮川

五南，五十年了。半個世紀，人生旅程的一大半，我們走過來了。不敢說有多大成就，至少沒有凋零。

五南忝為學術出版的一員，在大專教材、學術專著、知識讀本出版已逾壹萬參仟種之後，面對著當今圖書界媚俗的追逐、淺碟化的內容以及碎片化的資訊圖景當中，我們思索著：邁向百年的未來歷程裡，我們能為知識界、文化學術界做些什麼？在速食文化的生態下，有什麼值得讓人雋永品味的？

歷代經典・當今名著，經過時間的洗禮，千錘百鍊，流傳至今，光芒耀人；不僅使我們能領悟前人的智慧，同時也增深加廣我們思考的深度與視野。十九世紀唯意志論開創者叔本華，在其〈論閱讀和書籍〉文中指出：「對任何時代所謂的暢銷書要持謹慎的態度。」他覺得讀書應該精挑細選，把時間用來閱讀那些「古今中外的偉大人物的著作」，閱讀那些「站在人類之巔的著作及享受不朽聲譽的人們的作品」。閱讀就要「讀原著」，是他的體悟。他甚至認爲，閱讀經典原著，勝過於親炙教誨。他說：

> 「一個人的著作是這個人的思想菁華。所以，儘管一個人具有偉大的思想能力，但閱讀這個人的著作總會比與這個人的交往獲得更多的內容。就最重要的方面而言，閱讀這些著作的確可以取代，甚至遠遠超過與這個人的近身交往。」

爲什麼？原因正在於這些著作正是他思想的完整呈現，是他所有的思考、研究和學習的結果；而與這個人的交往卻是片斷的、支離的、隨機的。何況，想與之交談，如今時空，只能徒呼負負，空留神往而已。

三十歲就當芝加哥大學校長、四十六歲榮任名譽校長的赫欽斯（Robert M. Hutchins, 1899-1977），是力倡人文教育的大師。「教育要教眞理」，是其名言，強調「經典就是人文教育最佳的方式」。他認爲：

> 「西方學術思想傳遞下來的永恆學識，即那些不因時代變遷而有所減損其價值

的古代經典及現代名著，乃是真正的文化菁華所在。」

這些經典在一定程度上代表西方文明發展的軌跡，故而他為大學擬訂了從柏拉圖的《理想國》，以至愛因斯坦的《相對論》，構成著名的「大學百本經典名著課程」。成為大學通識教育課程的典範。

歷代經典・當今名著，超越了時空，價值永恆。五南跟業界一樣，過去已偶有引進，但都未系統化的完整舖陳。我們決心投入巨資，有計畫的系統梳選，成立「經典名著文庫」，希望收入古今中外思想性的、充滿睿智與獨見的經典、名著，包括：

- 歷經千百年的時間洗禮，依然耀明的著作。遠溯二千三百年前，亞里斯多德的《尼各馬科倫理學》、柏拉圖的《理想國》，還有奧古斯丁的《懺悔錄》。
- 聲震寰宇、澤流遐裔的著作。西方哲學不用說，東方哲學中，我國的孔孟、老莊哲學，古印度毗耶娑（Vyāsa）的《薄伽梵歌》、日本鈴木大拙的《禪與心理分析》，都不缺漏。
- 成就一家之言，獨領風騷之名著。諸如伽森狄（Pierre Gassendi）與笛卡兒論戰的《對笛卡兒沉思錄的詰難》、達爾文（Darwin）的《物種起源》、米塞斯（Mises）的《人的行為》，以至當今印度獲得諾貝爾經濟學獎阿馬蒂亞・

森（Amartya Sen）的《貧困與饑荒》，及法國當代的哲學家及漢學家余蓮（François Jullien）的《功效論》。

梳選的書目已超過七百種，初期計劃首爲三百種。先從思想性的經典開始，漸次及於專業性的論著。「江山代有才人出，各領風騷數百年」，這是一項理想性的、永續性的巨大出版工程。不在意讀者的眾寡，只考慮它的學術價值，力求完整展現先哲思想的軌跡。雖然不符合商業經營模式的考量，但只要能爲知識界開啓一片智慧之窗，營造一座百花綻放的世界文明公園，任君遨遊、取菁吸蜜、嘉惠學子，於願足矣！

最後，要感謝學界的支持與熱心參與。擔任「學術評議」的專家，義務的提供建言；各書「導讀」的撰寫者，不計代價地導引讀者進入堂奧；而著譯者日以繼夜，伏案疾書，更是辛苦，感謝你們。也期待熱心文化傳承的智者參與耕耘，共同經營這座「世界文明公園」。如能得到廣大讀者的共鳴與滋潤，那麼經典永恆，名著常在。就不是夢想了！

二〇一七年八月一日 於

五南圖書出版公司

導讀

國立清華大學通識教育中心副教授　吳俊業

人只不過是一根葦草，是自然界最脆弱的東西；但他是一根能思想的葦草。用不著整個宇宙都拿起武器來才能毀滅他；一口氣、一滴水就足以致他死命了。然而，縱使宇宙毀滅了他，人卻仍然要比致他於死命的東西更高貴得多；因為他知道自己要死亡，以及宇宙對他所具有的優勢，而宇宙對此卻是一無所知。因而，我們全部的尊嚴就在於思想。

——帕斯卡爾《思想錄》

將人比喻為能思想的蘆葦——這或許是除了「賭徒論證」（le pari de Pascal）以外，帕斯卡爾（Blaise Pascal, 1623-1662）的《思想錄》（*Pensées*）中最廣為人知的想法了。蒹葭亦蘆葦，《詩經．蒹葭》由「蒹葭蒼蒼」起興，賦成思慕伊人的名篇，而同是葦草，帕斯卡爾念及的不是在水一方的伊人，而是人的脆弱的存在，以及足以讓這個脆弱的存在屹立面對宇宙的思想尊嚴。

這種兩重的存在處境（duplicité）既折射出帕斯卡爾在這部晚年代表作中的核心關注，也同時反映了他的基本觀點。人的存在境況一方面是悲慘可憐的，其命造與生死存亡都必須聽命於種種外在的、偶然的因素，但另一方面，他也具有內在的獨特性，有著足以讓人的生命變得偉大的品賦，這種品賦就是人的思想。在浩瀚宇宙之中，人生不過方寸微塵，宇宙可以「囊括了我並吞沒了我，有如一個質點」，但由於能夠思想，「我卻囊括了宇宙」。（348）[1]人既渺小又偉大，既有限又無限，這種兩重性的交錯使得人彷彿是一頭「不可理解的怪物」（un monster incompréhensible），讓人同時感到恐懼和欽佩：

人是怎樣的虛幻啊！是怎樣的奇特、怎樣的怪異、怎樣的混亂、怎樣的一個矛盾主體、怎樣的奇觀啊！既是一切事物的審判官，又是地上的蠢材；既是眞理的貯藏所，又是不確定與錯誤的淵藪；是宇宙的光榮而兼垃圾。（434）

熟稔西方思想傳統的讀者會指出，人類存在的二元性並不是個罕見的想法，它甚至可說是貫串西方哲學發展的主導觀念。但對於帕斯卡爾而言，承接與思考這個傳統觀念不但是理論立場上的選擇，還有著來自切身生命經驗的印證。

帕斯卡爾自幼喪母，其父艾提安．帕斯卡爾（Étienne Pascal）父兼母職，照顧他及其兩位姐妹吉爾帕特（Gilberte）與賈桂林（Jacqueline）的成長。半因先天體弱，半因後天缺乏照料，帕斯卡爾自少多病，孩童時就險因腹腔之疾而夭折。帕斯卡爾被診斷和推斷曾患疾病包括結核、癲癇、偏頭痛、腦瘤、腹腔病、血腫、憂鬱症等等，而據吉爾帕特的傳略記載，在直至三十九歲英年早逝前，帕斯卡爾從未曾完全擺脫病痛的折磨，「從十八歲起，他就沒有活過一天是不痛的。」[2]除了疾病以外，帕斯卡爾傳聞在一六五四年還差點因爲交通事故而喪命。依據報導，他乘坐的馬車經過塞納河上的訥伊橋（Pont de Neuilly）時，馬匹受驚，突從橋側跳入河中，幾乎連人帶車拖至墜河。幸虧馬車的主聯軸器剛巧斷裂，車廂奇蹟般懸掛在橋邊，才讓帕斯卡爾險死還生、逃過一劫。

這種種折磨身心的疾厄和瀕死經歷的創傷是否左右了帕斯卡爾的性格發展，甚至促成了他的思想轉折？伏爾泰（Voltaire）、佛洛伊德（Sigmund Freud）以及威廉・詹姆士（William James）等皆認爲答案是肯定的。在車禍事故後，宗教和哲學思考的確戲劇性地成爲了帕斯卡爾生命最後十年的焦點，即使我們對粗糙的病理學或心理學解釋有所保留，

---

1 本文依據當前中譯本的段落編號引用《思想錄》，編號直接放在括號外，附於引文之後。

2 參：Pascal, *Oeuvres complètes*, M. Le Guern (ed.) (Paris: Gallimard, 1998-2000), vol. I, p. 67。

但帕斯卡爾的人生經歷卻無疑讓他深刻體會到人類存在的脆弱和偶然性，滋養他的思想發展。《思想錄》中一則關於英倫名臣克倫威爾（Oliver Cromwell）的記述鮮明地反映了這種的體會：

克倫威爾要蹂躪整個的基督教世界：王室被推翻了，而他自己的王朝則是永遠強盛的；只是有一小塊尿沙在他的輸尿管裡形成了。就連羅馬也在他的腳下戰慄；然而這一小塊尿沙既經在那裡面形成，於是他就死了，他的王朝也垮臺了，一切又都平靜了，國王又復辟了。（176）

可是，如蘆葦般卑微脆弱只是帕斯卡爾生命的一面，它的另一面則見證了人類思想的崇高偉大。帕斯卡爾早慧，在短促的一生中，他在數學、物理學、氣象學、哲學、神學、文學、工程等領域皆開創出非凡的成就，即使在號稱「天才世紀」的十七世紀歐洲內，我們也難以找到一位同樣天資出眾、同樣廣博和成就耀眼的學問全才。帕斯卡爾自幼被父親悉心教育，年僅十一歲便獨立寫成一篇論物體振動發聲的論文，十六歲寫出重要射影幾何學（Geometry）研究，提出關於圓錐形截面的「帕斯卡爾定理」，精深之處竟讓笛卡兒（René Descartes）懷疑論文是否其父親冒充寫成。帕斯卡爾在一六五四年更因受熱衷於賭博問題的朋友影響，與費馬（Pierre de Fermat）書信往來，討論如何計算賭博勝負的可能性，因而創立了概率的數學理論。在自然科學上，他研究過水力學、氣壓和眞空問題，發現了重要的「帕斯卡爾原理」，以實驗證明氣壓與眞空的存在，顚覆了亞里斯多德（Aristotle）與笛卡兒之傳統形上學，他的名字成爲後世用以量度壓力的計量單位。此外，帕斯卡爾還發明了針筒注射器、首部機械計算器，並爲巴黎設計了首個公共交通系統。

實存的經驗使得帕斯卡爾本人同時體會到人的虛無渺小與尊貴巨大，而將他領向宗教和哲學思想的關鍵事件，則是發生在一六五四年十一月二十三日晚上，被其傳記作者稱其爲「火夜」的事件。事發在帕斯卡爾傳稱遭遇車禍後數個月，當時他安躺家中，突然經歷了神祕的、宗教式的狂喜和啓示，事後他用羊皮紙記錄了這宗神祕經驗，並把紀錄縫在外套的內襯裡，隨身攜帶，當作祕密信物與私人見證，用來證明他的新生命以及提醒他對耶穌基督的承諾。沒有人，甚至連他的姐妹都不知道這份文件的存在，要直到他死後，文件才被發現。

之後，帕斯卡爾將他的才能幾乎完全轉向了宗教寫作與思想論著。從一六五六年到一六六二年去世這段時間裡，他寫下了《致外省人信札》（*Les provinciales*）和《思想錄》。《致外省人信札》包括十八封書信，透過它們，帕斯卡爾介入了他認同的詹森教派（Jansenism）的異端爭議，他一方面諷刺敵對的耶穌會，另一方面則爲詹森教派的教義辯護。《致外省人信札》雖然無法扭轉詹森教派的命運，但在發表的當時卻大受歡迎，被廣爲閱讀，帕斯卡爾受到鼓舞，便進而著手撰寫《思想錄》，試圖更系統地表述他的想法，在詹森教派立場上爲眞正的基督宗教辯護。

然而，《思想錄》之所以能夠引起了每一代哲學家和嚴肅讀者的欽佩和批評的興趣，毋寧是因爲它除了狹義的基督教護教學（Apologetics）外，還對於上述普遍的人類存在議題有深刻的思考。如何理解人的脆弱與偉大？面對人生的苦痛，什麼才是人的救贖之道？在基督宗教的思想脈絡下，帕斯卡爾嘗試回答這些意義深遠的人性問題，他詳細剖析了人類實存的兩重性、深刻揭示出一般人面對人生苦痛的實踐策略的侷限、並探討了宗教救贖之道的可能性。

我們先看看帕斯卡爾如何剖析人類實存的兩重性：帕斯卡爾常以「可悲」（la misère）去形容人的存在處境的現實面，人的生命中充斥著「變化無常、無聊、不安」（127），人們平常雖然以無意義的消遣作樂來掩飾這種眞相，然而只要他們一旦思考，認識到這個眞相，便會「處於一種不堪忍受的悲哀境地」（164）。對於這種纏繞著人類存在的不幸與虛無，帕斯卡爾一方面提出可以預期的神學解釋，將之訴諸原罪的後果；另一方面卻更具哲學旨趣地將之溯源於人類實存生命的時間性格。帕斯卡爾指出，人的虛無和可悲來自於他對於「現在」的遺忘：人生於世，不時透過記憶回顧過去，不時又苦心謀劃，投向未來，致使人的思想「完全被過去和未來所占據」，卻從沒有想到「現在」。他視未來爲唯一的

「目的」，而現在則只是「手段」（172）。「我們永遠也沒有在生活著，我們只是在希望著生活；並且既然我們永遠都在準備著能夠幸福，所以我們永遠都不幸福也就是不可避免的了。」（172）人不停地瞻前顧後、疲於奔命，無法止息，但過度關注過去和籌劃未來，便錯過了活在當下，犧牲了現在來換取那永遠僅是未來的幸福。

人類的原罪、疏於正視當下的天性，以及種種人性缺陷如愚蠢、無知、虛榮、卑鄙、驕傲等是如此根深蒂固，彷彿它們是源自「我們人類脆弱得要命的那種狀況的天然不幸（le malheur naturel de notre condition faible et mortelle）」。這種處境是「如此之可悲，以至於當我們仔細地想到它時，竟沒有任何東西可以安慰我們」（139）。

但人的存在除了這可悲的一面外，還有著其獨特的「偉大」（grandeur），構成人的偉大之處在於他的思想，特別和首先正是他對於自己存在的可悲之思想：

> 人的偉大之所以為偉大，就在於他認識自己可悲。一顆樹並不認識自己可悲。因此，認識〔自己〕可悲乃是可悲的；然而認識我們之所以為可悲，卻是偉大的。（397）

思想能力構成人之為人，使之有別於一塊頑石、一頭畜牲（參339），透過思想，人可以認識到宇宙人生、萬事萬物的種種眞理，帕斯卡爾本人的學問成就正是見證著人性在這方面的偉大。但更重要是，思想能夠讓人履行「認識你自己」（*γνῶθι σεαυτόν*）的古訓，使人了解到自己存在的眞實，認識到它的虛無、可悲與不幸。

然而或許有人會質疑，認識了又如何？即使認識到自己可悲，不是依然是可悲嗎？認識到不幸的難免，不就只是更爲不幸嗎？難道人的偉大最終只是加深了人生的可悲與不幸？帕斯卡爾完全明白這種侷限，他指出，就是因爲如此，所以我們平常往往會採納「鴕鳥」的手段，去面對人生苦痛的現實；我們以「不去面對」來面對人生之可悲。爲了避免思想到自己實際的境況，我們利用種種「娛樂」（divertissement）讓自己分神，如賭博、田獵、酒色、消遣、戰爭、爭名逐利、追逐權位等等；我們透過當中的追逐、忙亂與營營役役，去掩飾自己的不幸。「人生的可悲就奠定了這一切；既然他們看到了這一點，他們就從事排遣」（167）。故此，常人沉迷於這些聲色追逐，其實不是由於它們將會帶來什麼快樂和享受，而是因爲追逐的過程就可以讓人分心和忙亂。帕斯卡爾說：

> 正是因此，賭博、交女朋友、戰爭、顯赫的地位才是那麼樣地爲人所追求。並不是那在實際上有什麼幸福可言，也不是人們想像著有了他們賭博贏來的錢或者在他們所追獵的兔子裡面會有什麼眞正的賜福：假如那是送上門來的話，他們是不願意要的。人們所追求的並不

是那種柔弱平靜的享受（那會使我們想到我們不幸的狀況），也不是戰爭的危險，也不是職位的苦惱，而是那種忙亂，它轉移了我們的思想並使我們開心。

人們之所以喜愛打獵更有甚於獵獲品的理由。（139）

人一旦思考，便會意識到自己的存在是可悲的，但避免思考，沉溺於娛樂，又只會加深我們的可悲，「唯一能安慰我們之可悲的東西就是消遣，可是它也是我們可悲之中的最大的可悲」（171）。於是，人無論思想與逃避思想，皆無法找到幸福，如此一來，哪裡才是人的救贖之道？對於這個問題，《思想錄》的答案可說明列於其寫作的宗旨，直接呈現在撰寫計畫當中。帕斯卡爾把《思想錄》分爲兩大部分，分別配以正反兩面的論旨：

第一部：人沒有上帝的可悲。

第二部：人有了上帝時的幸福。

或：

第一部：論天性是腐化的。根據天性本身。

第二部：論有一位救主存在。根據聖書。（60）

帕斯卡爾相信，只有重建人神關係，我們方能找到救贖和眞正的幸福，而重要的是，對於認識和回歸上帝、重建人神關係，理性思考既是必要，又是不足。在理性以外，我們還需要「心」（le coeur）。

雖然帕斯卡爾認爲，基督教信仰不僅不違背理性，而且是唯一與理性完全相容的宗教信仰，他羅列了種種歷史證據，甚至認可神蹟，認爲它們爲基督教提供了有力的見證，但他也承認，這些證據不會是決定性的。在宗教上，帕斯卡爾在底子裡是承接了奧古斯丁（Augustine）的傳統，強調愛、感受至於理性知識的優先性。

感受到上帝的乃是人心，而非理智。而這就是信仰：上帝是人心可感受的，而非理智可感受的。（278）

由心而非理智去體驗和感受的上帝才是信仰，基督教永遠不能僅靠理性或權威來證明。「我們認識眞理，不僅僅是由於理智而且還由於內心」（282）。帕斯卡爾以爲「心」、「智」分立，兩者如平面和三維空間那樣，各自擁有不同的「秩序」，數理與自然科學須遵從理智的秩序，但在宗教事情上，唯有「心」能夠直接地獲得「第一原理」。若理性不承認自己的有限性，「竟彷彿唯有理智才能教導我們似的」（282），那麼理性是不合理的。

但只有「心」而無「智」是否就能引領人走向救贖？如果「心」之用爲認識上帝，而「智」之用爲認識人生可悲，則《思想錄》一些段落似乎可以詮釋爲基督宗教是一種「心」、「智」並濟的宗教信仰：

> 認識上帝而不認識自己的可悲，便形成驕傲。認識自己的可悲而不認識上帝，便形成絕望。認識耶穌基督則形成中道，因爲我們在其中會發現既有上帝又有我們的可悲。(527)
>
> 基督宗教就把這兩個眞理一起教給了人類：既存在著一個上帝是人類能夠達到的，又存在著一種天性的腐化使他們配不上上帝。認識這兩點的每一點對於人類都是同等地重要；一個人認識上帝而不認識自己的可悲，與認識自己的可悲而不認識救主能夠加以救治，乃是同樣地危險。這兩種認識若只有其一，就會造成要麼是哲學家的高傲，他們認識上帝，卻不認識自身的可悲；要麼便是無神論者的絕望，他們認識自身的可悲但沒有救主。(556)

總的來說，《思想錄》的護教學並不是建立在客觀論證、系統邏輯和上帝存在的形而上學證明上。除了少數例子，帕斯卡爾避開了大多數傳統的上帝證明，甚至奧古斯丁的證明。相反，他更多地論及基督教信仰的歷史，詮釋它在新舊約中的教義。此外，從今天我們見到的《思想錄》筆記來說，帕斯卡爾眞正詳盡闡述主要是撰寫計畫第一部分的消極論旨，即無神的人生之可悲，以及天性的敗壞。帕斯卡爾的重點在於直接訴諸對人類存在狀態的剖析與細緻描述，強調人的有限與不足，並在一定程度上，讓讀者回想其實際人生體驗，以印證這些描述是否可信和有說服力。

但《思想錄》並不是完全沒有談論到信仰的理性證明，然而帕斯卡爾提出的獨特論證卻不是訴諸《聖經》的內容，又不是依據抽象的形上學理論，而是那讓他享有盛名的「賭徒論證」。帕斯卡爾認爲，即使我不能理性地、確切無疑地證明上帝的存在，但我還是得決定相信還是不相信上帝，面對信仰的賽局，我必須「下注」。此時，下注賭上帝存在便比賭祂不存在來得合理，因爲我若賭上帝存在並信奉祂，一旦我贏了，我的靈魂便會得到救贖，獲得永恆的福報，即使我輸了，我也沒有什麼重要損失；反之，我若賭上帝不存在並過無神論的生活，縱使我贏了，我賺取的東西可說無足輕重，但萬一我輸了，我可是會蒙受可怕的懲罰。由此，對於一個理性的人生博奕者來說，相信上帝存在才是合理的。

「賭徒論證」揉合了神學、機率和賽局理論思考，巧妙地避開直接的上帝存在論證，同時又提出了一個有力的辯解，讓信仰上帝的選擇不顯得是盲目無理的。總體來說，帕斯卡爾在《思想錄》承接他在《致外省人信札》的風格，文理並茂，無傳統護教學常見的學究氣，而「賭徒論證」就正好活潑地展現了帕斯卡爾書寫策略的重要特點，它避開了枯燥和瑣碎的邏輯論證與概念辯解，而直接從面對信仰的具體問題入手，爲猶豫不決的現代人提供有說服力的建言，引導他們作出合理的人生選擇。

在〈導讀〉的最後部分，我們會對《思想錄》的成書和版本補充幾點案語。《思想錄》的文體獨特，影響廣泛，但這部著作其實並未完成，我們今天所讀到的都只是作者草擬的一些筆記，但單是這些吉光片羽，便使得《思想錄》被後世尊奉為經典。據傳聞，這部經典著作的起點是一六五六年三月二十四日發生在皇港修道院（Port-Royal des Champs）的「聖荊棘奇蹟」（miracle de la Sainte Épine），以皇港修道院為重鎮的詹森教派當時正陷於異端爭議之中，帕斯卡爾的侄女患眼疾，觸碰過皇港修道院號稱是基督王冠荊棘的聖物之後，竟然奇蹟般痊癒，此事被教會追認為神蹟，因而舒緩了人們對詹森教派的攻訐，同時也使得帕斯卡爾對這個教派的認同更為堅定，進而決定立足於詹森教派的立場，撰寫他對基督教的思考。

帕斯卡爾大約是從一六五七年開始撰寫與《思想錄》相關的筆記的，他的原來計畫是撰寫一部從詹森主義的立場出發，為基督宗教信仰辯護的護教學著作。在一六六九年即帕斯卡爾身故後七年，他的朋友將這些筆記分門別類摘錄起來，以《帕斯卡爾先生論宗教及其他議題的思想錄》（*Pensées de M. Pascal sur la religion, et sur quelques autres sujets*）為題付梓出版。在帕斯卡爾去世前，筆記遺稿約有千頁，合成六十捆左右，在他死後，帕斯卡爾的親人明智地馬上命人於一六六二至一六六三年分抄了兩個謄抄本，分送不同地方保存和使用，這兩個抄本保持了帕斯卡爾對原稿最後的安排整理的順序，而其手寫原稿則在一七一一年被他的侄子 Louis Périer 以剪刀剪裁編纂，統一拼貼在一本剪貼簿冊之中。

在過去，這些筆記的編輯者並沒有從中看到什麼應有的順序，也並未嚴格恪守什麼學術編輯的規範，於是往往就各按不同的標準——包括基於節省紙張篇幅的緣由——，把筆記條目作不同的剪裁排列。今天，人們一般認為至少在二十七捆手稿當中，一些筆記段落是可以找到合理的內部順序的，而在剩下的三十多捆當時被稱為「附錄」的筆記中，也比過往所認為的更有系統。因此，當代《思想錄》編輯們往往會盡可能依據一六六三年的兩份謄抄本，即使他們明白，它們所呈現的既不必就是帕斯卡爾心中的理想順序，也不能保證就是帕斯卡爾終定的措辭方式。

一六六九年初版的《思想錄》又稱為「皇港修道院版」，它對於帕斯卡爾的遺稿做了些篩選，只包含了主題最清晰的片段，而避免收入一些有爭議的篇章，而有些片段甚至重寫過。隨後各種編定版本相繼問世，直至一八九七年著名哲學家萊昂．布倫士維格（Léon Brunschvicg）總合其成，將所有片段按邏輯和主題順序分為十四個部分，並詳加注疏，確立二次大戰以前最佳的《思想錄》版本，這也是眼前中譯本所依據的版本。然而，從一九三五年起，一些學者開始意識到，兩個抄本反映了帕斯卡爾本人對筆記的分類，基於這些發現，Louis Lafuma 於一九三五年和 Philippe Sellier 於一九七六年分別依據兩個謄抄本編成了《思想錄》新版本，這兩個版本是現代的帕思卡爾思想研究的主要依據，有必要的話讀者可以參考，以滿足學術研究之需求。

譯序

本書作者帕斯卡爾是十七世紀最卓越的數理科學家之一，他對於近代初期的理論科學和實驗科學兩方面都做出了巨大的歷史貢獻。他的以《眞空論》爲代表的一系列科學著作，基本上是唯物主義（Materialism）的並充滿了戰鬥風格，三個多世紀以來已成爲科學史上和思想史上的光輝典籍。

帕斯卡爾的思想理論集中地表現在他的《思想錄》一書中。此書於笛卡兒的理性主義（Rationalism）思潮之外，別闢蹊徑：一方面它繼承與發揚了理性主義傳統，以理性來批判一切；同時另一方面它又在一切眞理都必然以矛盾的形式而呈現這一主導思想之下指出理性本身的內在矛盾及其界限，並以他所特有的那種揭示矛盾的方法（即所謂「帕斯卡爾方法」），從兩極觀念（他本人就是近代極限觀念的奠基人）的對立入手，考察了所謂人的本性以及世界、人生、社會、歷史、哲學知識、宗教信仰等多方面的理論問題。其中既夾雜有若干辯證思想的因素，又複濃厚地籠罩著一層悲觀主義（Pessimism）的不可知論。

本書的體系是唯心主義（Idealism）的，但在繼承蒙田（Montaigne）等「人性學家」

的思想傳統並宣揚資產階級人性論而與以耶穌會爲代表的天主教會官方的神學理論進行尖銳論戰這一點上，卻有其鮮明的反封建的歷史進步意義。它（和作者本人的另外一部書《致外省人信札》）反映了近代初期西歐大陸中等階級反對派的思想體系的一個重要活動方面。

書中有大量進行神學論戰的地方，乍看起來會使一個現代的讀者感到氣悶；然而他思想中的一些光輝的片段往往就存在於神學的夾縫之中。他所繼承的詹森（Jansenius, 1585-1638）派教義，實質上是宗教改革中喀爾文（John Calvin）派的一個變種，代表著資本原始積累的要求。一切神學理論都不外乎是世俗利益的一種僞裝；只要把神學還原爲世俗，就不難發現掩蓋在神學外衣之下的思想實質。此外，詹森派與耶穌會的論戰雖然是在一個狹小的神學領域範圍之內進行的，帕斯卡爾本人的思想卻在許多重要問題上突破了這個狹小的範圍，既在思想內容方面，也在思想方法方面。

近代辯證法奠基於康德（Immanuel Kant），康德的來源之一是萊布尼茲（Gottfried Wilhelm Leibniz）。萊布尼茲於一六七二至一六七六年僑居巴黎時，結識了詹森派的主要代表人物之一阿諾德（Antoine Arnauld, 1612-1694）並深入研究了帕斯卡爾的手稿，受到他很大的影響。如所周知，萊布尼茲對自動機的研究就是由於受帕斯卡爾設計電腦直接啓發的結果：這是近代計算技術的開端。極限概念則是又一個影響，它奠定了近代微積分學的基礎。但帕斯卡爾對萊布尼茲的影響遠不止此。近代思想史上的一個重要契機是古代奧古斯丁

（St. Aurelius Augustinus）觀點的復活。據控制論創始人維納（N. Wiener, 1894-1964）的看法，現代物理科學革命並非始自普朗克（Max Karl Ernst Ludwig Planck）或愛因斯坦（Einstein），而是始自吉布斯（J. W. Gibbs, 1839-1903）；控制論就是在宇宙的概率熵之不斷增加這一吉布斯的觀點以及更早的萊布尼茲的信息觀念的基礎之上建立起來的。維納認爲吉布斯所提出的概率世界在承認宇宙本身結構中就有著一種根本性的機遇因素這一點上，非常之接近於奧古斯丁的傳統。帕斯卡爾本人既是近代概率論的創始人；同時作爲詹森派最突出的理論代表，他又在思想史上重新提出了奧古斯丁的觀點。從而帕斯卡爾的思想就構成爲古代與近代之間的一個重要的中間環節。從帕斯卡爾經萊布尼茲至康德的這一線索，提供了近代思想史上最值得探索的課題之一。然而這樣一條線索，以及一般的近代思想的發展之與思想方法論之間的相互關係，卻常常爲歷來的研究者們所忽視。此外，由於時代的、階級的和他本人傾向性的侷限，在他思想中所不可避免會出現的許多消極因素，以及它們與現代唯心主義某些流派的密切淵源，——這些也都還有待於研究者們以歷史批判的眼光加以進一步的探討。

* * *

帕斯卡爾《思想錄》一書本來是一部作者生前尚未完成的手稿，其中有些部分業已大致成章，斐然可讀、文思流暢、清明如水；另有些部分則尚未定稿或僅有標目或提綱，言簡意賅或竟至不成語，使讀者索解為難。十九世紀以來整理和注釋帕斯卡爾著作的，前後已有多家，而以布倫士維格本最為精審，大體上已可以為《思想錄》一書清出一個眉目。譯文凡遇疑難之處，基本上均依據布倫士維格的解說；譯文的注釋部分也大多採自布倫士維格的注釋而有所增刪，有時也兼採他書或間下己意，以期有助於理解原文。這是譯文之所以根據布倫士維格本，而沒有根據較晚出的《帕斯卡爾全集》本（J. Chevalier 編，巴黎，Gallimard 版，一九五七年）的原因。

布倫士維格本、布特魯（Boutroux）本和《全集》本三種本子中有關《思想錄》的部分，前兩種本子的編排次序完全一樣，而與後一種出入甚大；但是各本中每一段的文字內容並無不同。書中有引用拉丁文的地方，各種本子多未加翻譯，個別地方雖有譯文，但也很不忠實。因此凡遇拉丁文，譯文都重新譯出；但由於自己水準所限，錯誤之處尚希讀者教正。書中引《聖經》的地方，因作者係憑記憶信筆寫出，往往與經文原文有出入，而且中文官話本文字也嫌過時；所以書中凡引經文的部分，譯文均根據作者的原文重行譯出，而以官話本作為譯注附入，以供參考。書中有幾頁是談猶太經學的，布倫士維格本以及其他幾種通行本子於此均未加注釋；我自己於此是外行，只能酌加少量必要的注釋，是否確切，不敢自信。有關帕斯卡爾的生平和他的科學貢獻以及書中一些術語譯文的說明，詳見附錄。

第二次世界大戰後，先後出過四種《帕斯卡爾全集》，它們是：

1. Chevalier 編，一九五七年。
2. Louis Lafuma 編，一九六〇年。
3. Jean Mesnard 編，一九六四年。
4. L. Brunschvicg 與 P. Boutroux 編，一九六六年重印（1908-1925）。

另外，關於帕斯卡爾的科學著作是：

R. Taton 編《帕斯卡爾科學著作集》，一九四八年。

本書翻譯，承友人商務印書館顧壽觀學長多所鼓勵和幫助，並此致謝。

譯者

一九七九年　北京

目錄

【上冊】

附　錄

【下冊】

第一編　關於精神和文風的思想

21—910*（1）105—187

幾何學精神與敏感性精神[1]的區別——在幾何學，原則都是顯然可見的，但卻脫離了日常的應用；從而人們由於缺乏運用習慣，很少能把腦筋放到這上面來，但是只要稍一放到這上面來，人們就會充分看出這些原則的；對於這些巨大得幾乎不可能被錯過的原則，若竟然也推理錯誤，那就一定是精神根本謬誤了。

但是敏感性精神，其原則就在日常的應用之中，並且就在人人眼前。人們只需要開動腦筋，而並不需要勉強用力；問題只在於有良好的洞見力，但是這一洞見力卻必須良好；因爲這些原則是那麼細微，而數量又是那麼繁多，以致人們幾乎不可能不錯過。可是，漏掉一條原則，就會引向錯誤；因此，就必須有異常清晰的洞見力才能看出全部的原則，然後又必須有正確的精神才不至於根據這些已知的原則進行謬誤的推理。

因而，凡是幾何學家只要能有良好的洞見力，就都會是敏感的，因爲他們是不會根據他們已知的原則做出謬誤的推理的；而敏感的精神若能把自己的洞見力運用到那些自己並不熟悉的幾何學原則上去，也會成爲幾何學家的。

因而，某些敏感的精神之所以並不是幾何學家，就在於他們根本未能轉到幾何學的原則方面來；而某些幾何學家之所以並不是敏感的，就在於他們並沒有看到自己面前的東西，就在於他們既然習慣於幾何學的簡潔的原則，並且只是在很好地看出了並掌握了他們的原則之後才能進行推論，所以他們在敏感性的事物方面就茫然若失了，因爲它們的原則是不容這樣來掌握的。這些原則幾乎是看不見的，我們毋寧是感到它們的而不是看到它們的；那些自己不曾親身感到過它們的人，別人要想使他們感到，那就難之又難了。這類事物是如此之細緻而又如此之繁多，以至於必須有一種極其細緻而又十分明晰的感覺才能感受它們，並根據這種感受做出正確公允的判斷來；但卻往往不能用幾何學裡那樣的秩序來加以證明，因爲我們本來就不是以這種方式獲得這些原則的，也因爲那樣嘗試的話，就會是一樁永無止境的事了。我們必須在一瞥之下一眼就看出整個的事物來而不能靠推理過程，至少在一定程度上是這樣。因此，就很少有幾何學家是敏感的，或者敏感的人而是幾何學的了；這是由於幾何學

---

* 本書文字按布倫士維格編次排列，正中粗體灰底數字段碼即布序序碼，兩側粗體數字供對照另兩種版本之用，請見第四〇一頁編者按。

1 按「敏感性精神」原文爲 l'esprit de finesse，係指與幾何學的邏輯推論方式相對立的心靈的直覺或敏感。特羅特（Trotter）英譯本逕作「直覺的精神」。又，esprit 一詞十七世紀時尚未獲得十八世紀「心智」的含義，故此處仍譯作「精神」。（譯注，下同）

家要想幾何學式地對待那些敏感的事物，他們要想從定義出發，然後繼之以定理，而那根本就不是這類推論的活動方式，於是他們就把自己弄得荒唐可笑了。這並非是說我們的精神沒有在進行推論，但它卻是默默地、自然而然地、毫不造作地在進行推論的；因爲它那表現是超乎一切人力之外的，而它那感受也只能屬於少數人。

相反地，敏感的精神既已習慣於這樣一眼看去就下判斷，所以——當人們向他們提出了爲他們所毫不理解的命題，而深入這些命題又要經過許多如此之枯燥乃至他們根本就不習慣於那樣仔細地加以觀察的定義和原理時——，他們就會那麼驚愕失措，以至於望而卻步並且感到灰心喪氣了。

但謬誤的精神卻永遠既不能成爲敏感的人，也不能成爲幾何學家。

因而，那些僅僅不外乎是幾何學家的幾何學家雖則具有正確的精神，卻需我們以定義和原理向他們解說清楚一切事物；否則他們就會荒謬得不能容忍，因爲他們只有依據說得清清楚楚的原理才能是正確的。

而那些僅僅不外乎是敏感的人的敏感的人，又不能有耐心深入到思辨與想像的事物的根本原則裡去，這些原則是他們在世上所從未見過的，並且是完全脫離日用之外的。

22—909*（2）274—563

有各種不同的正確意識；有的人只在某一序列的事物上[2]，但在其他序列方面則否，在那些方面他們是胡說八道的。

有的人能從少數的原則得出結論，這也是意識的一種正確性。

另有人能從含有大量原則的事物中得出結論。

例如，有的人很理解水的種種作用，而關於水的原則卻是很少的；然而其結論又是如此之精微，那是非有極大的正確性辦不到的。

而這些人卻未必因此就是偉大的幾何學家：因爲幾何學是包含大量原則的，而精神卻可能有一種性質是這樣：即，它固然很能鑽研少數原則的深處，然而卻一點也不能鑽研那些含有大量原則的事物。

因而便有兩種精神：一種能夠敏銳地、深刻地鑽研種種原則的結論，這就是精確性的精

---

2 讀作：「有的人只在某一序列的事物上有著正確的意識。」

神；另一種則能夠理解大量的原則而從不混淆，這就是幾何學的精神。一種是精神的力量與正確性，另一種則是精神的廣博。而其中的一種卻很可能沒有另一種；精神可以是強勁而又狹隘的，也可以是廣博而又脆弱的。

23—915（3）29—253

習慣於依據感覺進行判斷的人，對於推理的東西毫不理解，因爲他們想一眼就能鑽透而並不習慣於探索種種原則。反之，那些習慣於依據原則進行推論的人則對於感覺的東西也毫不理解，他們在那裡面探索原則，卻不能一眼看出。

24—911（4）22—273

幾何學，敏感性——眞正的雄辯會嘲笑雄辯，眞正的道德會嘲笑道德；這就是說，判斷的道德——它是沒有規則的——是嘲笑精神的道德的。

因爲感覺之屬於判斷，正如科學之屬於精神[3]一樣。敏感性乃是判斷的構成部分，幾何學則是精神的構成部分。

能嘲笑哲學，這才眞是哲學思維。

25—982（5）9—543

那些沒有準則就判斷一件作品的人之於別人，就像是那些〔沒有〕錶的人之於別人一樣[4]。

---

3 按，作者在本章中所使用的基本術語，前後不一；這可能由於寫作不是同一時期。此處「精神」一詞，係指與敏感或直覺相對立的知性。布倫士維格（Léon Brunschvicg）認爲作者分精神爲兩種，即邏輯的（幾何學的）和直覺的（敏感性的）；判斷包括感情，而推論則始終是抽象的；哲學除了雄辯、邏輯和修辭之外，尚須靠感情或心靈。默雷（Méré, 1610-1684，爲作者友人）《談話錄》第一章，第六十四節：「有兩種研究，一種只是追求技術和規則，另一種則根本不做此想，它的目的只在於依據本能而不假手思慮去尋求最適合於各種具體問題的東西。如果必須公開聲明二者擇一的話，那麼我就要擇取後者，這主要是由於我們是根據經驗或根據感覺才認識到什麼最好。但是前者也不能忽視，只要我們能經常牢記，凡是獲得成功的總要比規矩更有價值。」

4 據布倫士維格解說，此處意謂：錶所指示的時間與人無關，時間對於人是厭倦則長、歡愉則短；所以人類僅有理智還不足以提供準則，尚須求之於感情。

一個人說：「已經兩個小時了」；另一個人說：「只不過三刻鐘。」我看了自己的錶，就對前一個人說：「你疲倦了吧」；又對後一個人說：「時間對你簡直是不難留住」；因爲這時候是一小時半，於是我就嘲笑了那些說時間留住了我或者說我憑幻覺而判斷時間的人。他們不知道我是根據我自己的錶做出判斷的。

26—991（6）10—243

正如我們在敗壞著精神一樣，我們也在敗壞著感情。

我們由於交往而形成了精神和感情。但我們也由於交往而敗壞著精神和感情[5]。因此，好的交往或者壞的交往就可以形成它們，或是敗壞它們。因而最重要的事就是要善於選擇，以便形成它們，而一點也不敗壞它們；然而假如我們從來就不曾形成過或者敗壞過它們的話，我們也就無從做出這種選擇了。因此，這一點就構成了一個循環，能擺脫這個循環的人就幸福了。

17—981（7）252—428

一個人的精神越偉大，就越能發現人類具有的創造性[6]。平庸的人是發現不了人與人之間的差別的。

18—960*（8）19—194

很多人都是以聽晚禱的同樣方式在聽講道的。

---

5 蒙田（Montaigne, 1533-1592）《文集》第三卷第八章：「正如我們的精神由於和人們生氣勃勃的精神交往而得到增強和規範，我們也無法說清它又是怎樣由於我們與卑鄙腐化的精神不斷相接觸而墮落和淪亡的，傳染病都不如它那麼氾濫。」

6 帕斯卡爾《愛情論》：「一個人的精神越偉大，就越能發現創造性之美。」

93—5（9）276—185

當我們想要有效地糾正別人並指明他是犯了錯誤時，我們必須注意他是從哪個方面觀察事物的，因爲在那方面他通常總是眞確的；我們必須承認他那方面的眞理，然而也要向他指出他在另一方面所犯的錯誤。他對這一點會感到滿意的，因爲他看到自己並沒有錯誤，只不過是未能看到各個方面而已；人們不會惱恨自己看不到一切，然而人們卻不願意自己犯錯誤；而這也許是由於人天然就不可能看到一切的緣故，是由於人天然就不可能在自己所觀察到的那一方面犯錯誤的緣故，因爲感官的知覺總是眞確的。

43—6*（10）197—188

人們通常總是被自己親身所發現的道理說服，更有甚於被別人精神裡所想到的道理說服。

208—713*（11）194—189

一切盛大的娛樂對基督徒的生活都是危險的；然而世人所發明的一切娛樂之中，沒有哪一種是比戲劇更爲可怕的了。它表現感情是那麼自然而又那麼細緻，所以在我們內心裡也激起並造成同樣的感情，特別以愛情爲然，主要是當人們把〔愛情〕表現得非常貞潔而又非常眞摯的時候。因爲它越是對純潔無辜的靈魂顯得純潔無辜，也就越能使他們感動；它那激情投合了我們的自愛心，於是我們的自愛心就立刻形成一種願望，要想產生我們所看到表現得如此之美好的那種同樣的作用；並且我們同時就根據自己在戲裡所看到的那種感情的眞摯來塑造自己的良心，它可以消除純潔的靈魂的恐懼心，這些純潔的靈魂在想像著：以一種看來是那麼樣明智的愛情去戀愛，是絕不會有損自己的純潔的。

這樣，我們走出劇院，心裡是如此之充滿了愛情全部的美麗和甜蜜，而靈魂和精神又是如此之深信自己的純潔無辜，以至於我們完全準備接受它們的最初印象，或者不如說準備找機會把它們在某人的內心裡重演出來，以便接受我們在劇中所曾看到被描繪得如此之美好的那種同樣的歡樂和同樣的犧牲。

208—964（12）195—190

斯卡拉穆什（Scaramouche），他一心想著一樁事。

醫生[7]已經說完一切之後，又談了一刻鐘，他滿腔是傾訴的願望。

208—934*（13）229—191

人們愛看錯誤，愛看克萊奧布林（Cléobuline）[8]的愛情，因爲她並不認識自己的愛情。假如她沒有被騙，那就沒有趣味了。

44—957（14）560—46

當一篇很自然的文章描寫出一種感情或作用的時候，我們就在自己的身上發現了我們所讀到的那個眞理，我們並不知道它本來就在那裡，從而我們就感動得要去熱愛那個使我們感受到它的人；因爲他顯示給我們的並不是他本人的所有，而只是我們自身的所有；而正是這種恩惠才使得他可愛，此外，我們和他之間的那種心靈一致也必然引得我們要衷心去熱愛他的。

244—956（15）194—44

雄辯是以甜言蜜語說服人，而不是以威權；它是暴君而不是國王。[9]

---

7 斯卡拉穆什（Scaramouche）爲當時有名的義大利喜劇演員 Tiberio Fiorelli（死於一六九四年）的綽號。帕斯卡爾可能在一六五九年 Petit-Bourbon 舞臺上看過他演出。

8 克萊奧布林（Cléobuline）爲傳說中古希臘哥林多的公主，長期熱愛一個非哥林多血統的臣子米倫德（Myrinthe）而不自覺。法國劇作家斯居代里（Georges de Scudéry, 1601-1668）之妹，作家馬德萊娜・斯居代里（Madeleine Scudéry, 1607-1701）的傳奇劇取材於此。帕斯卡爾把觀眾對該劇女主角那種錯誤感情的反應，看作是幸災樂禍的例子。

9 據布倫士維格的解說：國王是合法的，而暴君是非法的；說服力的威權是合法的，但雄辯的甜言蜜語卻足以敗壞人的意志。可參閱本書上冊第310、311段。

24—（16）[10] 560—194

雄辯就是講述事物的本領，其方式如下：（一）聽講的人能夠毫不勉強高高興興地傾聽它們；（二）他們對此感興趣，因而自愛心引得他們格外自願地要反覆思考。因而，它就在於我們要力圖在兩者之間建立一種吻合：一方面是我們聽眾的精神與心靈，另一方面則是我們所運用的思想與表達。這就要求我們能夠好好地研究人心以便認識它那全部的力量，以便隨後找出我們所要求與之相稱的那篇論文的恰當分寸。我們必須把自己放在聽講人的地位，並根據自己的內心來檢驗我們文章中所加進的曲折，以便看出二者是否相稱，以及我們能否有把握使得聽眾就好像是不得不折服那樣。我們必須盡可能地把自己限於自然的簡樸事實；是小的就不要誇大，是大的就不要縮小。一件事物光說得漂亮是不夠的；它還必須扣題，它應該是一點也不多，一點也不少。

45—925（17）556—7

河流就是前進著的道路，它把人帶到他們想要去的地方。[11]

147，44—926*，927*（18）419—8

當人們不理解一樁事物的眞相時，能有一種共同的錯誤把人們的精神固定下來，那就最好不過了，例如人們把季節的變化、疾病的傳播等等都歸咎於月亮；因爲人之大患就在於對自己不能理解的事物懷有不安的好奇心；他犯錯誤還遠比不上那種徒勞無益的好奇心那麼糟糕。

愛比克泰德（Epictetus）、蒙田和圖爾吉的薩羅門（Salomon de Tultie）[12]的寫作方式乃是最平易的、最富啓示性的、最足以令人回味的並且最爲人所稱引；因爲它們完全是由日常生活談話而產生的思想所構成的；正像當我們談到世人所存在的共同錯誤時，例如說月亮

---

10 本段布倫士維格本作第15段附錄。

11 布倫士維格解說：事實上，文章對帕斯卡爾來說就是一條前進著的道路，它把我們的精神帶到我們想要達到的結論。

12 愛比克泰德（Epictetus，古希臘斯多噶派哲學家，鼎盛於西元二世紀）和蒙田兩人對帕斯卡爾的思想都有很大的影響；但愛比克泰德並無著作傳世。圖爾吉的薩羅門（Salomon de Tultie）即作者自己。

是一切的原因，我們就永遠都少不了要說：圖爾吉的薩羅門說過，當我們不理解一樁事物的眞相時，能有一種共同錯誤等等就最好不過了，那也就是前面的思想。

63—8*（19）243—866

我們寫一部著作時所發現的最後那件事，就是要懂得什麼是必須置之於首位的東西。

68—46（20）198—912

次序——何以我寧可把我的道德教誡分作四條而不是六條？何以我寧可把德行定爲四條、兩條或一條？何以寧可是"abstine et sustine"[13]而不是「遵循自然」，[14]或是像柏拉圖（Plato）那樣「處理私事要公正無私」，[15]或者是其他的東西？你可以說，這裡是一切都包羅在一言之中了。誠然如此，可是若不加以解釋，則它便是枉然無益的；然而當我們要加以解釋時，只要我們所提出的是包括其他一切都在內的這樣一條教誡，則它就正是出自於你所想要避免的那種原始的混沌。因此，當它們都包羅在一句話之中的時候，它們就是被隱蔽起來的而且是枉然無益的，就像是裝在盒子裡面一樣，它們永遠只能表現爲它們自然的混沌狀態。自然規定了它們彼此並不能互相包羅。

69—45（**22**）196—1

自然安排其全部的眞理，乃是每一個都在其自身之中；而我們的辦法卻是要使它們彼此一個包羅著一個，但這是不自然的；每一個都有其自己的地位。

65—4（**22**）193—2

但願人們不要說，我並沒有說出什麼新東西：題材的處理就是新的；在我們打網球的時候，雙方打的只是同一個球，但總有一個人打得更好些。

---

13 〔「節制與自持」〕，爲斯多噶派的格言。

14 「遵循自然」爲伊比鳩魯派與斯多噶派兩派的共同口號，但兩派對此有不同的解釋。

15 按這一句並不是柏拉圖的話，而是託名爲《柏拉圖書信集》中的話。

我非常喜歡聽人對我講，我使用的是前人的文字。正如同樣的思想用另一種講法並不就構成另一篇文章，同樣的是：同樣的文字用另一種寫法卻構成另一種思想！

66—944（23）191—3

文字的不同排列便形成了不同的意義，而意義的不同排列便形成了不同的效果。

46—990（24）596—4

語言——若不是為了休息，我們絕不把精神轉到別的上面去，然而在適宜於休息的時候，只要是有此需要，就必須休息而不能不休息；因為不能適時休息的人就會疲倦；但並不適時感到疲倦的人卻會得到休息，因為他們早已心不在焉了。邪惡的慾念總喜歡與人們所願意得之於我們的東西背道而馳，而又並不給我們帶來任何快樂；這就是我們做出別人所願意的一切時的代價。

49—958（25）227—5

雄辯——它必須是使人悅意的而又是眞實的；然而那種使人悅意其本身又必須是出自眞實。

48—955（26）244—6

雄辯是思想的一幅圖畫；因而那些畫過之後又添上幾筆的人，就是在寫意而不是在寫眞了。

49—971（27）184—120

雜記。**語言**——凡是雕琢字句講求對仗的人[16]就像是開假窗戶講求對稱的人一樣：他們

---

16 此處係指當時諾埃爾神父（Pére Noël）所寫的一部書，題名爲《眞空的實體》。

的準則並不是要正確講述而只是要做出正確的姿態。

50—974（28）247—114

我們一眼就看到的東西，其對稱乃是以沒有理由可以成其爲別的樣子爲基礎的，也是以人體的形象爲基礎的；由此可見，我們要求對稱就只是在廣度方面，而不是在高度與深度方面。

36—3（29）60—115

當我們閱讀一篇很自然的文章時，我們就感到又驚又喜，因爲我們期待著閱讀一位作家而我們卻發現了一個人。反之，那些趣味高級的人閱讀一本書時原以爲能發現一個人，卻出乎意外地發現了一位作家。**Plus poetice quam humane locatus es.**〔「你以詩人發言更有甚於以人發言」[17]。〕那些在教導說自然能講述一切甚至於能講述神學的人，就是好好地在尊敬自然了。

32—799，986（30）248—45

我們僅只請教於耳朵；因爲我們缺乏心靈。

準則就在於誠懇。

刪節之美，判斷之美。

33—966（31）602—119

凡是我們所指責於西塞羅（Cicéron）的那些虛僞的美[18]，都有其崇拜者，並且有大量的崇拜者。

---

17 按爲羅馬詩人彼得羅尼（Petronius, ?-66）的詩句，見所著《諷刺詩》90。

18 蒙田、默雷與帕斯卡爾均指責古羅馬作家西塞羅（Cicéron，西元前一〇六至前四十三年）的著作鋪張揚厲，違反了簡潔樸素的原則。

37—931*（32）291—38

喜悅以及美都有一定的典型，它就在於我們的天性（無論它實際的情況是強是弱）與令我們喜悅的事物兩者之間的一定的關係。

凡是根據這種典型所形成的一切東西都使我們喜悅，無論是建築、是歌曲、是論文、是詩歌、是散文、是女性、是飛鳥、是河流、是樹木、是房屋、是服裝以及其他。凡不是根據這種典型而構成的一切東西，都會使趣味高級的人感到不快。

正猶如根據好典型而譜成的一首歌曲和一座建築之間，會有一種完美的關係一樣，因爲它們都類似於那個獨一無二的典型，儘管它們各屬一類；同樣地根據壞典型而構成的各種事物之間也有一種完美的關係。並不是壞典型也是獨一無二的，因爲壞典型是無窮無盡的；然而比如說任何一首壞的商籟體（sonnet）詩，無論它是根據什麼樣荒誕的典型而寫成的，都十足像是一個按照那種典型而打扮出來的女人一樣。

最能使人理解一首荒誕的商籟體詩是何等之可笑的，就莫過於先考察一下自然以及那種典型，然後再想像一下一個女人或者一座建築就是按那樣的類型被塑造出來的。

38—932*（33）167—31

詩歌美。正如我們談論著詩歌之美，我們也應該談論幾何學之美以及醫藥學之美，然而我們卻不談論它們：其原因就在於我們很了解幾何學的對象是什麼，以及它得包括證明；我們也了解醫藥學的對象是什麼，以及它得包括治療；然而我們卻並不了解成其爲詩歌對象的那種美妙都包括些什麼。我們並不了解我們所應模仿的那種自然的典型究竟是什麼；並且由於缺乏這種知識，我們就發明了種種稀奇古怪的名詞：諸如「黃金時代」、「我們當代的奇蹟」、「命運的」等等；並且我們就把這類莫名其妙的話稱之爲詩歌美。[19]

然而誰要是就根據這種無非是以大話在談論瑣事的典型來想像一位女性的話，那他就會看到一位漂亮的姑娘堆滿了珠翠和首飾，他會覺得好笑的；因爲我們對於什麼算是一個女性的漂亮要比對於詩歌的漂亮懂得更多。然而不懂得這一點的人卻會讚賞她這種打扮；還有不少鄉村會把她當成女王呢；而這就是我們之所以要把按照這種典型而寫成的商籟體詩稱之爲

19　據阿韋（M. Havet）說，作者這裡是指法國詩人馬雷伯（François de Malherbe, 1555-1628）及其詩派。

鄉村女王的原因了。

39—984*（34）246—41

一個人如果沒有做出詩人或數學家等等的標誌，他就不會以詩歌聞名於世。然而普通人卻根本不願意有什麼標誌，並且幾乎也不會在詩人的行業與刺繡的行業之間加以區別的。

普通人既不能被稱爲詩人，也不能被稱爲幾何學家或其他的什麼；但他們卻是所有這一切人，而又是這一切人的評判者。誰也猜不出他們。他們來到人們中間，談論人們所談論的事物。除了必要時拿出來應用之外，我們看不出他們有哪種屬性沒有哪種屬性，但到了必要時我們就會想起它來；因爲這兩種說法同等地都是他們的特性：當其不是個語言問題時，我們就不說他們談得很好，而當其是個語言問題時，我們就說他們談得很好。

因而，當一個人一走進來，人們就說他極其擅長作詩的時候，人們給他的就是一種虛僞的讚揚；而且當人們要評判某些詩卻又不去請教他的時候，那就更是一種惡劣的標誌了。

40—987*（35）187—39

我們絕不能〔說〕某個人：「他是數學家」，或者「他是宣教士」，或者「他長於雄辯」；而只能說：「他是個誠懇的人」。唯有這種普遍性的品質才使我高興。當我們看到一個人就想起他的著作，這就是一種惡劣的標誌了；我願意我們不會發現什麼品質，除非是遇到了它而又有機會運用它（Ne quid nimis[20]），否則恐怕某一種品質就會占上風，並會給人施洗的；我們千萬別想到他談得很好，除非確實是談得很好的時候，唯有這時候我們才可以這樣想。

41—985（36）241—29

人充滿了各種需要：他只愛能夠滿足一切需要的人。人們說：「這是一位優秀的數學家。」然而我卻用不著什麼數學，他會把我當成一個命題吧。「這是一位優秀的戰

20〔「什麼事都不過分」〕，爲古希臘格言。

士」，——他會把我當成一個圍攻著的據點吧。因而就必須是一個誠懇的人才能普遍地適合於我的一切需要。

42—386（37）442—32

〔既然我們不可能是通才並且懂得一切可能懂得的事物，所以我們就必須對一切事物都懂得一些。因爲對一切都懂得一些，要比懂得某一件事物的一切更好得多；這種博通是最美好不過的。我們若能兩者兼而有之，當然更好；但假如必須選擇的話，那就必須選擇前者；並且大家也都覺得如此，也都是這樣做的，因爲大家往往是很好的評判人。〕

32—988（38）290—33

是詩人，而不是誠懇的人。[21]

假如雷電打到地面上來，等等，詩人以及只會論證那類性質的事物的人，就缺乏證明了。

35—967*（39）421—34

67—912（40）74—35

我們用以證明其他事物的那些例證，如果我們也想要加以證明的話，則我們就得以其他的事物作爲這些例證的例證；因爲既然我們總是相信困難只在於我們所要加以證明的東西，所以我們就發現有了例證會更加清楚明白並且有助於對它的論證。

因此，當我們想要論證一件一般事物時，我們就必須給出一個個案的特殊規律；但是如果我們想要論證一個特殊的個案時，我們又必須從〔一般的〕規律著手。因爲我們總是發覺

---

21 關於本段的含義，見以上各段。

我們所要加以證明的東西是模糊不清的，而我們所用以作爲證明的東西則是清楚明白的；因爲，當我們提出一件要加以證明的事物時，我們首先就充滿著一種想像，以爲它當然是模糊不清的，而反之要用以證明它的東西則是清楚明白的，這樣我們便很容易理解它了。

34，132—939（41）494—36

馬提雅爾（Martial）[22]的箴言——人都喜歡心懷惡意；但那並不是要反對一目失明的人或者是不幸的人，而是要反對高傲的幸運者。否則的話，我們就會犯錯誤。

因爲慾念乃是我們全部行動的根源，而人道[23]等等。

我們必須讓那些具有人間的溫情的人感到喜悅。

有關兩個一目失明的人的那條〔箴言〕[24]是一文不值的，因爲那並不能慰藉他們，而只不過是給作者添上一絲光榮罷了。凡是僅只爲了作者自己的，都是一文不值的。Ambitiosa recidet ornamenta〔他刪掉了野心的裝飾〕。[25]

132—977*（42）449—37

把**親王**加給國王是令人高興的，因爲這降低了他的身分。[26]〔鮑修注本，附錄二〕

64—（43）562—10

有些作家一談到自己的著作，就說：「我的書」、「我的注釋」、「我的歷史」等等。

---

22 馬提雅爾（Martial, 43-104），羅馬詩人。

23 阿維認爲這裡的下半句話應讀作：「而人道則平息慾念。」布倫士維格的解釋是：慾念能引起惡意，而人道則限制惡意。

24 按這條箴言並不是馬提雅爾的，而是出自一六五九年波・羅雅爾所出版的一部拉丁文的《箴言選集》。據阿維說，作者這裡引述的，大概是有關兩個一目失明的人在爭論他們哪一個更漂亮的一段寓言。

25 按語出羅馬詩人賀拉斯（Horace，西元前六十六至前八年）《詩藝》第四四七行。

26 「把親王加給國王」，讀作「把親王的稱號加給國王」。因爲「人都喜歡心懷惡意」，所以「這降低了他的身分」就「是令人高興的」。

他們感到的是小市民在街頭有了個亭子間，就總是滿口「在我家裡」。但鑒於其中往往是別人的東西比他們自己的還要多，所以他們最好還是說：「我們的書」、「我們的注釋」、「我們的歷史」等等吧。

15—923（44）373—14

你願意別人相信你的東西嗎？那你就不要提它。

30—989（45）21—17

語言是密碼，其中並不是把一種文變成另一種文，而是把一種字變成另一種字，從而一種為人所認識的語言就成為可以譯識的了。

14—965（46）20—24

甜言蜜語的人，品格惡劣。

62—963（47）61—25

有些人說得好而寫不好。那是由於場合和人群炙暖了他們，從他們的精神裡引出了缺乏這種溫暖時他們所不會具有的東西。

61—969（48）62—26

當一篇文章裡出現了重複的字，我們試圖加以修改，卻發現它們是如此之妥帖以至於我們有可能糟蹋這篇文章時；那就只好讓它照舊不動了。這就是它的標誌；[27]而我們在這一點上卻是出於盲目的忌妒了，這種忌妒並不了解用字重複在這種地方並不是錯誤；因爲根本就沒有什麼普遍的規律。

27「它的標誌」即「只好讓它照舊不動」的標誌。

52—968（49）242—27

若是掩飾起人性來並加以僞裝。有更多的國王、教皇、主教——乃至威嚴的君主等等；沒有巴黎——王國的首都。那就有許多地方都要稱爲巴黎，巴黎，還有許多別的地方都要稱爲王國的首都了。

51—950（50）133—28

同一個意義隨著表達它的詞語而變化。意義從詞語中獲得它的尊嚴，而不是賦給詞語以尊嚴。這樣的例子必須求之於……。

386—296（52）338—50

皮浪（Pyrrhon）學派[28]主張固持己見。

54—979（52）410—49

沒有人會提到笛卡兒派，除非他本人就是笛卡兒派；[29]提到學究的，除非是學究，提到外省人的，除非是外省人；我敢打賭一定是出版商才給加上了《致外省人信札》[30]這個書名的。

53—973（53）161—53

按其含義，一輛車或是**翻倒**了、或是**推翻**了。

---

28 皮浪學派指古希臘懷疑主義哲學家皮浪（Pyrrhon，西元前三三四？至前二八八年）所創立的學派。

29 可參看本書上冊第78段。

30 《致外省人信札》係作者本人當時與耶穌會論戰所匿名發表的書信集。「打賭」原作「相信」。作者此處故弄玄虛，表示似乎不知道該書的作者是誰。

按其含義，或是流溢、或是灌注。[31]〔梅特爾（Antoine de Maitre）先生以強力為托缽僧申辯。〕[32]

55—972（54）113—52

雜記。講話的方式：「我有意致力於此。」

53—980（55）955—54

鑰匙的開啟性，鉤子的吸引性。

57—975（56）318—55

猜一猜：「你的煩惱我也有份。」但紅衣主教[33]先生是不願意讓人猜透的。「我的精神充滿著不安。」說我充滿了不安，要更好一些。

58—970（57）292—56

我對這類客氣話總感到不快：「我給你添了很多麻煩；我怕攪得你不安；我怕打攪得太久了。」我們要麼就是引進，要麼就是擾亂。[34]

59—978（58）381—57

你的做法不文雅：「請您原諒我。」沒有這句原諒話，我還一點也不會察覺有什麼冒犯

---

31 「按其含義」指視其有意或無意。一輛車可以是無意翻倒，也可以是有意推翻；水可以是無意流溢，也可以是有意灌注。

32 指當時波．羅雅爾著名的辯護士梅特爾（Antoine de Maitre）於一六五七年所出版的《申辯與演說》一書第六章。「托缽僧」指聖方濟派。

33 「紅衣主教」指十七世紀的法國權相紅衣主教馬扎然（Mazarin, 1602-1662）。拉羅什福柯（La Rochefoucauld, 1613-1680）《格言集》第三〇〇節：「人們都喜歡猜別人，而不喜歡讓人猜。」

34 本書上冊第105段：「我們就把想像引進了那個判斷，要麼就是相反地擾亂了那個判斷。」

呢。

「有瀆尊聽……」最糟糕的莫過於他們這句原諒的話。

60—976*（59）367—58

「撲滅叛亂的火焰」，太雕琢了。

「他那天才的激盪」；兩個太誇張的字樣。

第二編　人沒有上帝是可悲的

73—29（60）67—59

•第一部：人沒有上帝時的可悲。

•第二部：人有了上帝時的幸福。

或：

•第一部：論天性是腐化的。根據天性本身。[1]

•第二部：論有一位救主的存在。根據聖書。

70—47*（61）127—48

•順序——我很可以處理順序這一段[2]如下：證明所有各種情況的虛妄，證明日常生活的虛妄，然後再證明懷疑主義者（Skeptic）與斯多噶派（Stoic）的哲理生活的虛妄；然而並不一定要嚴格保持這種順序。我略微知道一點它是什麼，可是懂得它的人又何其之少。人世的科學沒有一種是能夠把握住它的。聖多瑪斯（Thomas d'Aquin）[3]也沒有把握住它。數學把握住了它，但數學在深度上也是徒勞無功的。

76—48**（62）308—47

第**一部的序言**——要談論那些探討過自我認識的人；談論沙朗（Pierre Charron）那令人煩惱與厭倦的分目[4]；談論蒙田的混亂，蒙田深深感到缺乏〔正確的〕方法[5]，便從一個題目跳到另一個題目以圖避免它；他力求風雅。

他那進行自我描繪的愚蠢設計！而這一點絕不是附帶的或違反他的準則的，正如人人總

---

1 「根據天性本身」指以天性本身爲證。

2 可參見本書上冊第283段。「處理順序這一段如下『意謂』把這一段的順序處理如下。」

3 聖多瑪斯，即聖多瑪斯・阿奎那（Thomas d'Aquin, 1225-1274），爲中世紀經院哲學的代表人。經院哲學的方法（順序）係以繁瑣的形式推論爲其特徵而並不涉及人類如何認識眞理的問題；因此笛卡兒與帕斯卡爾都譴責經院哲學的方法，而力圖代之以數學的方法。

4 沙朗（Pierre Charron, 1541-1603）爲蒙田的友人，此處所說沙朗的分目係指沙朗的《智慧論》一書；該書分一一七章，每章又分若干節。與此相反，蒙田的《文集》沒有任何次序，每篇均係隨手寫成。

5 按「〔正確的〕方法」原手稿作「方法的正確」此處據伕哲爾（Faugère）版本改正。

會犯錯誤那樣；而是出於他本人的準則，並且是出於一種主要的、根本的計畫。因爲出於偶然與弱點而講了愚蠢的話，只是一種常見的毛病；但有計畫地要講愚蠢的話，那卻是不可容忍的了，何況講的還是那些諸如……。

77—936（63）330—19

蒙田——蒙田缺點太大。輕佻的詞句；那是毫無價值的，不管古爾內（Marie le Jars de Gournay）女士怎麼說。[6]沒有眼睛的人——這是輕信。由圓求作方、更大的世界——這是無知。還有他對於蓄意殺人、對於死的感情。他鼓勵人對於得救漠不關心，既不畏懼也不悔改。他的書不是爲了維護虔信而寫的，所以他就無須涉及虔信：然而我們卻永遠有義務不可背離虔信。我們可以原諒他那種對人生某些場合（七三〇、三三一）[7]的有點自由而又放蕩的感情；然而我們卻不能原諒他那種純屬異教的對於死的感情；因爲假如一個人一點都不想要像基督徒那樣死去，那他就必定拋棄一切虔信了。因而蒙田在其全書裡想到死的時候，總是優柔怯懦的。[8]

79—758（64）354—43

並不是在蒙田的身上而是在我自己身上，我才發現了我在他那裡面所看見的一切。[9]

78—935*（65）436—22

蒙田具有的優點是只有非常之辛苦才能獲得的。他具有的劣點，——我是指除了道德而

---

6 按蒙田《文集》係蒙田死後，由他的養女古爾內（Marie le Jars de Gournay）於一五九五年編定出版。此處係指古爾內爲蒙田《文集》一書所寫的序言。

7 指一六三五年古爾內編蒙田《文集》第二版，第七三〇頁及三三一頁（即該書第二卷、第三十七章及第二卷、第四章）。

8 按本段所談內容均係針對蒙田的《文集》。「沒有眼睛的人」見蒙田《文集》第二卷、第十二章，「由圓求作方」見同書，第二卷、第十四章，「更大的世界」第二卷、第十四章，「蓄意殺人」見第二卷、第三章，「既不畏懼也不悔改」見第三卷、第二章，「死」見第三卷、第九章、第十二章。

9 按這是蒙田本人的說法。見蒙田《文集》第一卷、第二十五章，第三卷、第二章。

外，——卻是立刻就可以改正的；假如能告誡他說，他引的掌故太多並且談自己也太多。

81—120（66）156—23

人必須認識自己：如其這不能有助於發現眞理，至少這將有助於規範自己的生活；沒有別的比這更爲正確的了。

196—60（67）320—40

科學的虛妄——有關外物的科學不會在我痛苦的時候安慰我在道德方面的愚昧無知的；然而有關德行的科學卻永遠可以安慰我對外界科學的愚昧無知。

82—716（68）149—20

我們不會把人教成爲正直的人，但我們可以教給人其他的一切；而他們誇耀自己懂得其他任何事物永遠都比不上誇耀自己的正直。他們僅僅誇耀自己懂得他們所根本不曾學會的那種唯一的東西。[10]

84—78**（69）317—21

•兩•種•無•限，•中•道——當我們閱讀太快或太慢的時候，我們就會什麼也沒有理解。

84—251（70）374—61

•自•然•不……[11]——〔自然把我們那麼妥善地安置於中道，以致我們如果改變了平衡的一邊，也就改變了另一邊：我行動，Τά ζῶα τρέχει[12]。這使我相信，我們頭腦裡的彈力也是這

---

10 「那種唯一的東西」即正直。

11 按此處標題原文不全，據布倫士維格說，大概應該是：「自然不會停止於一端」；作者似乎是以物理學上的擺動法則來說明人類思想的運動規律。

12 這裡所引用的兩句話：前一句法文：我行動，其主詞爲單數，動詞爲複數；後一句爲希臘文：動物跑，其主詞爲複數，動詞爲單數。

樣安排的，誰要是觸動了其中的一點，也就觸動了它的反面。〕

84—75（71）376—373

酒太多和太少：一點都不給他，他就不可能發現眞理；給他太多，也會一樣。

84—390（72[13]）117—283

人的比例失調——〔這就是我們的天賦知識引導我們所達到的：假如它們不是眞的，那麼人就根本沒有眞理了；假如它們是眞的，那麼人就被迫不得不以這種或那種方式低頭，從而發現有極大理由應該謙卑。而且，人既然不能不相信它們而生存，所以我希望他在進行大規模探討自然之前，先能認眞地而又自在地考慮一下自然，並且也能反觀一下自己，認識他具有著怎樣的比例[14]……〕那麼就讓人思索自然界全部的崇高與宏偉吧，讓他的目光脫離自己周圍的卑微事物吧！讓他能看看那種輝煌燦爛的陽光就像一座永恆不熄的燭火在照亮著全宇宙；讓地球在他眼中比起太陽所描掃的巨大軌道來就像是一個小點；並且讓他震驚於那個巨大軌道的本身比起蒼穹中運轉著的恆星所環繞的軌道來，也只不過是一個十分細微的小點罷了。然而假如我們的視線就此停止，那麼就讓我們的想像能超出此外吧；軟弱無力的與其說是提供材料的自然界，倒不如說是我們的構思能力。整個這座可見的世界只不過是大自然廣闊的懷抱中一個難以覺察的痕跡。沒有任何觀念可以近似它。我們儘管把我們的概念膨脹到超乎一切可能想像的空間之外，但比起事情的眞相[15]來也只不過成其爲一些原子而已。它就是一個球，處處都是球心，沒有哪裡是球面[16]。終於，我們的想像力會泯沒在這種思想

---

13 按本段文字各版本出入甚多，布倫士維格本此處大體上是依據一八七七年莫里尼藹（Molinier）本。括弧內的一段文字，波羅雅爾本原作：當人觀察自己的時候，向他呈現出來的第一件事便是他的身體，也就是說屬於他自身的某一部分物質。然而要了解那是什麼，他就必須拿它和一切在他之上的東西以及在他之下的東西相比較，以便認識其確切的界限。因而，他不能停留於單純地觀察周圍的種種對象。他還得思考，等等。

14 「比例」指人對自然的比例。

15 事情的眞相，指宇宙的無窮。

16 按這句話在中世紀時是歸之於古希臘哲學家恩培多克勒（Empedocles，西元前五〇〇至前四三〇年）的名下的，有時也歸之於赫耳墨斯・特雷美奇斯特（Hermes Tremigeste）。古爾內（Gournet）爲蒙田《文集》所寫的序言中曾有如下的話：「特雷美奇斯特（希臘神話）說：上帝是一個圓，處處都是圓心，沒有哪裡是圓周。」

裡，這便是上帝的全能之最顯著的特徵。

讓一個人反求自己並考慮一下比起一切的存在物來他自身是個什麼吧；讓他把自己看作是迷失在大自然的這個最偏僻的角落裡[17]；並且讓他能從自己所居住的這座狹隘的牢籠裡——我指的就是這個宇宙——學著估計地球、王國、城市以及他自身的正確價值吧！一個人在無限之中又是什麼呢？

但是爲了給他展示同樣可驚可訝的另一幅壯觀，讓他能探討一下他所認識的最細微的東西吧。讓我們給他一枚身軀微小而其各個部分還要更加微小無比的寄生蟲吧，它那關節裡的肌肉，它那肌肉裡的脈絡，它那脈絡裡的血液，它那血液裡的黏汁，它那黏汁裡的一微一毫，它那一微一毫裡的蒸氣；並且把這些最後的東西再加以分割，讓他竭盡這類概念之能事，並把他所可能達到的最後的東西當作我們現在討論的對象；他或許會想，這就是自然界中極端的微小了吧。可是我要讓他看到這裡面仍然是無底的。我要向他描述的不僅僅是可見的宇宙，並且還有他在這一原子略圖的懷抱裡面所可能構想的自然的無限性。讓他在這裡面看到有無窮之多的宇宙，其中每一個宇宙都有它自己的蒼穹、自己的行星、自己的地球，其比例和這個可見的世界是一樣的；在每個地球上也都有動物，最後也還有寄生蟲，這些他將發現都和原來所曾有過的一樣；並且既然能在其他這些裡面可以無窮盡地、無休止地發現同樣的東西，那麼就讓他在這些渺小得可怕、正如其他那些同樣巨大得可怕的奇蹟裡面銷魂吧；因爲誰能不讚嘆我們的軀體呢，它在宇宙中本來是不可察覺的，它自身在全體的懷抱裡本來是無從覺察的，而與我們所不可能到達的那種虛無相形之下卻竟然一下子成了一個巨靈、一個世界，或者不如說成了一個全體[18]！

凡是這樣在思考著自己的人，都會對自己感到恐懼，並且當他思考到自己乃是維繫在大自然所賦予他在無限與虛無這兩個無底洞之間的一塊質量之內時，他將會對這些奇蹟的景象感到戰慄的；並且我相信隨著他的好奇心之轉化爲讚仰，他就會越發傾向於默默地思索它們而不是懷著臆測去研究它們。

因爲，人在自然界中到底是個什麼呢？對於無窮而言就是虛無，對於虛無而言就是全

---

17 蒙田《文集》第二卷、第十二章：「你看到的只是你所居住的小洞裡的秩序和政治。」又可參看同書，第一卷、第二十五章。

18 按此處涉及作者給默雷的一封信，答覆其有關無限小的存在的證明。一六五四年七月二十九日帕斯卡爾致費馬（Fermat, 1601-1665，法國數學家）信中說：「我沒有時間給你看使默雷先生大爲震驚的一種困難的證明：因爲他有很好的頭腦，但他並不是幾何學家；這是——你是知道的——一個大缺點，他甚至於不理解一個數學上的線段是可以無限分割的，他堅決認爲那是由有限數目的點所構成的，我始終無法使他自拔於此；假如你能做到這一點，那就太好了。」

體，是無和全之間的一個中項。他距離理解這兩個極端都是無窮之遠，事物的歸宿以及它們的起源對他來說，都是無可逾越地隱藏在一個無從滲透的神祕裡面；他所由之而出的那種虛無以及他所被吞沒於其中的那種無限，這二者都同等地是無法窺測的。

然而，除了在既不認識事物的原則又不認識事物的歸宿的永恆絕望之中觀察它們（某些）中項的外表之外，他又能做什麼呢？萬事萬物都出自虛無而歸於無窮。誰能追蹤這些可驚可訝的過程呢？這一切奇蹟的創造主是理解它們的。任何別人都做不到這一點。

人們並沒有思索這些無窮，就貿然地著手去研究自然，竟彷彿他們對於自然有著某種比例似的。他們根據一種有如他們的對象那樣無窮的臆測，想要理解事物的原則，並由此而一直達到認識一切，——這簡直是怪事。因爲毫無疑問，若是沒有臆測或是沒有一種與自然同樣無限的能力，我們就不可能形成這一計畫。

當我們領會了之後，我們就會理解，大自然是把它自己的影子以及它的創造主的影子銘刻在一切事物上面的，一切事物幾乎全都帶有它那雙重的無窮性。正是因此，我們就可以看到，一切科學就其研究的領域而言都是無窮的，因爲誰會懷疑例如幾何學中有待證明的命題乃是無窮無盡的呢？並且就其原理的繁多和細密而言，它們也是無窮的；因爲誰不知道我們當作是最後命題的那些原理，其本身也是不能成立的，而是還得依據另外的原理，而另外的原理又要再依據另外的原理，所以就永遠都不容許有最後的原理呢？可是我們卻規定了某些最後的原理，其理由看來就正如我們對於物質的東西所做的規定一樣；對於物質的東西，凡是超乎我們的感官所能察覺之外的，我們就稱之爲不可分割的質點，儘管按其本性來說，那是可以無限分割的。

在科學的這種雙重的無窮之中，宏偉的無窮性是最易於感覺到的，而這也就是何以居然竟有少數人自命爲認識一切事物。德謨克利特（Democritus）[19]就說過：「我要論述一切。」然而微小的無窮性卻並不那麼顯而易見。哲學家們往往自詡已經達到了這一點，但正是在這上面，他們都絆倒了。這就產生了像《萬物原理》、《哲學原理》之類這樣一些常見的書名，這些名字儘管表面上不如但實際上卻正如另一本刺眼的書 *De omniscibili*[20]是一樣地誇誕。

我們很自然地相信自己足以能夠到達事物的中心，而不僅是把握著它們的周徑而已；世界可見的範圍顯而易見是超出我們之外的；但既然我們是超出微小的事物之外的，於是我們

---

19 德謨克利特（Democritus，西元前四六〇至前三六二年）古希臘哲學家。這裡所引的這句話見蒙田《文集》第二卷、第十二章。

20 拉丁文《論可知的一切》。一四八六年義大利人皮科・米蘭朵拉（Pic de la Mirandole，即 Pico della Mirandola）在羅馬提出九百條命題，以《論可知的一切》爲名；後被教會查禁。

就自信我們是能夠掌握它們的。可是達到虛無卻並不比達到一切所需要的能力爲小；二者都需要有無窮的能力，並且在我看來，誰要是能理解萬事萬物的最後原理，也就能終於認識無窮。二者是互相依賴的，二者是相通的。這兩個極端乃是由於互相遠離才能互相接觸與互相結合，而且是在上帝之中並僅僅是在上帝之中才能發現對方的。

因此，就讓我們認識我們自身的界限吧；我們既是某種東西，但又不是一切。我們得以存在的事實就剝奪了我們對於第一原理的知識，因爲第一原理是從虛無之中誕生的；而我們存在的渺小又蒙蔽了我們對無限的視野。

我們的理解在可理解的事物的秩序裡，只占有我們的身體在自然的領域裡所占有的同樣地位。

我們在各方面都是有限的，因而在我們能力的各方面都表現出這種在兩個極端之間處於中道的狀態。我們的感官不能察覺任何極端：聲音過響令人耳聾，光亮過強令人目眩，距離過遠或過近有礙視線，言論過長或過短反而模糊了論點，眞理過多使人驚惶失措（我知道有人[21]並不能理解零減四還餘零[22]），第一原理使我們感到過於確鑿，歡樂過多使人不愉快，和聲過度使音樂難聽；而恩情太大則令人不安，我們願意有點東西能超償債務：Beneficia eo usque laeta sunt dum videntur exsolviposse; ubi multum antevenere, pro gratia Odium redditur.[23]我們既感覺不到極度的熱，也感覺不到極度的冷。一切過度的品質都是我們的敵人，並且是不可能感覺的：我們不再是感覺它們，而是忍受它們。過於年輕和過於年老都有礙於精神，教育太多和太少也是一樣；總之，極端的東西對於我們彷彿是根本就不存在似的，我們根本就不在它們的眼裡：它們迴避我們，不然我們就迴避它們。

這便是我們的眞實情況；是它使得我們既不可能確切有知，也不可能絕對無知。我們是駕駛在遼闊無垠的區域裡，永遠在不定地漂流著，從一頭被推到另一頭。我們想抓住某一點把自己固定下來，可是它卻蕩漾著離開了我們；如果我們追尋它，它就會躲開我們的掌握，滑開我們而逃入於一場永恆的逃遁。沒有任何東西可以爲我們停留。這種狀態對我們既是自然的，但又是最違反我們的心意的；我們燃燒著想要尋求一塊堅固的基地與一個持久的最後據點的願望，以期在這上面建立起一座能上升到無窮的高塔；但是我們整個的基礎破裂了，大地裂爲深淵。

因此，就讓我們別去追求什麼確實性和固定性吧。我們的理性總是爲表象的變化無常所

21　可能是指默雷。

22　按這裡的「零」指虛無，虛無減掉任何數量仍餘虛無。

23　〔唯有我們認爲能夠報答的恩情才是愜意的，超出此外，感激就要讓位給怨恨了。〕——按原文爲拉丁文，語出塔西佗（Tacite, 55-120）《編年史》IV，18。蒙田《文集》第三卷、第八章轉引。

欺騙，並沒有任何東西能把既包括著有限但又避開有限的這兩種無限之間的有限固定下來。

這一點很好地加以理解之後，我相信我們每個人就都會安定在大自然所安排給自己的那種狀態的。既然我們被注定的這種中間狀態永遠與極端有距離，那麼人類多了解一點東西又有什麼意義呢？假如他多有了一點，他就了解得更高一點。但他距離終極，豈不永遠是無窮地遙遠嗎？而我們的一生就再多活上十年，豈不同樣地（距離）永恆仍是無窮地遙遠嗎？

在這種無窮的觀點之下，一切的有限都是等值的；我看不出爲什麼寧願把自己的想像放在某一個有限上而不是放在另一個有限上。單是以我們自身來和有限作比較，就足以使我們痛苦了。

如果人首先肯研究自己，那麼他就會看出他是多麼地不可能再向前進。部分又怎麼能認識全體呢？可是，也許他會希望至少能認識與他有著比例關係的那些部分了吧。但是世界的各部分又全都是這樣地彼此相關係著和相聯繫著，以至於我確信沒有某一部分或者沒有全體，便不可能認識另一部分。

例如，人是和他所認識的一切都有關聯的。他需要有地方可以容身、有時間可以存續、有運動可以生活、有元素可以構成他、有熱和食物可以滋養他、有空氣可以呼吸；他看得見光明，他感覺到物體；總之，萬物都與他相聯繫[24]。因而，要想認識人，就必須知道何以他需要有空氣才能生存；而要認識空氣，又須知道它與人的生命何以有著這種關係，等等。火焰沒有空氣就不能存在；因之，要認識前者，就必須認識後者。

既然一切事物都是造因與被造者、是支援者與受援者、是原手與轉手，並且一切都是由一條自然的而又不可察覺的紐帶——它把最遙遠的東西和最不相同的東西都聯繫在一起——所連結起來的；所以我認爲不可能只認識部分而不認識全體，同樣地也不可能只認識全體而不具體地認識各個部分。[25]

〔事物在其自身之中或在上帝之中的永恆性，也應該使我們短促的生命驚訝不已。大自然之固定而持久的不變性，比起我們身中所經歷的不斷變化來，也應該產生同樣的效果。〕

而使得我們無力認識事物的，就在於事物是單一的，而我們卻是由兩種相反的並且品類不同的本性，即靈魂與身體，所構成的。因爲我們身中的推理部分若竟然是精神之外的什麼東西，那就是不可能的事；而如其我們認爲我們單純是肉體，那就越發會排斥我們對事物的知識，再沒有比說物質能夠認識其自身這一說法更加不可思議的了；我們不可能認識，物質

---

24 賽朋德（Raymond Sebond，死於一四三二年）《自然神學》第二章：「人和其他一切創造物都有著一種偉大的聯盟、協約和友誼。」

25 可參看蒙田《文集》第二卷、第十二章。

怎麼會認識它自己。

因而，如果我們單純〔是〕物質，我們就會什麼都不認識；而如果我們是由精神與物質所構成的，我們就不能夠充分認識單純的事物，無論它是精神的還是物質的事物。

由此可見，幾乎所有的哲學家全都混淆了對事物的觀念，他們從精神方面談論肉體的事物，又從肉體方面談論精神的事物。因爲他們大肆談論著肉體傾向於墮落，它們在追求自己的中心，它們在躲避自己的毀滅，它們害怕空虛，並且它[26]也具有傾向、同情與反感之類屬於精神的各種東西。而在從精神出發的時候，他們又把精神認爲是存在於某個地點，並且把從一個位置到另一個位置的運動也歸之於精神，這些卻都是純屬於肉體的東西。

我們並不去接受有關這些純粹事物的觀念，反而是給它們塗上了我們自己的品性；並且對一切我們所思索著的單純事物，都打上我們自身那種合成生命的烙印。

鑒於我們是以精神和肉體在合成一切事物的[27]，誰會不相信這樣一種混合對於我們乃是十分可以理解的呢？然而正是這種東西，我們卻最不理解。人對於自己，就是自然界中最奇妙的對象；因爲他不能思議什麼是肉體，更不能思議什麼是精神，而最爲不能思議的則莫過於一個肉體居然能和一個精神結合在一起。這就是他那困難的頂峰，然而這就正是他自身的生存：Modus quo corporibus adhaerent spiritus comprehendi ab hominibus non potest, et hoc tamen homo est.[28]〔精神與肉體相結合的方式乃是人所不能理解的，然而這就正是人生。〕

最後，爲了完結關於我們脆弱性的證明，我就以這樣的兩點考慮而告結束……。

189—124（73）164—60

〔可是，也許這個題目是超出理性的能力之外的。因而，讓我們就來考察它對自己力所能及的事物的創見吧。如果有任何東西以其自身固有的興趣便可以使它對於自己加以最嚴肅[29]的運用的話，那就是對於至善的探討了。因而，就讓我們來看看這些強而有力的、明察秋毫的靈魂是把至善安置在什麼地方的吧，並且看看它們是不是一致吧。

有人說，至善就在於德行，另有人則把它歸之於享樂；有人認爲在於對自然的知識，

---

26 「它」指自然。

27 讀作：「鑒於我們是以精神和肉體的合成來解釋一切事物的。」

28 原文爲拉丁文，語出奧古斯丁（Augustine, 354-430）《上帝之城》XXI，10。蒙田《文集》第二卷、第十二章轉引。

29 「最嚴肅的」，意謂最好的。

另有人則認爲在於眞理[30]：Felix qui potuit rerum cognoscere causas，[31]（能夠認識事物的原因的人是有福的），又有人認爲在於無知無識，還有人認爲在於閒散，也有人認爲在於摒除假象，另有人認爲在於無所企慕，nihil admirari prope res una quae possit facere et servare beatum[32]（不稀罕任何事情，哪怕是那種能帶來並維護幸福的東西。），而眞正的懷疑主義者[33]則認爲在於他們的不動心、懷疑與永恆的懸而不決；另有更聰明的人還想要發現一點更好的東西。我們有這些，已經是受益匪淺了。

按規律調整爲如下的綱目。[34]

總該可以看出，假如這類美妙的哲學經過如此之漫長而又如此之艱辛的努力，還得不到任何確切可靠的東西的話，那麼至少靈魂也許該認識它自己了吧。讓我們聽聽世上的權威是怎樣討論這個題目的吧。他們對它的實質是怎麼想的呢？三九四[35]。他們安排它是不是更幸運些呢？三九五[36]。他們對於它的起源、它的存續和它的消亡都發現了什麼呢？三九九[37]。

可是，靈魂這個題目對於他們薄弱的知識來說，是不是太高貴了呢？那麼就讓我們把它降低到物質上來吧，讓我們看看它理解不理解它所賦之以生氣的那個身體本身是由什麼構成的，理解不理解它所思考著的並能隨心所欲加以移動的那些其他物體吧。那些無所不曉的大獨斷論者們，他們對於這些又知道些什麼呢？Harum sententiafum, 三九三[38]。

這一點無疑地就足夠了，假如理性是合理的話。它是充分有理的，足以承認自己還不能發現任何堅固不移的東西；然而它卻不死心，總要想達到那裡，它在這一探討之中始終是熱烈的，並且自信在它本身之中就具有進行這種征服的必要力量。這一點是必定要達到的，並且讓我們就其效果考察過它的能力之後，再來認識它們本身吧；讓我們看看它是否具有可以

30 蒙田《文集》第二卷、第十二章說過同樣的話。

31 語出羅馬詩人維吉爾（Virgilius，西元前七〇至前十九年），「高爾吉克」詩II，489。蒙田《文集》第三卷、第十章轉引。

32 語出羅馬詩人賀拉斯《書翰集》I，VI，1，蒙田《文集》第二卷、第十章轉引。

33 「懷疑主義者」原文爲皮浪主義者（Pyrrhonien）。見本書上冊第51段。

34 按作者本書始終只停留在草稿階段，並沒有確定的綱目，所以書中每每遇到這類字樣。

35 指蒙田書三九四頁，即《文集》第二卷、第十二章：「那麼就讓我們看看人類的理性所教給我們的自我和靈魂都是些什麼吧。」

36 同上：「關於把它安排在哪裡，分歧和爭端也並不少。」

37 同上書隨後各段。

38 按此處數字指作者所要加以補足的原文出處，引文全文應作“Harum sententiarum quae vera sit, Deus aliquis viderit.”（「關於這些意見哪一個才是眞的，唯有上帝可以明鑒。」）語出西塞羅《塔斯庫蘭爭論》I，II；蒙田《文集》第二卷、第十二章轉引。

掌握眞理的某些形式[39]和某些能力吧。〕

188—40，303（74）158—562

一篇論人類科學與哲學的愚蠢的書信。

這篇書信置於論娛樂之前。

Felix qui potuit...Nihil admirari。[40]

蒙田的書中有二八〇種至善[41]。

191—761（75）71—527

第一部，1、2，第一章・第四節。[42]

〔猜測。把它降低一級並且使它顯得荒唐可笑，這並沒有什麼困難。因爲爲了從它本身而開始，〕還有什麼能比如下的說法更加荒謬的呢？說是沒有生氣的物體也有感情、畏懼和恐怖，說是沒有感覺的、沒有生命的、甚至於不可能有生命的物體也有感情（這至少得先假設有一個能感覺的靈魂可以感受他們），甚而還說這種恐怖的對象就是空虛。空虛裡面有什麼可以使它們害怕的呢？[43]還能有什麼比這更淺薄、更可笑的嗎？這還不夠，而且還說它們自身就具有一種運動的原則要想避免空虛，難道它們也有臂、有腿、有肌肉、有神經嗎？

193—92（76）141—62

要寫文章反對那些對科學穿鑿過分的人。笛卡兒。

---

39 「形式」（formes）一詞，莫里尼埃本作「力量」（forces）。

40 見本書上冊第73段注。

41 蒙田《文集》第二卷、第十二章：「哲學家之間的爭論沒有比關於人類的至善這個問題更爲激烈、更爲尖銳的了，據瓦羅的統計，它們共有二百八十八派之多。」按蒙田所引瓦羅（Varro，西元前一一六至前二十七年，羅馬作家）的這句話亦見奧古斯丁的《上帝之城》及詹森的《奧古斯丁》。

42 此處數字係指作者的《眞空論》（作於一六四七至一六五一年）的章節。

43 按本段係針對中世紀的傳統信條「自然畏懼眞空」而發的，據說自然界並不存在眞空，是因爲「自然畏懼眞空」的緣故；帕斯卡爾於一六四六年以他有名的氣壓實驗粉碎了這一中世紀的教條。

194—（77）134—63

我不能原諒笛卡兒；他在其全部的哲學之中都想能撇開上帝；然而他又不能不要上帝來輕輕碰一下，以便使得世界運動起來；除此之外，他就再也用不著上帝了。

195—297（78）69—65

笛卡兒既無用而又不可靠。[44]

192—174（79）207—64

〔笛卡兒——大體上必須說：「它是由數目與運動所構成的」，因爲這一點是眞的。然而要說出究竟是什麼，並且要構造出這架機器來，那就荒唐可笑了。因爲那是無用的、不可靠的而又令人苦惱的。如果那是眞的，我們就會把所有的哲學都評價爲不值得去費一點力氣了。〕

101—188（80）136—144

一個跛腳的人並不使我們煩惱，但一個跛腳的精神則使我們煩惱[45]；這是什麼緣故呢？是因爲一個跛腳的人承認我們走得正直，而一個跛腳的精神卻說跛腳的乃是我們自己；若不是如此，我們就會可憐他們而不會惱怒他們了。

愛比克泰德[46]格外強而有力地問道：「爲什麼如果有人說我們頭上有毛病，我們並不生

---

44 布倫士維格注：「無用，是因爲他的形而上學並沒有觸及『唯一的必然』；不可靠，是因爲他的萬物體系是建立在只能是假說的先天原則之上。……帕斯卡爾既不相信簡單觀念的證據，也不相信以理性來構造世界的可能性。他的幾何學是綜合的、具體的，他的物理學是實驗的、反形而上學的。人們所理解的那種絕對意義上的笛卡兒式的帕斯卡爾，只不過是傳說罷了。」

45 蒙田《文集》第三卷、第八章：「當眞，爲什麼我們遇到一個畸形怪狀的身體就無動於衷，但遇見一個頭腦不清的精神我們就不能忍受而不能不使自己感到憤怒了呢？」

46 愛比克泰德（Epictète，即 Epictetus，約西元六〇至一〇〇年）希臘斯多噶派哲學家，以下引文見愛比克泰德《談話錄》IV，6。

氣；而有人說我們的推論有毛病，或者我們的抉擇有毛病，我們就要生氣了呢？」其緣故就在於，我們完全可以確定我們的頭並沒有毛病，我們的腳並不跛；可是我們是否抉擇了眞理，我們卻並不那麼有把握。既然我們之有把握，只不過是由於我們以我們的全部視線看到了它的緣故；從而當別人也以其全部的視線卻看到情形相反的時候，那就要使我們猶疑與驚訝了；而當成千上萬的人都在譏笑我們的抉擇時，我們就會更加如此；因爲我們非要偏愛自己的智慧有甚於所有別人的智慧不可，而這一點卻又是艱辛而困難的。但對於一個跛腿的人的感覺，卻永遠都不會有這種矛盾。

103—256（81）82—66

精神自然而然要信仰，意志自然而然要愛慕；從而在缺少眞實的對象[47]時，它們就非附著於虛妄不可。

104，92—81（82）83—68

·想像·[48]——它是人生中最有欺騙性的那部分，是謬誤與虛妄的主人；而它又並不總是在欺騙人，這就越發能欺騙人了；因爲假如它眞是謊言的永遠可靠的尺度的話，那麼它也就會成爲眞理的永遠可靠的尺度。可是，它雖則最常常都是虛妄的，卻並沒有顯示出它的品質的任何標誌，它對於眞和假都賦予了同樣的特徵。

我不是在說愚人，我是說最聰明的人；而正是在最聰明的人中間，想像力才具有偉大的、能說服人的本領。理性儘管在呼籲，卻不能規定事物的價值。

這種高傲的力量、這位理性的敵人，是喜歡駕馭理性並統治理性的；它爲了顯示自己是何等萬能，就爲人類奠定了一種第二天性。[49]它使人幸福、使人不幸、使人健康、使人患病、使人富有、使人貧困；它使人信仰、懷疑或否認理性；它可以斷絕感官，也可以使之感受；它有它的愚蠢和它的明智。而最使我們困惑的，就莫過於看到它遠較理性更能使它的主人們充滿一種充實而又完整的心滿意足了。聰明人由於想像力而自得其樂，遠遠超過深思者僅僅在理智上之能夠自得其樂。他們睥睨人世；他們滿懷勇氣與信心地進行辯論，而別人卻

---

47 蒙田《文集》第一卷、第四章「當靈魂錯過了眞實的東西時，它是怎樣把自己的感情寄託於謬妄的對象的。」

48 關於本段，可參閱蒙田《文集》第三卷、第八章。

49 可參閱蒙田《文集》第三卷、第八章。

是滿懷畏縮與猶疑。並且這種歡暢自得的神情往往會使他們在聽眾的意見裡先聲奪人，這種想像中的智者在同樣天性的評判者的面前也具有同樣的優勢。想像並不能使蠢人聰明，然而它卻能使他們幸福，這是理智所企羨莫及的，因爲理智只能使它自己的朋友不幸；想像力使人蒙受光榮，而理智則使人蒙受羞恥。

若不是這種想像的能力，又有誰能來分配名譽呢？又有誰能把尊重和崇敬加之於人、加之於作品、加之於法律、加之於偉大的事物呢？沒有它的批准，世上全部的財富都會是多麼地不足啊！

這位以其可敬的高齡而博得全體人民肅然起敬的官長，你能說他不是被一種純潔而崇高的理智所支配的嗎？你能說他不是根據事物的性質在判斷事物，而並沒有糾纏於只能刺傷弱者們的想像的那些虛幻的境況嗎？你看他走進教堂聽道，他在那兒滿懷虔敬的熱誠，並以他那熱烈的仁愛加強了他那理智的堅定性。他在這裡以一種典範的敬意準備聽道。假設傳道師出場了，假設自然賦給他以一條粗啞的喉嚨和一副古怪的面容，假設他的理髮師沒有把他的鬍子刮整齊，假設他偶爾恰好弄得格外骯髒；那麼不論他宣講怎樣偉大的眞理，我敢打賭我們的元老就會喪失自己的莊嚴了。

世界上最偉大的哲學家，假如是站在一塊剛好稍微大於所必需的板子上面而下面就是懸崖；那麼不管他的理智怎麼樣在向他肯定他的安全，但他的想像必然要占上風。[50]大多數人絕不會承受這種想法而不面色蒼白、汗出如漿的。

我不想敘述它的全部後果了。

誰不知道看見了貓或老鼠或者碾碎了一塊煤等等，就會使得理智脫韁呢？說話的語調可以左右最明智的人，並且能改變一篇文章或一首詩的力量。

愛或者恨可以改變正義的面貌。一個事先得到優厚報酬的律師，將會發現他所辯護的案件是多麼格外正當啊！他那堅定的姿態在受這種假象所欺騙的法官看起來，會使他顯得是多麼格外優越啊！輕佻的理智啊！你是隨風倒的，而且可以倒向任何方面。

那些除了受到想像的侵襲之外幾乎絕不動搖的人們，我卻幾乎可以敘述他們的全部行爲。因爲理智是不得不讓步的，而最聰明的人也會以人類的想像隨時都在輕率地介紹給他的那些東西作爲自己的原則的。

〔僅僅願意遵循理智的人，在一般人的判斷裡，就是蠢人。而我們又必須根據世上最大多數的人的判斷來下判斷。因爲這樣才會討人喜歡，所以我們就必須整天都在爲了想像之中的好處而辛勞；並且當睡眠消除了我們理智的疲勞之後，我們又得馬上爬起來去追求這類的

50 這個例子是根據賽朋德在《自辯篇》中的一個類似的例子。

過眼雲煙，去伺候這位世上女主人的顏色。這就是錯誤的緣由之一，但它還不是唯一的。〕

我們的行政長官很懂得這個奧祕。他們的大紅袍、他們用以把自己裹得像個毛貓一樣的貂皮氅、他們進行審判的那些廳堂、那些百合花的旗幟，所有這一切堂皇的儀表都是十分必要的。假如醫生沒有自己的外套和騾子，假如博士沒有方帽子和四邊肥大不堪的袍子，他們就永遠也無法愚弄世人了，而世人卻是抵抗不住這種如此之有權威的炫示的。如果他們[51]眞正主持公道，如果醫生眞正有治病的本領，他們就用不著戴方帽子；這些學識的尊貴性其本身就足以令人崇敬了。可是他們既然只有想像之中的學識，所以就非得採用這些打動別人想像力的虛榮工具不可，他們只好在想像力上打主意；事實上，他們就是靠這個來博得人們的尊敬的[52]。唯有戰士才不用這種方式來僞裝，因爲事實上他們那種角色是最本質性的，他們是憑力量而自立的，別人卻要憑裝模作樣。

正是這樣，我們的國王們便不尋求這些僞裝。他們並不用特別喬裝打扮來顯示自己；可是他們有衛士和金吾前呼後擁。那些有拳有勇專門侍衛著他們的武裝的紅臉大漢們，那些走在他們前面開路的喇叭和大鼓，以及那些簇擁著他們的衛隊，這一切都使得最堅強的人也要戰慄的。他們不只是有服飾，他們還有武力。必須是異常之清醒的理智，才能把那位住在自己精美的後宮裡、擁有四萬名禁衛軍簇護著的大公爵也看成是一個凡人。

我們簡直不可能看到一位身穿禮服、頭戴方帽子的律師而對他的才幹不懷好感。

想像力安排好了一切；它造就了美、正義和幸福，而幸福則是世上的一切。我衷心地嚮往閱讀一部義大利的作品，這部作品我只知道它的書名，但僅憑這個書名就抵得過多少部作品了：*Della opinione regina del mondo*〔《論意見，世上的女王》〕。[53]我雖不知道這部書，卻讚賞這部書，除了它的缺點——假如有缺點的話——之外。

這大體上也就是那種欺人的能力[54]的作用了，它彷彿是故意賦給了我們，好把我們引入必然的錯誤似的。但我們也還有許多其他的錯誤緣由。

不僅是舊的印象可以欺弄我們；新奇性的魅力也具有同樣的能力。[55]由此便產生了人們各式各樣的爭論；人們在互相譴責時，不是遵循著自己幼年的錯誤印象，便是輕率地追求著

---

51 「他們」指行政長官。

52 可參看蒙田《文集》第三卷、第八章。

53 按這裡所提及的這部書，研究者們迄今尚不能確定究竟是哪一部書。現在僅知道義大利的弗洛西（Carlo Flosi）曾有一篇論文，題名與此處所提及的書名相類似，但該書現存的幾種版本都是在帕斯卡爾死後出版的。

54 「欺人的能力」即想像力。

55 拉・布魯意葉（La Bruyère, 1645-1696）《論判斷》：「有兩件完全相反的東西在同樣地左右著我們，即習慣與新奇。」

新奇的印象。誰能把握住正中呢？就請他出來加以證明吧！沒有什麼原則——不管它可能是多麼地自然，哪怕是從兒時就已有的——是不能被我們看成一種教育上的或者是感官上的錯誤印象的。

有人說：「因爲你從小就相信在你看到箱子裡沒有東西的時候，箱子就是空的；所以你就相信眞空是可能的。這是我們感官的一種幻覺，是被習慣所鞏固下來的一種幻覺，它必須由科學來糾正。」另有人又說：「因爲在學校裡人們就告訴你們說，根本就沒有眞空，你們的常識若是竟然那麼清晰地理解到了這種壞觀念，你們的常識就是被人敗壞了；並且必須恢復你們原來的本性，才能糾正它。」[56]到底是誰在欺騙你們呢？是感官呢？還是教育呢？

我們還有另一種錯誤的緣由，即種種疾病[57]。它們可以損壞我們的判斷和感官；如果大病顯而易見地變更了我們的判斷和感官，那麼我就絕不懷疑，小病也會按比例地在這方面造成同樣的痕跡。

我們自身的利益也是一種奇妙的工具，足以使我們眼花繚亂。就是世界上最公正的人，也不可以擔任他自己案件的審判官；我知道曾有人爲了不致陷於這種自愛，竟出於相反的偏見而成爲世界上最不公正的人：要使一件完全公正的案情敗訴，最可靠的辦法就是讓他們的近親來勸告他們。

正義和眞理乃是如此之精微的兩個尖端，以至於我們的工具總會過於粗糙而無法確切地接觸到它們[58]。假如我們的工具居然能做到這一點，它們也會撞壞尖端，並且會整個倒在錯誤上面而不是倒在眞理上面。

〔因而人是構造得如此之幸運，以致他並不具備任何有關眞理的正確原則或者某些有關謬誤的優秀原則。現在就讓我們來看究竟有多少……然而這些錯誤之最強而有力的原因，則是感官與理智之間的戰爭。〕

92—82（83）163—779

必須就從此處開始寫論欺騙的力量這一章。人不外乎是一個充滿著錯誤的主體，假如沒有神恩，這些錯誤就是自然而然的而又無法免除的。沒有任何東西可以向他顯示眞理。一切都在欺弄他；眞理的這兩個根源，即理智和感官，除了兩者都缺乏眞誠性之外，並且還在彼

---

56 這段話指的是作者自己的眞空實驗。中世紀的經院哲學家（下迄笛卡兒）都堅持「自然畏懼眞空」這一教條，認爲他們可以先驗地證明不可能有眞空。帕斯卡爾則堅持訴之於觀察與實驗，並承認眞空存在。

57 可參看蒙田《文集》第二卷、第十二章。

58 可參看帕斯卡爾《致外省人信札》第三書。

此互相欺弄。感官以虛假的表象在欺弄理智；而正是感官所加之於理智的那種騙局，又輪到感官自己從理智那裡接受過來：於是理智就對感官進行了報復。靈魂的熱情攪亂了感官，給感官造成了虛假的印象。它們都在撒謊並競相欺騙。[59]

然而除了這些由於偶然與由於缺乏智慧而產生的錯誤以及它們性質不同的能力……。

108—138（84）172—72

想像力以一種狂幻的估計而把微小的對象一直膨脹到充滿了我們的靈魂；它又以一種粗魯的狂妄而把宏偉的對象一直縮小到它自己的尺度之內，例如在談到上帝的時候[60]。

109—135（85）366—38

最能抓住我們的事情，例如保藏好自己的那一點財產[61]，往往都是微不足道的。正是虛無，我們的想像卻把它擴大成一座山。想像力多繞一個彎子，就不難使我們發現這一點了。

110—387（86）132—382

〔我的幻想使我恨一個哇哇喊叫的人和一個吃東西喘氣的人。幻想具有很大的壓力。我們從它那裡得到什麼好處呢？因為它是自然的，所以我們就要跟隨這種壓力嗎？不。而是我們就要抗拒它[62]……。〕

106—（87）305，133—383

Quasi quidquam infelicius sit homini cui sua figmenta dominantur.（普林）[63]

---

59 可參看蒙田《文集》第二卷、第十二章。

60 按波・羅雅爾派有一條虔敬的準則即不得以人間的方式談論上帝。可參看本書下冊第789、799段。

61 米肖（Michaut）以為這裡可能是指作者一六五三至一六五四年親身經歷的一次金錢糾紛。

62 按此句讀作：「而是我們就要抗拒它，因為它是幻想。」

63 〔彷彿是有比一個人被自己想像所左右更加不幸的事情似的。〕語出蒙田《文集》第二卷、第十二章引普林尼的話。

111—153（88）293，154—205

孩子們害怕他們自己所塗的鬼臉[64]，那是孩子；但是做孩子時是如此脆弱的人，有什麼辦法年紀大了就可以眞正堅強起來呢！我們只不過是在改變著幻想而已。凡是由於進步而完美化的東西，也可以由於進步而消滅。凡是曾經脆弱過的東西，永遠不可能絕對堅強。我們盡可以說：「他長成人了，他已經變了」；但他還是那同一個人。

449—194（89）388—208

習慣是我們的天性。習慣於某種信仰的人就相信這種信仰，而不再懼怕地獄，也不相信別的東西。習於相信國王可怕的人……，等等。因而誰能懷疑，我們的靈魂既然是習慣於看到數目、空間、運動，所以就會相信這些而且是僅僅相信這些呢？[65]

105，117—113（90）162—207

Quod crebro videt non miratur, etiamsi cur fiat nescit; quod ante non viderit, id si evenerit, ostentum esse censet.（西塞羅583）[66]

Nae iste magno conatu magnas nugas dixerit.[67]

118—922（91）404—206

---

64 蒙田《文集》第二卷、第十二章引塞內卡的話。

65 可參看本書上冊第233、308段。

66 〔「一樁常見的事，人們就不會奇怪，儘管他們並不理解其原因；若是一件他們以前從未見過的事，他們就會當作是一樁稀奇了。」〕語出西塞羅《論神》II，49；蒙田《文集》第二卷、第十二章轉引。

67 〔「就是以最大的努力說了最無聊的話的人。」〕語出戴倫斯（Terence，西元前一九五至前一五九年），IV，1，8；蒙田《文集》第三卷、第一章轉引。

Spongia solis[68]——當我們看到一種效果總是照樣出現時，我們就結論說其中有著一種自然的必然性，比如說將會有明天[69]，等等。然而大自然往往反駁我們，而且她本身也並不服從她自己的規則。

19—240（92）76—82，83

我們天賦的原則如其不是我們所習慣的原則，又是什麼呢？而在孩子們，豈不就是他們從他們父親的習慣那裡所接受的原則，就像野獸的獵食一樣嗎？

一種不同的習慣將會賦予我們另一種天賦的原則[70]，這是從經驗可以觀察到的；假如有習慣所不能消除的天賦原則的話，那也就是有違反自然的、爲自然所不能消除的以及爲第二種習慣所不能消除的天賦原則了。這一點取決於秉性。

120—241（93）153—9

父母生怕孩子們的天賦的愛會消逝。可是那種可以消逝的天性又是什麼呢？習慣就是第二天性，它摧毀了第一天性[71]。然而天性又是什麼呢？何以習慣就不是天然的呢？我倒非常擔心那種天性其本身也只不過是第一習慣而已，正如習慣就是第二天性一樣。

121—162，165*（94）150—368

人的天性完全是自然，omne animal。[72]

沒有任何東西是我們所不能使之自然的；也沒有任何自然的東西是我們不能把它消滅的。

---

68 拉丁文：〔太陽的斑點。〕

69 據阿維解說，帕斯卡爾根據太陽的斑點認爲太陽已開始黯淡並會熄滅，儘管這和一般習慣的想法相反。

70 布倫士維格以爲作者這裡預言了拉馬克一八〇九年所提出的原則。

71 可參看蒙田《文集》第三卷、第十章。

72 〔各種野獸〕布倫士維格以爲「各種野獸」，一詞出自《舊約．創世紀》第七章第十四節的“ipsi et omne animal secundum genus sum”〔他們（挪亞及其後代）和百獸各從其類〕，但此處卻被賦予了另一種意義。

122—914*（95）333—366

記憶、歡樂都是情操；甚至於幾何學的命題也會變成情操，因爲理智造成了自然的情操，而自然的情操又被理智所消除。[73]

123—202*（96）401—367

當人們習慣於使用壞的推理去證明自然的效果時，人們就不願意在發現了好的推理時，再接受好的推理了。我們可以舉出一個例子，即血液循環之可以用來解說爲什麼血管被綁紮起來就會發脹。[74]

127—254（97）436—369

一生中最重要的事就是選擇職業；而安排擇業的卻是機遇。習俗造成了泥水匠、兵士、石匠。有人說：「這是位優秀的石匠」，而談到兵士時則說：「他們是十足的蠢材」；另有人正好相反：「沒有比戰爭更加偉大的事了；其他的人都是下賤貨」。我們根據幼年時聽到人稱讚某些行業並鄙視其他各種行業而進行選擇；因爲我們天然是愛好眞理並憎惡愚蠢的，這些話就打動了我們；我們只是在實踐上犯了過錯。習俗的力量是如此巨大，以至於我們竟從天性只是造成其爲人的人們中，造成了人的各種境況；因爲有的地方就都是瓦匠，另有的地方又都是兵士等等。毫無疑問，天性絕不會是如此齊一的。因而造成了這一點的就是習俗，因爲習俗束縛了天性；可是也有時候是天性占了上風，並且不顧一切好的或壞的習俗而保存下了人的本能。

124—384（98）390—370

偏見導致錯誤——最可哀的事就是看到人人都只考慮手段而不顧目的。每個人都夢想著怎樣利用自己的處境；但是選擇處境以及選擇國度，那便只好聽憑命運來支配我們了。

---

73 據布倫士維格解說，作者這裡所使用的「理智」係指智力方面的教養，亦即教育，「情操」則指直覺的對象。屈德英譯本此處理智譯作「教育」，情操譯作「直覺」。

74 這個例子是哈維（William Harvey, 1576-1617）在一六二八年《心血運動論》第十一章中所提出的。

最可憐的事就是看到有那麼多的土耳其人、異端和異教徒都在步著他們祖先的後塵，其唯一的理由就是他們人人都先入爲主地認定那就是最好的。而正是這一點就決定了每個人的各種處境，如鎖匠的處境、兵士的處境等等。

正是由於這一點，野蠻人就根本不要神明。[75]

472—375（99）100—371

意志的行爲與其他一切行爲之間有著一種普遍的和根本的不同。

意志是信仰的主要構成部分之一；並不是它可以形成信仰，而是因爲事物是眞是假要隨我們觀察事物的方面而轉移。意志喜好某一方面更有甚於其他方面，它轉移了精神對意志所不喜歡見到的那些方面的性質的考慮[76]；於是與意志並肩而行的精神也就不去觀察它所喜愛的那方面；這樣它就只根據它所見到的方面進行判斷[77]。

130—99*（100）275—370

自愛[78]——自愛與人類的自我，其本性就是只愛自己並且只考慮自己[79]。然而，他又能做什麼呢？他無法防止他所愛的這個對象不充滿錯誤和可悲：他要求偉大，而又看到自己渺小；他要求幸福，而又看到自己可悲；他要求完美，而又看到自己充滿著缺陷；他要求能成爲別人愛慕與尊崇的對象，而又看到自己的缺點只配別人的憎惡與鄙視。他發現自己所處的這種尷尬，便在自己身上產生了一種人們所可能想像的最不正當而又最罪過的感情；因爲他對於在譴責他並向他肯定了他的缺點的那個眞理懷著一種死命的仇恨[80]。他渴望能消滅眞

---

75 可參看蒙田《文集》第一卷、第二十二章。

76 可參看蒙田《文集》第三卷、第二章。

77 據布倫士維格解說：「意志」指物質利益或願望，「精神」指理智或智慧。意志與精神相對立、亦即利益或願望與嚴格意義上的智慧相對立。利益與願望雖不直接作用於眞理，但可以決定人們注意的方向，從而影響到理智的判斷。

78 按本段自成一個單元，是弗熱（Faugére）根據聖柏甫（Sainte Beuve, 1804-1869）的一個抄本置於《思想集》中的（弗熱本，卷二，第五十六頁）。

79 拉羅什福柯（La Rochefoucauld, 1613-1680）《箴言集》853：「自愛就是愛自己本身以及一切有關自己的事物。」

80 《約翰福音》第七章第七節：「世人不能恨你們卻是恨我，因爲我指證他們所做的事是惡的。」鮑修哀（Bossuet, 1627-1704）《論人對眞理的仇恨》：「人們幾乎永遠是不正當的，他們是不正當的主要就在於眞理在他們看來是可厭的，並且他們不能忍受眞理的光明。」

理，但既然是摧毀不了眞理本身，於是他就要盡可能地摧毀他自己認識中的以及別人認識中的眞理；這就是說，他要費盡苦心既向別人也向他自己遮蔽起自己的缺點，他既不能忍受別人使他看到這些缺點，也不能忍受別人看到這些缺點。

毫無疑問，充滿了缺點乃是一件壞事，但是充滿了缺點而又不肯承認缺點，則是一件更大的壞事；因爲它在缺點之上又增加了一項故意製造幻覺的缺點。我們不願意別人欺騙我們；他們若想要得到我們的尊崇有甚於他們的應份，我們就會認爲是不正當的：因而我們若是欺騙他們，我們若是想要他們尊崇我們有甚於我們的應份，那也是不正當的。

因此顯然可見，當他們不外乎是發現了我們確實具有的缺陷和罪惡的時候，他們根本就沒有損害我們；因爲成其爲損害原因的並不是他們；並且他們還對我們做了一件好事，因爲他們幫助我們使我們擺脫一件壞事，即對於這些缺陷的無知。他們認識到這些並且鄙視我們，我們不應該生氣：無論是他們認識到我們的眞實面貌，還是他們鄙視我們，——假如我們是可鄙的——全都是正當的。

這就是一顆充滿公道與正義的心所應產生的情操。可是當我們看到自己的心中有著一種全然相反的傾向時，我們對於自己的心又該說什麼呢？難道我們不是眞的在仇恨眞理和那些向我們說出了眞理的人嗎？我們不是眞的喜歡爲了我們的利益而讓他們受欺騙，並且願意被他們評價爲我們事實上所並不是的那種樣子嗎？

這裡面有一個證明使我恐懼。天主教並不規定我們不加區別地向一切人都坦白自己的罪過：它容許我們向其他所有的人保持祕密；但其中只有一個唯一的例外，對於這個唯一者它卻要求我們坦白出自己的內心深處並且讓他看到我們的眞實面貌。世上只有這個唯一的人，它命令我們不得欺騙並使他有義務擔負起一種不可侵犯的祕密，那就是使這種知識彷彿對他根本就不存在似的。難道我們還能想像有什麼更加慈愛、更加美好的事了嗎？然而人類卻是那麼腐化，以至於他們還覺得這條法律太嚴苛；而這就是使得一大部分歐洲都要背叛教會[81]的主要原因之一。

人心是何等不公正而又不講理啊！——我們只需對一個人做出在某種程度上本來是該向所有的人都做出來才能算公正的事，而我們卻還覺得不好。因爲，難道我們要欺騙所有的人才是公正嗎？

這種對於眞理的反感可以有各種不同的程度；但是我們可以說，它在某種程度上是人人都有的，因爲他和自愛是分不開的。正是這種惡劣的嬌氣，才迫使那些有必要責備別人的人採取那麼多的曲折婉轉，以免激怒別人。他們一定要縮小我們的缺點；一定要做得好像是原

81　指十六、十七世紀蔓延大部分歐洲的宗教改革運動。

諒我們的缺點，並且要在其中摻進稱讚以及愛護與尊重的憑據。儘管有這一切，這副藥對於自愛仍然不會是不苦口的。自愛會儘量可能地少服藥，而且總是帶著厭惡的心情，甚至於往往暗中忌恨那些爲他們開藥方的人。

因此，就出現了這種情形：如果有人有某種興趣想討我們的喜歡，他們就會避免向我們做出一種他們明知是我們所不高興的事；他們對待我們就正像我們所願意所受到的那樣：我們仇恨眞理，他們就向我們隱瞞眞理；我們願意受奉承，他們就奉承我們；我們喜歡被蒙蔽，他們就蒙蔽我們。

這就是形成了每一步使我們在世界上得以高升的好運道都會使我們越發遠離眞理的原因，因爲人們最擔心的就是怕傷害那些其好感是極爲有用而其反感又是極其危險的人物。一個君主可以成爲全歐洲的話柄，但唯有他本人卻對此一無所知。我對這一點並不感到驚訝：說出眞話來，對於我們向他說出眞話來的人是有利的，但是對於那些說出眞話來的人卻是不利的，因爲這使我們遭人忌恨。可是與君主相處的人既然愛其自身的利益更有甚於愛他們所侍奉的那位君主的利益，因而他們就謹防給君主謀求一種利益而有損於他們自己。這種不幸毫無疑問在最富貴的人們中間要來得更大而又更常見，然而就在下層人中間也並不能避免，因爲討別人喜歡總歸是有某些好處的。因而人生就只不過是一場永恆的虛幻罷了；我們只不過是在相互矇騙、相互阿諛。沒有人會當著我們的面說我們，像是他背著我們的面所說我們的那樣。人與人之間的聯繫只不過建立在這種互相欺騙的基礎之上而已；假如每個人都能知道他的朋友當他不在場的時候都說了他些什麼，那就沒有什麼友誼是能持久的了，哪怕當時說這些話都是誠懇的而又不動感情的。

因此，人就不外乎是僞裝，不外乎是謊言和虛僞而已，無論是對自己也好還是對別人也好。他不願意別人向他說眞話，他也避免向別人說眞話；而所有這些如此之遠離正義與理智的品性，都在他的心底裡有著一種天然的根源。

131—154（101）429—80

我認爲這是事實：如果所有的人都知道他們彼此所說對方的是什麼，那麼全世界上就不會有四個朋友。根據人們對此[82]所作的流言蜚語一再引起種種糾紛看來，這一點是顯而易見的。〔我還很可以說，所有的人都將……。〕[83]

---

82 「對此」指對「彼此所說對方的是什麼」。

83 這裡所發揮的思想，可參看莫里哀（Molière, 1622-1673）《憤世者》。莫里哀和波・羅雅爾派是有思想聯繫的。

140—136（102）102—536

有些罪惡是只由於別人的緣故才盤踞在我們身上；而抽掉了樹幹，它們就會像樹枝一樣地脫落下來。

182—714（103）111—81

亞歷山大（Alexander the Great）的貞操的範例所造就的貞潔，遠不如他的酗酒的範例所造就的恣縱那麼多[84]。比不上他那樣有德並不可恥，而沒有比他更爲罪惡則又似乎情有可原。當我們看到自己也陷於這些偉大人物的罪惡時，我們就相信自己並非全然陷於普通人的罪惡；可是我們並沒有注意到，偉大的人物在這方面也是普通人。我們與他們相連接的正好是他們與群眾相連接的那一端；因爲無論他們是多麼高明，他們總還有某些地方是與最卑賤的人連在一起的。他們並沒有懸在空中，完全脫離我們的社會。不，不是的；如果他們比我們偉大的話，那乃是他們的頭抬得更高，然而他們的腳還是和我們的腳一樣低。它們都是在同一個水準上，都站在同一個地面上；根據這一端，他們就和我們、和最渺小的人、和小孩子、和野獸都是同樣的低下。[85]

183—723（104）181—82

當我們的熱情引我們去做一件事的時候，我們就忘掉了我們的責任；比如我們喜愛一本書，我們就會讀這本書，而這時候我們本該是去做別的事情的。因而，要使自己記得自己的責任，就必須讓自己從事某種自己所憎惡的事情；這時候我們就要托詞自己還有別的事情要做，並且我們就以這種辦法使自己記起了自己的責任。

---

84 按古希臘亞歷山大大帝（西元前三五六至前三二三年）滅波斯之後，對波斯王大流士三世（西元前三三六至前三三〇年在位）的妻女表現了貞操的範例；亞歷山大性喜酗酒，曾於醉中殺死友人克利圖，他本人終於以酗酒致死。

85 可參看本書上冊第140段。

161—1（105）379—90

把一件事提供給另一個人去判斷，而又不以我們向他提供這件事的方式而敗壞他的判斷；那是多麼困難啊！如果我們說：「我覺得它美麗；我覺得它模糊」或是其他類似的話，我們便把想像注入了那個判斷，要麼就是相反地攪亂了那個判斷[86]。最好就是什麼都不說；這時候別人就可以依照它的本來面貌，也就是說依照它當時的本來面貌以及依照他所處的其他不由我們做主的情況，做出判斷了。我們至少可以什麼都不加進去；除非是這種沉默也會隨別人所高興賦予它的意向和解釋，或者是隨他根據行動與顏色或根據聲調（這要看他是不是一位面相家了）所猜測的東西，而產生一種效果。要一點都不破壞一個判斷的天然地位，眞是難之又難；或許不如說，那是多麼地難得堅定與穩固啊！

162—962（106）332—87

知道了支配著一個人的感情，我們就有把握討他喜歡；可是每個人卻都有自己的幻想，而且就在他自己對幸福所抱有的觀念上違反了自己的幸福；這就眞是一件無從捉摸的怪事了[87]。

163—753（107）296—195

Lustravit lampade terras[88]——季節和我的心情並沒有什麼聯繫；我在自己的心裡有我自己的霧靄和晴朗的季節；我的情況本身是好是壞都與它無關。有時候我極力使自己反抗幸運，這種征服幸運的光榮使我興高采烈地要征服它；反之，有時候我又在美好的幸運之中卻弄得不愉快。

174—149*（108）294—84

儘管有人對於他們所說的事情根本沒有利害關係，可是並不能由此就絕對得出結論說，

86 即「把我們的想像注入了相反的判斷」。可參看本書上冊第57段。

87 拉羅什福柯《箴言集》45：「我們的興趣的變幻，要比我們的幸運的變幻更加無從捉摸。」

88 〔他用燈照亮大地〕語出西塞羅譯荷馬史詩《奧德賽》XVIII，136。蒙田《文集》第二卷、第十二章：「氣候的本身和天色的晴朗也有某種力量可以改變我們，照西塞羅所引的希臘詩句是說：人的心情也常常隨氣候而變化，正如日子有好有壞，有陰有晴。（荷馬）」

他們絕沒有說謊；因爲有人是僅僅爲了說謊而說謊的。

166，167—143*，144*（109）309—85

當我們健康的時候，我們會奇怪我們有病時怎麼能做出那些事；但當我們有病時，我們就高高興興地服藥了；病就解決了這個問題。我們再也沒有興致和願望去進行健康所給予我們的但與疾病的需要不適合的娛樂和漫遊了。這時候，大自然就賦給我們以適合於現狀的興致和願望。使我們煩惱的只是我們自己所加給自己的、而不是自然界所加給我們自己的恐懼[89]，因爲它在我們所處的狀態之上又增加了我們並沒有處於其中的那種狀態的感情。

大自然總是使我們在一切狀態之中都不幸，而我們的願望則爲我們勾繪出一幅幸福的狀態，因爲它在我們所處的狀態之上又增加了我們所沒有處於其中的那種狀態的快樂；可是當我們得到這種快樂時，我們也並不會因此就幸福，因爲我們還會有適應於這種新狀態的其他願望[90]。

這一普遍的命題必須加以具體化……。

170—121（110）177—86

感到目前快樂的虛妄而又不知道不存在的快樂的虛幻，這就造成了變化無常。

172—103（111）151—88

變化無常——我們觸及人的時候，自以爲是在觸及一架普通的風琴。他的確是架風琴，但他是一架奇特的、變動著的、變化著的風琴（他那樂管並不是按照連續的音階排列的）。那些只懂得彈普通風琴的人，在這上面是奏不出和音來的。我們必須懂得〔音觸〕在哪裡。

---

89 愛比克泰德《遺書》IVI：「令人煩惱的並不是事物，而是人對於事物所懷的意見。」

90 按本段爲對上段的補充，下段又爲對本段的補充。拉羅什福柯《箴言集》49：「我們永遠既不如我們所想像的那麼幸福，也不如我們所想像的那麼不幸。」

171—102（112）295—122

•變化無常——事物有各種不同的性質，靈魂有各種不同的傾向；因爲沒有任何呈現於靈魂之前的東西是單純的，而靈魂也從不單純地把自己呈現於任何主體之前。因此，就出現了我們會對同一件事又哭又笑。[91]

173—54（113）115—123

•變化無常與奇異可怪——僅靠自己的勞動而生活和統治世界上最強大的國家，這是兩件極其相反的事。兩者卻結合在土耳其大君主一個人的身上。[92]

28—983（114）326—124

•多樣是如此之繁多，正如有各式各樣的音調，各式各樣的步伐、咳嗽、鼻涕、噴嚏一樣。[93]……我們用果實區別各種葡萄，其中有玫瑰香種，還有孔德魯種，還有德札爾格[94]

種，又有各種接枝。這就盡其一切了嗎？一個枝上從沒有結過兩串葡萄嗎？一串葡萄就沒有過兩顆是一樣的嗎？等等。[95]

我不會同樣嚴格地判斷同一件事物。我不能在做我的作品時判斷我的作品；我必須做到像畫家那樣，我要有一個距離，但不能太遠。那麼，多遠呢？請猜猜吧。

29—113（115）879—133

多樣性——神學是一種科學；然而同時它又是多少種科學啊！一個人是一個整體；但如

---

91 沙朗《智慧集》第一卷、第四十三章「變化無常」：「人對於同一件事又哭又笑。」

92 按此處這種說法是一個古老的傳說，但並沒有根據。

93 可參閱本書上冊第260段。

94 玫瑰香（muscat）孔德魯（Condrieu）德札爾格（Desargues）；按數學家德札爾格與帕斯卡爾誼兼師友，德札爾格有別墅在里昂附近之孔德魯。

95 自然之中沒有兩件事物是完全同樣的，布倫士維格以為帕斯卡爾的這一思想影響了萊布尼茲。可參看萊布尼茲《單子論》第九節；《人類理智新論》第二卷、第二十七章、第四節。

果我們加以解剖，他會不會就是頭、心、胃、血脈、每條血脈，血脈的每一部分、血液、血液的每一滴呢？

一座城市、一片郊野，遠看就是一座城市和一片郊野；但是隨著我們走近它們，它們就是房屋、樹木、磚瓦、樹葉、小草、螞蟻、螞蟻的腳，以至於無窮。這一切都包羅在郊野這個名稱裡。

125—244（116）205—134

思想——一切是一，一切又各不相同。人性之中有多少種天性，有多少種稟賦啊！每個人通常之選擇他自己聽到別人所尊重的東西，又是出於多麼偶然啊！轉得很好的鞋跟。[96]

126—72（117）174—90

鞋跟——「啊，它轉得多麼好，這是多麼靈巧的一個匠人，這個兵士是多麼勇敢」，這就是我們的傾向以及選擇境遇的根源了。「這個人多麼善飲，那個人多麼不善飲」，正是它，才使人清醒或者沉醉，使人成為兵士、懦夫等等。

129—168（118）165—91

主要的才智，它規定了所有其他的一切。

31—954（119）405—92

自然模仿其本身：一粒穀子種在好的土地上就有出產；一條原則種在好的精神裡也有出產；數目模仿空間，而空間的性質卻是如此之不同。

一切都是由同一個主宰所造就和指導的：根莖、枝葉、果實；原則、結果。

27—953（120）66—93

〔自然在分化與模仿；人工則在模仿與分化。〕

---

96 波・羅雅爾派強調體力勞動，有人是自己做鞋的；布倫士維格以爲這裡的這幾個字可能與此有關。

128—347（121）110—94

自然總是重新開始同樣的事物，年，日，時；空間和數目也同樣是從始至終彼此相續。這樣就形成了一種無窮和永恆。並不是這一切裡面有什麼東西是無窮的和永恆的，而是這些有限的存在在無窮地重複著自己。因此，我以爲只是使它們重複的那個數目才是無窮的。

112—206（122）454—95

時間治好了憂傷和爭執，因爲我們在變化，我們不會再是同一個人[97]。無論是侵犯者或是被侵犯者都不會再是他們自己。這就好像我們觸犯了一個民族，但隔上兩個世代之後再來看它一樣。它還是法國人，但已不是同樣的法國人了。

113—924（123）389—96

他不再愛十年以前他所愛的那個人了。我很相信：她已不再是同樣的那個人了，他也不再是的。他當時是年輕的，她也是的；她現在完全不同了。她若像當時那孩子，也許他還會愛她。

114—147（124）73—98

不僅我們是從不同的方面在觀看事物，而且還是以不同的眼光在觀看；我們並不存心要發現它們相似。

159—239（125）437—116

相反性——人天然是輕信的、不信的、畏縮的、魯莽的。

---

97 可參看拉封丹（La Fontaine, 1621-1695）《寓言集》第六卷、寓言第21。

對人的描述：依賴性，獨立的願望，生活需要。

160—158（126）174—117

人的狀況：變化無常、無聊、不安。

199—61（127）414—97

我們脫離自己所從事的工作時的那種無聊。一個人在自己家裡生活得很高興；假如他看到一個他所喜愛的女人，或者是他高高興興地遊玩了五、六天之後；這時如果他再回到自己原來的工作上去，那他就要悲慘不堪了。這種事情是最常見不過的。

200—159（128）171—121

198—163*（129）399—118

我們的本性就在於運動[98]；完全的安息就是死亡。

202—273*（130）411—100

•激動•——當一個兵士埋怨自己所受的苦處時，或是一個工人等等[99]，那就讓他什麼事都不做試試看。

201—160（131）406—101

•無聊•——對於一個人最不堪忍受的事莫過於處於完全的安息，沒有激情、無所事事、沒

98 蒙田《文集》第三卷、第十三章：「我們的生活只不過是運動。」

99 「一個工人等等」，讀作：「一個工人埋怨自己所受的苦處時。」

有消遣，也無所用心。這時候，他就會感到自己的虛無、自己的淪落、自己的無力、自己的依賴、自己的無能、自己的空洞。從他靈魂的深處馬上就會出現無聊、陰沉、悲哀、憂傷、煩惱、絕望[100]。

179—86（132）439—41

我以爲凱撒（César/ Julius Caesar）[101]年紀太大了，是不會以征服世界爲樂的。這一種樂趣對於奧古斯都（Auguste/Augustus）[102]或者對於亞歷山大才是最好的；他們都是青年人，因而是難以抑制的；然而凱撒應該是更成熟得多。

115—50（133）90—452

兩副相像的面孔，其中單獨的每一副都不會使人發笑，但擺在一起卻由於他們的相像而使人發笑。

繪畫是何等之虛幻啊！它由於與事物相像而引人稱讚，但原來的事物人們卻毫不稱讚。

116—77（134）408—451

最使我們高興的莫過於鬥爭，而並非勝利：我們愛看動物相鬥，而不愛看狂暴的戰勝者蹂躪戰敗者；但若不是勝利的結局，我們又想看什麼呢？可是當它一旦到來，我們卻又對

203—276（135）85—453

---

100 拉．布魯意葉《人論》：「人有時候彷彿是不足以支持他自己似的；陰沉和孤獨苦惱著他，把他投入瑣屑的畏懼之中，投入虛幻的恐怖之中；這時候可能臨頭的最微小的不幸也會使他對自己感到無聊。」又可參看蒙田《文集》第二卷、第十三章。

101 凱撒（César，即 Julius Caesar，西元前一〇〇至前四十四年）羅馬大將、羅馬事實上的獨裁者。關於凱撒和亞歷山大的比較，見蒙田《文集》第二卷、第三十四章。

102 奧古斯都（Auguste，即 Augustus，西元前六十三至十四年）凱撒的繼承者、羅馬第一個皇帝。

它厭膩了。遊戲是如此，追求眞理也是如此。我們在爭論中愛看意見交鋒，但是一點也不肯去思索被發現的眞理；爲了能滿懷高興地去觀察它，就要看到它是從爭論之中誕生的。同樣，在感情方面，也要看到對立兩方的衝突才有趣；但當有一方成了主宰時，那就只不外乎是殘暴而已。我們追求的從來都不是事物本身，而是對事物的探索。所以在喜劇中，僅有稱心如意的場面而無須擔憂就沒有價值了；毫無希望的極端可悲、獸慾的愛情、粗暴的嚴厲，也都是如此。

175—80*（136）102—455

一點點小事就可以安慰我們，因爲一點點小事就可以刺痛我們[103]。

204—274*（137）107—454

不用考察各種特殊的行業，只要能以消遣來理解它們就夠了。

205—277（138）84—456

人除了在自己的屋裡之外[104]，天然就是工匠[105]以及其他一切的職業。

205—269*（139）173—457

消遣——有時候當我從事考慮人類各種不同的激動時，以及他們在宮廷中、在戰爭中所面臨的種種危險與痛苦、並由此而產生了那麼多的爭執、激情、艱苦的而又往往是惡劣的冒險等等時；我就發現人的一切不幸都來源於唯一的一件事，那就是不懂得安安靜靜地待在屋裡。一個有足夠的財富可以過活的人，如果懂得快快樂樂地待在自己家裡，他就不會離家去遠渡重洋或者是攻城伐地了。假如不是因爲他們覺得一步也不能出城是難於忍受的，他們就

---

103 蒙田《文集》第三卷、第四章：「一點點小事就可以排遣並轉移我們，因爲一點點小事就可以抓住我們。」

104 關於本段思想，詳見下段。

105 可參見本書上冊第97段。

不會購買一個如此昂貴的軍職了；假如不是因爲他們不能快快樂樂地待在自己家裡，他們就不會去尋求交際和娛樂消遣了[106]。

但是當我再進一步思索，並且已經找到了我們一切的不幸的原因之後，還想要發現它的理由[107]時；我就發現它具有一個非常實際的理由，那理由就在於我們人類脆弱得要命的那種狀況的天然不幸；它又是如此之可悲，以至於當我們仔細地想到它時，竟沒有任何東西可以安慰我們。

無論我們能爲自己描繪出什麼樣的狀況，但如果我們能把一切可能屬於我們的好處都加在一起，那麼王位總是世界上最美好的位置了吧。然而讓我們想像一個國王擁有他所能接觸到的一切滿足，但假如他沒有消遣，假如我們只讓他考慮和思索他的實際狀況，那麼這種乏味的幸福就支持不住他，他就必然會由於那些在威脅著他的前景、可能臨頭的叛亂、最後還有那種無可避免的死亡和疾病而垮下來；從而假如他沒有人們所謂的消遣，他就要不幸了，而且會比他的最卑微的臣民——他們是會尋歡作樂的——還要更加不幸。

正是因此，賭博、交女朋友、戰爭、顯赫的地位才是那麼樣地爲人所追求。並不是那在實際上有什麼幸福可言，也不是人們想像著有了他們賭博贏來的錢或者在他們所追獵的兔子裡面會有什麼眞正的賜福：假如那是送上門來的話，他們是不願意要的。人們所追求的並不是那種柔弱平靜的享受（那會使我們想到我們不幸的狀況），也不是戰爭的危險，也不是職位的苦惱，而是那種忙亂，它轉移了我們的思想並使得我們開心。

人們之所以喜愛打獵更有甚於獵獲品的理由[108]。

正是因此，人們才那麼喜愛熱鬧和紛擾；正是因此，監獄才成爲那麼可怕的一種懲罰；正是因此，孤獨的樂趣才是一樁不可理解的事。因而人們要不斷地極力使國王開心並爲國王搜求各式各樣的歡樂，——這件事終於就成爲國王狀況之下的幸福的最重大的課題了。

一個國王是被專門要使國王開心並防止他想到他自己的那些人們包圍著。因爲儘管他是國王，但假如他想到自己，他也會不幸的。

這就是人們爲了使自己幸福所能發明的一切了。而在這一點上，成其爲哲學家的那些人卻相信世人花一整天工夫去追逐一隻自己根本不想購買的兔子是沒有道理的，這就是不認識我們的天性了。這隻兔子並不能保證我們避免對死亡與悲慘的視線，然而打獵——它轉移了我們的視線——卻可以保證我們。

---

106 拉・布魯意葉《人論》：「所有我們的惡行都是出於不甘寂寞：因此才有了賭博、奢侈、揮霍、酗酒、婦人、無知、誹謗、嫉妒，而忘了自身和上帝。」

107 「它的理由」指原因本身的理由。

108 這句原文並不完整的話是手稿的旁注。

勸告皮魯斯（Pyrrhus），要他享受一下他以極大的勞頓在追求著的安寧，那確實是難之又難[109]。

〔祝一個人生活得安寧，也就是祝他生活得幸福，也就是勸他要有一種完全幸福的狀況，這種狀況他可以自由自在地去思索而不會發現其中有任何苦痛的主題。然而這卻是不了解天性。

〔既然凡是自然而然在感受其自身狀況的人，躲避什麼事都比不上躲避安寧；所以他們爲了尋找麻煩，就什麼事都做得出來。這倒不是他們具有一種可以使自己認識眞正幸福的本能。……虛榮，那種向別人炫耀它的樂趣。

〔因此，我們若責難他們，我們就錯了。他們的錯誤並不在於追求亂哄哄，假如他們只是作爲一種消遣而加以追求的話；過錯在於他們之追求它竟彷彿是享有了他們所追求的事物就會使他們眞正幸福似的，而正是在這一點上我們才有理由譴責他們是在追求虛榮。從而在整個這個問題上，無論是責難人的人還是被責難的人，都沒有了解眞正的人性。〕

因此，當我們譴責他們說，他們那樣滿懷熱情所追求的東西並不能使他們滿足的時候；假如他們回答說：——正如他們若是好好地思想過之後所應該回答的那樣，——他們在那裡面所追求的只不過是一種猛烈激盪的活動，好轉移對自己的思念，並且正是爲了這一點他們才向自己提供一種引人強烈入迷的對象；那麼他們就會使得他們的對方無言可對了。然而他們並沒有這樣回答，因爲他們自己並不認識自己。他們並不知道他們所追求的只是打獵而不是獵獲品[110]。

（跳舞：必須好好地想著我們該把步子往哪裡邁。一個紳士眞誠地相信打獵是一大樂趣，是高貴的樂趣，但是一個獵戶可並沒有這種感受。）[111]

他們想像著，如果獲得了那個職位，他們就會從此高高興興地安寧下來，而並未感覺到自己那貪得無厭的天性。他們自以爲是在眞誠地追求安寧，其實他們只不過是在追求刺激而已。

他們有一種祕密的本能在驅使他們去追求消遣和身外的活動，那出自於怨尤自己無窮無盡的悲慘；同時他們又有另一種基於我們偉大的原始天性的祕密本能，那使他們認識到，幸福實際上只在於安寧，而不在於亂哄哄。而這兩種相反的本能便在他們身上形成了一種混亂

---

109 事見蒙田《文集》第一卷、第四十二章。皮魯斯（Pyrrhus）爲伊壁魯斯國王，曾侵入義大利，擊敗羅馬人，西元前二七二年死於希臘。皮魯斯曾準備征服全世界之後再享受安寧，西乃阿斯（Cineas，皮魯斯大臣，西元前三世紀）勸他不如眼下就享受安寧。

110 可參見蒙田《文集》第一卷、第十九章。

111 括弧內的話在原文中爲旁注。

的意向，它隱蔽在他們靈魂的深處而不爲他們所見，但又驅使著他們力求通過刺激去得到安寧；並且永遠使他們在想像著他們所根本就不會有的那種心滿意足終將到來，——假如克服了他們所面臨的某些困難之後，他們能夠從此打開通向安寧的大門的話。

整個的人生就這樣地流逝。我們向某些阻礙進行鬥爭而追求安寧；但假如我們戰勝了阻礙的話，安寧就會又變得不可忍受了[112]；因爲我們不是想著我們現有的悲慘，就是想著可能在威脅我們的悲慘。而且即使我們看到自己在各方面都有充分的保障，無聊由於其祕密的威力也不會不從內心的深處——它在這裡有著天然的根苗——出現的，並且會以它的毒害充滿我們的精神。

因此，人是那麼地不幸，以至於縱令沒有任何可以感到無聊的原因，他們卻由於自己品質所固有的狀態也會無聊的；而他又是那麼地虛浮，以至於雖然充滿著千百種無聊的根本原因，但只要有了最微瑣的事情，例如打中了一個彈子或者一個球，就足以使他開心了。

然而，請你說說，他的這一切都是什麼目的呢？無非是明天好在他的朋友們中間誇耀自己玩得比另一個人更高明而已。同樣地，也有人在自己的房間裡滿頭大汗，爲了好向學者們顯示自己已經解決了此前人們所一直未能發現的某個代數學問題。還有更多的人冒著極大的危險，爲的是日後——而在我看來也是極其愚蠢地——好誇耀自己曾經攻打過某個地方。最後，還有人耗盡自己畢生的精力在研究這一切事物，並不是爲了要變得更有智慧，而僅僅是爲了要顯示自己懂得這些事物；而這種人則是所有這幫人中最愚蠢的了，因爲他們是有知識而又愚蠢的，反之我們卻可以想到另外的那些人假如也有這種知識的話，他們就不會再是這麼愚蠢了。

每天都賭一點彩頭，這樣的人度過自己的一生是不會無聊的。但假如你每天早晨都給他一筆當天他可能贏到的錢，條件是絕不許他賭博；那你可就要使他不幸了。也許有人要說，他所追求的乃是賭博的樂趣而並非贏錢。那麼就讓他來賭不贏錢的博，他一定會感到毫無趣味而且無聊不堪的。因此，他所追求的就不僅是娛樂；一種無精打采的、沒有熱情的娛樂會使他無聊的。他一定要感到熱烈，並且要欺騙他自己，幻想著獲得了在根本不賭博的條件之下他絕不會想別人能給他的那些東西自己就會幸福；從而他就得使自己成爲激情的主體，並且爲了向自己所提出的這個目標而在這方面刺激自己的願望、自己的憤怒和恐懼，活像是小孩子害怕自己所塗出來的鬼臉一樣。

---

112 按在第一版中，此處尚有如下字句：「由於它所產生的無聊而成爲不可忍受的。因此就有必要擺脫它並乞靈於亂哄哄。任何狀況沒有亂哄哄、沒有消遣，就不會是幸福的；而當我們加進了某種消遣之後，一切狀況就都是幸福的了。然而但願我們能判斷一下這種拋卻想念自己的幸福究竟是什麼樣的幸福吧！」

幾個月之前剛喪失了自己的獨生子並且今天早上還被官司和訴訟糾纏著而顯得那麼煩惱的那個人，此刻居然不再想到這些事情了；這是什麼緣故呢？你用不著感到驚訝：他正一心一意在觀察六小時以前獵狗追得那麼起勁的那頭野豬跑到哪裡去了。他別的什麼都不再需要。一個人無論是怎樣充滿憂傷，但只要我們能掌握住他，使他鑽進某種消遣裡面去，那麼他此時此刻就會是幸福的；而一個人無論是怎樣幸福，但假如他並沒有通過某種足以防止無聊散布開來的熱情或娛樂而使自己開心或沉醉，他馬上就會憂傷和不幸的。沒有消遣就絕不會有歡樂，有了消遣就絕不會有悲哀。而這也就是構成有地位的人之所以幸福的那種東西了，他們有一大群人在使他們開心，並且他們也有權力來維持自己的這種狀態。

請注意這一點吧！做了總監、主計大臣或首席州長的人，要不是其所處的地位就是從一清早就有一大群人來自四面八方，爲的就是不讓他們在一天之內可以有一刻鐘想到他們自己；還會是什麼別的呢？可是，當他們倒臺之後，當他們被貶還鄉的時候，——回鄉之後，他們既沒有財富，又沒有僕從在伺候他們的需要，——他們就不能不是窮愁潦倒的了，因爲已經再沒有人來阻止他們想到自己。113

176—275（140）186—102

〔那個因爲自己的妻子和獨子的死亡而那麼悲痛的人，或是一件重大的糾紛使得他苦惱不堪的人，此刻卻並不悲哀，我們看到他居然能那麼擺脫一切悲苦與不安的思念；這又是什麼緣故呢？我們用不著感到驚異；是別人給他打過來一個球，他必須把球打回給對方，他一心要接住上面落下來的那個球，好贏得這一局；他既是有著這另一件事情要處理，你怎麼能希望他還會想到他自己的事情呢？這是足以占據那個偉大的靈魂的一種牽掛，並足以排除他精神中的其他一切思念。這個人生來是爲了認識全宇宙的，生來是爲了判決一切事物的，生來是爲了統御整個國家的，而對捕捉一頭野兔的關心就占據了他並且整個地充滿了他。而假如他不肯把自己降低到這種水準，並且希望永遠都在緊張著，那麼他也無非是格外地愚蠢

---

113 尼柯爾（Pierre Nicole, 1625-1695，詹森派的另一個代表，曾協助帕斯卡爾作《致外省人信札》）《論對自己的知識》：「也許它（指想到自己）是使人們憂患的原因之一，但絕不是唯一的原因」；《致賽維尼（Sévigné）公爵書》：「靈魂的快樂就在於思想，……這就是何以一心想念著自己的人可能憂愁，但絕不會是無聊的緣故。憂愁和無聊乃是不同的運動。……帕斯卡爾先生卻把它們全都混爲一談了。」

不堪而已，因爲他在想使自己超乎人類之上；而歸根到底，他也不外乎是一個人，那就是說，他既不能做什麼又能做得很多，既能做出一切又不能做任何事：他既不是天使，也不是禽獸，而只是人。〕

177—76（141）455—407

人們可以專心一意地去追一個球或者一隻野兔；這甚至於也是國王的樂趣。

206—270*（142）214—214

•消遣•——君王的尊嚴是不是其本身還不夠大得足以使享有這種尊嚴的人僅僅觀照自己的所有，就可以幸福了呢？他是不是一定也要排遣這種思念，就像普通的人一樣呢？我確實看到過有人排遣了自己家庭的困苦景象而一心想念著好好跳舞，以便把自己的全部思想充滿而使自己幸福。然而，一個國王也會是這樣的嗎？他追逐這些虛浮的歡樂，是不是要比欣賞自己的偉大更加幸福呢？人們還能向他的精神提供什麼更加稱心滿意的目標嗎？使自己的靈魂專心一意按著曲調的拍子來調節自己的步伐，或者是準確地打出一個〔球〕，而不是使自己安詳地享受觀賞自己周圍的帝王氣象；這難道不會有損他的歡娛嗎？讓我們做個試驗吧：假設我們讓國王是獨自一個人，沒有任何感官上的滿足，沒有任何精神上的操心，沒有伴侶，一味悠閒地只思念著自己；於是我們便會看到，一個國王缺少了消遣也會成爲一個充滿了愁苦的人。因而人們才小心翼翼地要避免這一點，於是在國王的身邊便永遠都少不了有一大群人，他們專門使消遣緊接著公事而來，他們無時無刻不在注視著國王的閒暇，好向國王提供歡樂和遊戲，從而使他絕不會有空閒；這也就是說，國王的周圍環繞著許多人，他們費盡心機地防範著國王不要讓他單獨一個人而陷到思念其自身裡面去，因爲他們很知道儘管他是國王，但假如他思想其自身的話，他仍然會愁苦的。

我談到基督教國王的這一切時，絕不是把他們當作基督徒，而僅僅是當作國王。

207—272（143）109—405

消遣——我們使人從小就操心著自己的榮譽、自己的財富、自己的朋友，甚而至於自己朋友的財富和榮譽。我們把業務、學習語言和鍛鍊都壓在他們身上；並且我們還使他們懂得，除非是他們的健康、他們的榮譽、他們的財富以及他們朋友的這些東西都處境良好，否則他們就不會幸福，並且只要缺少了任何一項就會使他們不幸。我們就這樣給他們加以種種擔負和事務，使得他們從天一亮起就苦惱不堪。——你也許說，這就是一種奇異的方式，可以使他們幸福！那我們還能做什麼使他們不幸呢？——啊，我們還能做什麼呢？我們只要取消這一切操心就行了；因爲這時候他們就會看到他們自己，他們就會思想自己究竟是什麼，自己從何而來，自己往何處去；這樣我們就不能使他們過分地分心或者轉移注意了。而這就是何以在爲他們準備好那麼多的事情之後，假如他們還有時間輕鬆一下的話，我們就還要勸他們從事消遣、遊戲並永遠要全心全意地有所事事的緣故了。

人心是怎樣地空洞而又充滿了汙穢啊！[114]

80—756（144）109—406

我曾經長時期從事抽象科學的研究，而在這方面所能聯繫的人數之少使我失望。當我開始研究人的時候，我就看出這些抽象科學是不適宜於人的，並且我對它們的鑽研比起別人對它們的無知來，更會把我引入歧途。我原諒別人對於這些所知甚少。然而我相信至少可以找到不少同志是研究人的，這是眞正適宜於人的研究工作。可是我弄錯了；研究人的人比研究幾何學的人還要少。正是由於不懂得研究人，所以人們才去探討別的東西；然而是不是這也並不是人所應該具有的知識，而爲了能夠幸福他就最好是對於自己無知呢？

209—264（145）448—147

〔只能有一種思想盤踞我們，我們不能夠同時思想兩件事；在世人看來，我們這樣就很好，但卻不是在上帝看來。〕

210—226（146）372—152

人顯然是爲了思想而生的；這就是他全部的尊嚴和他全部的優越性；並且他全部的義務就是要像他所應該地那樣去思想。而思想的順序則是從他自己以及從他的創造者和他的歸宿而開始。

可是世人都在思想著什麼呢？從來就不是想到這一點，而是只想著跳舞、吹笛、唱歌、作詩、賭賽等等，想著打仗，當國王，而並不想什麼是做國王，什麼是做人。

---

114 這句話在原稿中爲旁注。

145—169（147）124—18

我們不肯使自己滿足於我們自身之中和我們自己的生存之中所具有的那個生命：我們希望能有一種想像的生命活在別人的觀念裡；並且我們爲了它而力圖表現自己。我們不斷地努力在裝扮並保持我們這種想像之中的生存，而忽略了眞正的生存[115]。如果我們有了恬靜或者慷慨或者忠實，我們就急於讓人家知道，爲的是好把這些美德加到我們的那另一個生命上；我們寧肯把它們從我們的身上剝下來，好加到那另一個生存上；我們甘願做懦夫以求博得爲人勇敢的名聲。我們自身生存之空虛的一大標誌，就是我們不滿足於只有這一個而沒有另一個，並往往要以這一個去換取另一個！因爲誰要是不肯爲保全自己的榮譽而死，他就會是不名譽的。

151—235（148）175—159

我們是如此之狂妄，以至於我們想要爲全世界所知，甚至於爲我們不復存在以後的來者所知：我們又是如此之虛榮，以至於我們周圍的五、六個人的尊敬就會使得我們歡喜和滿意了。[116]

152—68（149）108—151

我們路過一個城鎮，我們並不關心要受到它的尊敬。但是當我們在這裡多停一些時間，我們就要關心這件事了。需要多少時間呢？那時間只和我們虛榮的、渺不足道的一生成比例。

153—94（150）456—153

虛榮是如此之深入人心，以至於兵士、馬弁、廚子、司閽等等都在炫耀自己並且想擁有

---

115 沙朗《論智慧》卷I、第三十六章：「我們只是靠著對別人的關係而生活。」

116 拉·布魯意葉《人論》：「我們是在我們的自身之外尋求我們的幸福的，是在別人的意見裡尋求我們的幸福的。」

自己的崇拜者；就連哲學家也在嚮往它。寫書反對它的人是想要獲得寫作得好的光榮[117]；而讀它的人則是想要獲得曾經讀過它的光榮；而我在這裡寫書，或許就具有這種羨慕之情；而讀它的人或許就……。

149—111（151）258—148

•光榮——從人的幼年起，讚頌就在腐蝕著一切人，啊，這說得多麼好，啊，他做得多麼好，他是多麼明智等等。

波．羅雅爾（Port Royal）[118]的孩子們是沒有受過這種羨慕與光榮的刺激的，於是便淪於漠不關心。

146—157（152）212—149

•驕傲——好奇心只不過是虛榮。最常見的是，人們之想要認識只不過是爲了要談論它。不然的話，要是爲了絕口不談，要是爲了單純的觀賞之樂而並不希望向人講述，那我們就絕不會去做一次海上旅行了。

150—93*（153）88—150

論想要博得與我們相處的那些人尊敬的願望——在我們的可悲、錯誤等等當中，驕傲是那麼自然而然地占有了我們。我們甚至於高興喪失自己的生命，只要人們會談論它。

虛榮：遊戲、打獵、拜訪、喜劇，虛妄的名垂不朽。

233—88（154）101—158

〔我根本沒有朋友〕於你們有利。[119]

---

117 蒙田《文集》第一卷、第四十一章：「因爲就像西塞羅所說的那樣，正是那些反對它（光榮）的人也在希望著他們所寫的書可以在封面上標上他們的名字，他們力圖從鄙視光榮之中得到光榮。」塔西佗（Tacitus, 55-120）《歷史》第四卷、第六章：「就是在智者那裡，對於光榮的熱情也是他們所最難於抗拒的。」

118 按波．羅雅爾修道院爲詹森派的活動中心，其教育以訓練嚴格著稱。

119 按本段原文在手稿中曾被刪去；關於本段的含義可參見下段及本書下冊第798段。

157—919（155）351—156

有一個眞正的朋友，即使是對最顯赫的王公們來說，也是一樁異常有利的事，爲的是他可以說他們的好話並且在他們本人的背後支持他們，因而他們應該盡一切努力來獲得一個眞正的朋友。然而他們卻須好好地選擇；因爲，如果他們盡其努力而只是找到了蠢人，那對他們還是沒有用，不管這些蠢人是怎樣在說他們的好話；何況這些人假如碰巧是最脆弱者的話，就甚至於還不會說他們的好話，因爲這些人沒有威信；因而這些人在人群中間就是在說他們的壞話了。

155—66（156）165—157

Ferox gens, mullam esse vitam sine armis rati[120]. 他們愛好死亡更甚於和平；另有人則愛好死亡更甚於戰爭。

一切意見都可以比生命更值得願望，雖然愛生命本來顯得是那麼強烈而又那麼自然。

156—238（157）152—155

矛盾：蔑視我們的生存，無謂的死亡，仇視我們的生存。

154—74（158）126—209

事業——光榮早有的甜美是如此之大，以至於我們愛它所附麗的無論什麼對象，哪怕是死亡。

148—703*（159）128—125

美好的行爲而隱蔽起來，才是最可尊敬的。[121] 當我在歷史上讀到其中的某一些時（例如

---

120 〔凶猛的人們，他們認爲沒有武器，就沒有生存〕。語出李維（Titus Livius，西元前五十九至西元十七年）《羅馬史》第三十四卷、第十七章。

121 拉羅什福柯《箴言集》第216：「完美的價值就在於做出自己所能做的一切，而在舉世之前不要任何見證。」

頁一八四）[122]，它們使我異常喜悅。然而它們到底並不曾全然隱蔽起來，因爲它們還是被人知道了；並且雖說人們已經盡可能地在隱蔽它們，但它們所顯現出來的那一點點卻玷汙了全體；因爲這裡面最美好的東西就正是想要把它們隱蔽起來。

267—940（160）131—126

打噴嚏也吸引了我們靈魂的全部功能，猶如別的工作一樣；但是我們卻不能從其中得出同樣可以反對人的偉大的結論來，因爲它是違反人的意願的。而且儘管是我們自己得到它的，然而我們自己之得到它卻是違反自己的意願的；它並非著眼於這件事的本身，而是爲了另一個目的：所以它並不是人的脆弱性以及他在那種行爲中處於奴役狀態的一種標誌。

人屈服於憂傷並不可恥，但是屈服於歡樂就可恥了。這並不是由於憂傷乃是自外加之於我們的，而我們自己則追求的是歡樂；因爲我們也可以追求憂傷並有意地向憂傷屈服卻並不那麼可鄙。那麼，又何以屈服於憂傷的力量之下，在理智看來就是光榮的；而屈服於歡樂的力量之下，在理智看來就是可恥的呢？那是因爲並不是憂傷在誘惑我們並吸引我們；而是我們自己自願地選擇了憂傷並且要使它主宰我們自己；從而我們就是這件事的主人，並且在這一點上也就是人屈服於他自己；但是在歡樂之中卻是人屈服於歡樂。因而，造成光榮的就僅僅是主宰和統治，而造成恥辱的則是奴役。

178—53（161）417—105

虛榮——像世上的虛榮那樣一宗顯然可見的東西，卻會如此之不爲人所認識，竟連說追求偉大是椿蠢事都成了一椿稀奇古怪的事了；這才眞是最可驚嘆的事：

180—90（162）94—106

誰要是想充分認識人的虛榮，就只需考慮一下愛情的原因和效果。愛情的原因是「我不知道爲什麼」（高乃依〔Corneille〕）[123]，而愛情的效果又是可怖的。這種「我不知道爲什

---

122 「頁一八四」係指帕斯卡爾本人所閱讀的蒙田《文集》第一八四頁（一六三五年版本），即《文集》第一卷、第四十章。又蒙田《文集》第三卷、第十章：「一椿好事越是輝煌耀目我就越不相信它好，因爲我懷疑做這件事乃是爲了輝煌耀目而不是爲它本身的好處；一經顯示就糟踏了一半。」

123 按語出法國悲劇詩人高乃依（Corneille, 1606-1684）《美狄亞》第二幕、第六場，又《羅多恭尼》第一幕、第五場。

麼」是微細得我們無法加以識別的東西，但卻動搖了全國、君主、軍隊、全世界。克利奧帕特拉（Cléopâtre/Cleopatra）[124]的鼻子；如果它生得短一些，那麼整個大地的面貌都會改觀。

180—83，388*（163）129—107

•虛榮——愛情的原因和效果：克利奧帕特拉[125]。

211—73（164）457—181

誰要是看不見人世的虛榮，他本人就一定是非常之虛榮的。而且除了年輕人完全沉溺於喧囂、作樂和思念著未來之外，又有誰會看不見它呢？但是，取消他們的作樂吧，你就看到他們也會由於無聊而枯萎的；這時候他們就會感到自己的空虛而又並不認識它：因爲一旦人們淪於思考自己而又無以排遣，處於一種不堪忍受的悲哀境地時，那確實是非常不幸的。

212—118，156（165）94—182

•思想——In omnibus requiem quaesivi[126]假如我們的境遇眞正是幸福的，我們就無須排遣自己對它的思想，以求自己幸福了。[127]

---

124 克利奧帕特拉（Cléopâtre，即 Cleopatra，西元前六十九至前三〇年）爲埃及女王，曾以其美貌先後獲得凱撒和安東尼的支持，企圖重建希臘化王國。

125 按原手稿中此處曾有如下的字樣，後經刪去：「最能顯示人類虛榮的，莫過於考察一下愛情有什麼樣的原因和效果了；因爲全宇宙都會爲之改觀：克利奧帕特拉的鼻子。」

126 〔在一切之中，我尋求安息〕。語出拉丁文本《聖經·傳道書》第二十四章、第十一節。

127 本段原文係單獨寫在原手稿第七十三頁上。

218—271（166）359—109

•消遣——沒有想到死而死，要比想到沒有危險而死更容易忍受。[128]

215—33（167）323—190

人生的可悲就奠定了這一切；既然他們看到了這一點，他們就從事排遣。

213—267（168）118—172

•消遣——人類既然不能治療死亡、悲慘、無知，他們就認定爲了使自己幸福而根本不要想念這些。[129]

214—266（**169**）147—174

儘管有著這些悲慘，人還是想要能夠幸福，並且僅僅想要能夠幸福而不能不想要幸福；然而他又怎樣才能掌握幸福呢？爲了要好好做到這一點，他就必須使自己不朽；然而既然不

---

128 默雷《箴言集》76：「怕死要比死本身更難受。」蒙田《文集》第三卷、第四章：「我低著頭愚昧不堪地投身於死亡，卻不肯去思索它或者承認它。」

129 按波・羅雅爾本此處尚有如下的話：「這就是他們在那麼多的苦難之中所能夠創造出來用以安慰自己的一切了。但這是一種十分可悲的安慰，因爲它不能治療這種苦難，而是簡單地在短時間內把苦難隱蔽起來，並且在加以隱蔽時使人不想眞正地治療苦難。這樣，由於人性的一種奇特的顚倒，他便可以發現：本來是使他最難受的無聊，在某種方式上也是他最大的福祉所在，因爲它比一切事物都更能有助於使他尋求眞正的治療；而他所視爲是自己最大福祉的消遣，事實上卻是他最大的苦難，因爲它比一切事物都更加使他脫離尋求對自己苦難的補救之道。這兩者是人的悲慘與腐化、而同時又是人的偉大之一個最可驚異的證明，因爲人並不厭倦於一切，而且除了因爲他具有他已經喪失的那一幸福觀念之外，他也並不尋求大量的操心；幸福既不能在自身之內找到，他就徒勞無益地要在外界的事物之中去尋求，而又永遠不可能滿足，因爲幸福既不是在我們之中，也不是在一切創造物之中，而是在上帝之中。」

能不朽，所以他就立意不讓自己去想到死。[130]

216—265*（170）317—110

•消遣——假如人是幸福的，那麼他越是不消遣就會越發幸福，就像聖人或者上帝那樣。——是的；然而能夠享受消遣，難道不也是幸福嗎？[131]——不是的；因爲幸福是從別的地方、是從外部來的；因而它是依賴性的，並且可能受到千百種意外事件的干擾而造成無可避免的痛苦。

217—128（171）299—112

•可悲——唯一能安慰我們之可悲的東西就是消遣，可是它也是我們可悲之中的最大的可悲。因爲正是它才極大地妨礙了我們想到自己，並使我們不知不覺地消滅自己。若是沒有它，我們就會陷於無聊，而這種無聊就會推動我們去尋找一種更牢靠的解脫辦法了。可是消遣卻使得我們開心，並使我們不知不覺地走到死亡。[132]

130 拉・布魯意葉《人論》：「死亡只不過到來一次，但在一生之中卻無時無刻不使人感到它；理解死亡要比忍受死亡更艱鉅得多。」

131 按這裡插進來的這句話是作者所假設的反駁，本書中常常使用這種體裁。

132 按波・羅雅爾本此處尚有如下的三段話：

「最能使我們深入認識人類之可悲的，莫過於考慮一下他們終生所處於的那種永遠的激動狀態的眞正原因了。」

「靈魂之投入身體乃是要做一次短期旅行。它知道那不過是永恆旅程之中的一段路，並且它一生之中只能有很短的時間可以準備。自然的種種必需卻消磨了它的大部分時間。只剩下來了很少的時間可以供它支配。然而剩下來的這一小點時間又是那麼強烈地使它不安而又那麼出奇地使它困惱，以至於它一心想要消滅這點時間。不得不與自己生活在一起並想著自己，這對它成了一種不堪忍受的痛苦。因此，它全部的關懷就是要遺忘自己，並且從事於有礙它想到這些東西的事情，好讓這段如此短促而又如此可貴的時間毫無痕跡地消逝。」

「這就是人類一切激盪的活動以及人們所稱之爲消遣或作樂的一切東西的起源了，其實這時人們的目的只不過是要使時間不知不覺地消逝，或者不如說使自己感覺不到自己，並在消滅自己生命中的這一部分時，可以避免當他們在這段時間中若是注意著自己時所必然會隨之而來的那種悲苦和不快。靈魂發現在它那裡面沒有什麼東西能使自己滿足，當靈魂思想到它時，就會看到其中沒有任何東西是不使自己痛苦的。正是這一點才迫使靈魂要向外擴張，要在對外物的追求之中消滅對自己眞實狀態的記憶。靈魂的歡樂就在於這種遺忘狀態；要使靈魂不幸，只消使之能看到自己並與它自己相處就夠了。」

168—84（172）271—111

我們從來都沒有掌握住現在。我們期待著未來，好像是來得太慢了，好像要加快它那進程似的；不然，我們便回想著過去，好攔阻它別走得太快：我們是那麼輕率，以至於我們只是在並不屬於我們的那些時間裡面徘徊，而根本就不想到那唯一是屬於我們所有的時間；我們又是那麼虛妄，以至於我們夢想著那種已經化爲烏有的時間，而不加思索地錯過了那唯一存在的時間。這乃是由於現在通常總是在刺痛著我們。我們把它從我們的心目之前遮蔽起來，因爲它使我們痛苦；假如它使我們愉悅的話，我們就要遺憾於看到它消逝了。我們努力在用未來去頂住它，而且還想把我們無能爲力的事物安排到我們並沒有任何把握可以到達的時間裡去。

假使每個人都檢查自己的思想，那麼他就會發現它們完全是被過去和未來所占據的。我們幾乎根本就不想到現在；而且假如我們想到的話，那也不過是要借取它的光亮以便安排未來而已。現在永遠也不是我們的目的：過去和現在都是我們的手段，唯有未來才是我們的目的。[133]因而我們永遠也沒有在生活著，我們只是在希望著生活；並且既然我們永遠都在準備著能夠幸福，所以我們永遠都不幸福也就是不可避免的了。

190—139（173）327—113

他們說日月蝕預兆著不幸；因爲不幸是常見的，從而當不幸是如此之經常臨頭時，他們也就是經常猜中了。反之，假如他們說日月蝕預兆著幸福，那麼他們就會是經常撒謊了。他們把幸福僅只歸之於罕見的天象遇合，因而他們往往是很少猜不中的。

---

133 蒙田《文集》第一卷、第三章：「那些譴責我們永遠在追逐未來的事物、並教導我們要把握住並安心於現在的美好的人們，——因爲我們對於未來的東西並沒有什麼把握，而且那比我們所具有的過去還要少——就觸及到了人類錯誤之中最普遍的一種；假如他們敢於把大自然引導著我們爲它的作品的連續性所作的服務叫做錯誤的話。由於大自然忌妒我們的行爲更有甚於我們的知識，所以她就給我們烙上了這種虛妄的幻想以及許多其他的幻想。」「我們從來不是在我們自己之中的，我們永遠是超乎其外的：恐懼、願望和希冀把我們驅向未來並剝奪了我們對於現有的一切事物的觀感和思考，以便使我們沉醉於未來的一切，乃至於是當我們不再存在的時候。」拉・布魯意葉《人論》：「生命是短促的而又令人無聊的；全部的生命就都在願望之中度過。人們把自己的安息和歡愉置諸未來，往往是置諸最美好的東西——健康與青春——已經消失之後。」

169—117，126*（174）79—108

可悲——所羅門（Solomon）[134]和約伯（Job）是最認識而又最善於談論人的可悲的：前者是最幸福的，後者是最不幸福的；前者從經驗裡認識到快樂的虛幻，後者則認識到罪惡的事實。

220—148（175）878—136

我們對自己認識得那麼少，以致有許多人在自己身體很好的時候就自以爲要死了；又有許多人當他們已臨近死亡的時候卻以爲自己身體很好，並沒有感到熱病臨頭或者是腫瘤就要長出來了。[135]

221—203（176）297—140

克倫威爾要蹂躪整個的基督教世界：王室被推翻了，而他自己的王朝則是永遠強盛的；

只是有一小塊尿沙在他的輸尿管裡形成了。就連羅馬也在他的腳下戰慄；然而這一小塊尿沙既經在那裡面形成，於是他就死了，他的王朝也垮臺了，一切又都平靜了，國王又復辟了。[136]

224—110（177）507—141

〔三個東道主〕一個曾享有英國國王、波蘭國王和瑞典女王[137]的友誼的人，難道會相信

134 按此處所羅門係指《傳道書》的作者，帕斯卡爾認爲《舊約・傳道書》的作者是所羅門。

135 蒙田《文集》第一卷、第十九章：「死亡有多少種出人意料的不同方式啊！Quid quisque vivat, nunquam homini satis/Cautum est in horas!〔沒有哪個活人準備過／隨時可以臨頭的疾病〕。我還不用提熱症和肋膜炎。」

136 按克倫威爾（Oliver Cromwell, 1599-1658）係死於熱症而非（如作者所說的）死於結沙。英王查理第一於一六四九年一月三十日被判處死刑，克倫威爾死於一六五八年九月三日，斯徒亞特王朝於一六六○年五月八日復辟。作者本段文字大約寫於一六六○年左右。

137 按英國國王查理第一於一六四九年被處死刑，瑞典女王克烈斯蒂（Christine）於一六五四年遜位，波蘭國王卡息米爾（Jean Cesimir）於一六五六年被推翻。據阿維說，作者本段文字寫於一六五六年。關於作者此處的這一主題思想，伏爾泰（Voltaire, 1694-1778）《戇第德》（*Candide*）第二十六章中曾有詳盡的發揮。

自己在世上竟找不到一個隱退和容身之所嗎？

225—597（178）302—161

馬克羅比烏斯（Macrobe/Macrobius）[138]論被希律（Herod）王所屠殺的無辜者。[139]

225—612*（179）315—132

當奧古斯都[140]聽說，希律下令把兩歲以內的孩子一律處死，而其中也有希律自己的孩子在內時；奧古斯都就說，做希律的豬還比做他的兒子好一些。馬克羅比烏斯，《農神節書》第二卷、第四章。

223—258*（180）337—162

大人物和小人物有著同樣的意外、同樣的煩惱和同樣的熱情；然而一個是在輪子的頂端，而另一個則靠近中心，因而在同樣的運動中動盪也就較小。[141]

164—104（181）336—744

我們是那麼不幸，以至唯有在某件事若搞不好就會使我們煩惱的情況之下，我們才會對於那件事感興趣[142]；因爲我們有千百件事情可以做，並且是時時都在做著。（誰）要是發現

---

138 馬克羅比烏斯（Macrobe，即 Macrobius）爲西元五世紀的作家，屬新柏拉圖派。

139 希律（Herod，西元前三十九至四年）爲猶太王時，耶穌降生於猶太的伯利恆。希律聽說耶穌將做猶太人的王，「就大大發怒，差人將伯利恆城裡並四境所有的男孩……凡兩歲以裡的都殺盡了。」（《馬太福音》第二章、第十六節）。關於本段的含義詳見下段。

140 奧古斯都見本書上冊第132段。

141 按輪子頂端在運動時所掃過的軌跡爲輪擺線，上下搖擺；輪子中心所掃過的軌跡爲直線，越靠近中心則掃過的軌跡越接近於直線。帕斯卡爾本人一系列重要的數理科學貢獻中，就包括他對輪擺線的專門研究。又可參看蒙田《文集》第二卷，第十二章。

142 作者一六六一年致多馬（Domat）信中曾責備波・羅雅爾教派有人過分熱衷於他們爲眞理進行鬥爭時所獲得的勝利。

了可以享受好事而又不爲相反的壞事所煩惱的祕密，他就找到了要害；而那就是永恆的運動。[143]

165—307（182）335—103

凡處於困境之中而總是懷著良好的希望並且享受了幸運之樂的人，假如不是對壞事也同樣地感到痛苦的話，就會被人懷疑是幸災樂禍了；他們喜出望外地發現能有這些希望作藉口，以便顯示自己對它的關切，並且以他們對此所佯爲抱有的快樂，來掩飾他們看到事情失敗時所懷有的那種快樂。[144]

226—342（183）328—104

當我們在自己眼前放一些東西妨礙我們看見懸崖時，我們就會無憂無慮地在懸崖上面奔跑了。

143 據布倫士維格解說，這句話的意思是說：人類的理想與人類實際活動的狀況之不相符合，正猶如永恆的理想與地上的運動的狀況之不相符合是一樣的。

144 按本段詞旨頗爲晦澀，據布倫士維格解說，本段思想係補充上段者；意謂：當人們彷佛是在實踐僅只考慮人事的好的方面而不因壞的方面感受苦痛的這一準則時，那絕不是出於人們的無私或哲學，而只是由於人們對恰好相反的事情感到興趣並且力求加以掩飾。

第三編　必須打賭

565—27（184）313—414

能引人尋求上帝的一封信。[1]

然後，引人在那些使得尋求他們[2]的人感到不安的哲學家、懷疑主義者和教條主義者（Dogmatist）那裡去尋求上帝。

9—357（185）316—374

上帝的行動是以慈祥在處置一切事物的，它以理智把宗教置於精神之中，又以神恩把宗教置於內心之中。然而，想要以強制和威脅來把它置於精神和內心之中，[3]那就不是把宗教而是把恐怖置於其中了，terrorem potuis quam religionem[4]。

9—140（186）329—376

Nesi terrerentur et non docerentur, improba quasi dominatio videretur[5]（奧古《書信

集》第四十八或四十九篇，——第四卷：contra mendacium ad consentium。[6]）。

1—35（187）334—377

順序——人們鄙視宗教；他們仇恨宗教，他們害怕宗教是眞的。要糾正這一點，首先就必須指明宗教絕不違反理智；指明它是可敬的，使人加以尊敬；然後使之可愛，使好人願望它能是眞的；最後則指明它的確是眞的。

可敬，是因爲它充分了解人類；可愛，是因爲它允諾了眞正的美好。

---

1 本編中所提出的問題，作者原計畫是以一封信的形式來討論的。

2 「他們」布倫士維格以爲應讀作「他」；「尋求他們的人」即尋求上帝的人並爲了尋求上帝而尋求哲學的人。

3 「以強制和威脅來把它（宗教）置於精神和內心之中」指猶太教。

4 〔那就是恐怖而不是宗教。〕詹森派以爲基督教的原則在於以仁愛來代替猶太教的恐怖。

5 〔如果他們感到恐怖而沒有受到教誨，看來那種統治就是不公正的。〕

6 〔對待謊言，要請示宗教會議。〕

10—959（188）80—74

在一切的對話和談論中，我們一定要能夠向被觸犯的人們說：「你怨尤什麼呢？」

11—338（189）536—73

首先要憐憫不信仰者；他們的狀況已經使他們夠不幸的了。我們只需以宗教有益的事例來譴責他們；而這就刺傷了他們。

12—332（190）467—173

要憐憫那些正在尋求之中的無神論者（Atheist），因爲他們豈不是十分不幸嗎？要痛斥那些炫耀宗教的人。

13—23（191）324—75

後一種人要嘲笑前一種人[7]嗎？誰才應該受嘲笑呢？然而，前一種人並不嘲笑後一種人，而只是可憐他們。

337—760（192）298—79

要譴責米東（Miton）的無動於衷，既然上帝將譴責他。[8]

---

7 按本段係承上段而言。「後一種人」即「炫耀宗教的人」，「前一種人」即「正在尋求之中的無神論者」。

8 據布倫士維格的解釋，這句話的意思是：因爲上帝以後將要譴責他，所以爲了米東本人的好處，最好是現在就譴責他。但據米灼的解釋，這句話的標點應作：「要譴責米東的無動於衷。既然上帝將譴責他……。」

361—22（193）322—76

Quid fiet hominibus qui minima contemnunt, majora non credunt[9].

335，8，16，336—11，15**（194）89—77

……但願他們在攻擊宗教之前，至少也要懂得他們所攻擊的宗教是什麼吧。如果這種宗教自詡能夠清楚明白地看見上帝，並且能夠公開地、毫無隔膜地把握住它；那麼要說我們在世界上看不見任何東西可以以這樣的證據來表明它，那就是在攻擊它了。可是，既然它恰好相反地乃是在說：人是處於黑暗之中並且遠離著上帝，上帝把自己向他們的認識隱蔽了起來，而這甚至於就是聖書中上帝所加給自己的名稱 Deus absconditus[10]；並且最後，如果它還同等地努力確立這樣兩件事：即，上帝在教會中確立了顯明可見的標誌，使他自己能爲那些眞誠在尋求他的人所認識，而他又同時是那樣地在蒙蔽著他們，從而他只能被那些全心全意在尋求他的人所察覺；那麼當他們在茫然無知之中公然宣稱是在追求眞理的時候，他們叫喊著並沒有什麼東西能向他們顯示它的時候，既然他們所處的以及他們所用以反對教會的那種蒙昧狀態只不過是確定了它所肯定的一件事而且沒有觸及那另一件事，並且遠未能摧毀它的學說反而是確定了它的學說，這時候他們又能得到什麼便宜呢？

爲了攻擊它，他們就一定得大喊大叫他們已經盡了一切努力在到處尋求上帝了，甚至於是在教會準備要指點他們的地方，可是並沒有任何滿意的結果。假如他們是這樣在講話，那麼他們事實上就確實是在攻擊它的主張之一。但是我希望在這裡指明，沒有一個有理智的人是可以這樣講話的；我甚至於敢說，還沒有一個人這樣做過。我們很知道，具有這種精神的人是以怎樣的方式在活動的。當他們花了幾小時的工夫閱讀了某卷聖書，當他們向某位牧師請教了有關信仰的眞理的時候，他們就以爲已經做出很大的努力在求學了。在這以後，他們就自詡已經在書籍裡並在人們中間尋求過了，只是毫無結果。但事實上，我要向他們說我常常說過的話，那就是，這種粗疏無知是不能容忍的。這裡所涉及的並不是某個陌生人的渺不足道的利害，因而可以使用這種方式；它所涉及的乃是我們自身以及我們所有的人。

靈魂不朽乃是一件與我們如此之重要攸關的事情，它所觸及於我們的又是如此之深遠；

9〔對於既看不起最渺小的事物而又不相信最偉大的事物的人，應該怎麼辦呢？〕

10〔隱蔽的上帝。〕按語出《以賽亞書》第四十五章、第十五節。

因此，若是對於了解它究竟是怎麼回事竟然漠不關心的話，那就必定是冥頑不靈了。我們全部的行爲和思想都要隨究竟有沒有永恆的福祉可希望這件事爲轉移而採取如此之不同的途徑，以至於除非是根據應該成爲我們的最終目標的那種觀點來調節我們的步伐，否則我們就不可能具有意義和判斷而邁出任何一步。

因而，我們首要的興趣和我們首要的義務，就是要向自己闡明爲我們的全部行爲所依據的這一主題。而這就正是何以我要在那些沒有被說服的人們中間劃出一種極大的區別的原因，我要區別那些竭盡全力在努力求知的人和那些對之毫不介意也不思想而生活下去的人。

我只能惋惜那些在這場懷疑中眞誠在嘆息著的人，他們把它視爲最終的不幸，並且不惜一切以求擺脫它；他們把這場尋求當作是他們最主要的而又最嚴肅的事業。

然而對於那些並不思想人生這一最終目的而度過自己一生的人們來說，他們僅僅由於不能在他們自己身上發現那種可以說服他們的光明，便不肯再到別的地方去尋求；他們不肯從根本上去考察這種意見是不是人們出於單純的輕信而加以接受的一種意見，抑或是儘管它們本身幽晦難明，然而卻具有著非常之堅固的、不可動搖的基礎的一種意見；對於他們我是以完全不同的另一種態度來考慮的。[11]

對於涉及他們的本身、他們的永生、他們的一切的一樁事，採取這種粗疏無知的態度，這使我惱怒更甚於使我憐憫；它使我驚異，使我震訝，在我看來它就是惡魔。我這樣說，並不是出於一種精神信仰上的虔敬的熱誠。[12]反之，我是說我們應該出於一種人世利益的原則與一種自愛的利益而具有這種感情：關於這一點我們只消看一看最糊塗的人都看得到的東西。

並不需要有特別高明的靈魂就可以理解：這裡根本就不會有什麼眞正而牢靠的心滿意足，我們全部的歡樂都不過是虛幻，我們的苦難是無窮無盡的，而且最後還有那無時無刻不在威脅著我們的死亡，它會確切無誤地在短短的若干年內就把我們置諸不是永遠消災就是永遠不幸的那種可怕的必然之中。

沒有什麼比這更加眞實又比這更加恐怖的事情了。縱使我們能做到像我們所願望的那樣英勇；然而在等待著世上最美妙的生命的歸宿便是如此。讓我們在這上面思索一下吧，然

11 原稿：「我們應該可憐這兩種人；然而我們對於前一種人應該是一種由悲憫而產生的可憐，對於後一種人應該是一種由鄙視而產生的可憐。」

12 原稿：「我不是依據體系，而是依據構成人心的方式在這樣說的。……不是依據信仰的與超然的熱誠，而是依據純人類的原則，依據自愛的利益的運動……。」

後讓我們說：在這個生命中除了希望著另一個生命之外就再沒有任何別的美好，我們只是隨著我們之接近於幸福才幸福，而且正如對於那些對永生有著完全保證的人就不會再有不幸一樣，對於那些對永生沒有任何知識的人也就絕不會有幸福可言；這些不都是毋庸置疑的嗎？

因此，處於這種懷疑狀態確實就是一件大惡；可是當我們處於這種懷疑狀態的時候，至少進行尋求卻是一樁不可缺少的義務；所以那種既有懷疑而又不去尋求的人，就十足地既是非常不幸而又是非常不義的了。假如他對這一點安然自得，公然以此自命，並且甚至引以爲榮，假如成爲他的快樂和他的虛榮的主題的就是這種狀態本身；那麼我就沒什麼話好形容這樣一個肆無忌憚的生物了。[13]

我們怎麼可能懷有這種感情呢？除了無從解脫的悲慘之外就不能期待別的，這裡面又能有什麼快樂可言呢？[14]眼看自己處於無法鑽透的蒙昧之中，又有什麼虛榮可言呢？如下的這種推理是怎麼可能發生在一個有理智的人的身上呢？

「我不知道是誰把我安置到世界上來的，也不知道世界是什麼，我自己又是什麼？我對一切事物都處於一種可怕的愚昧無知之中。我不知道我的身體是什麼，我的感官是什麼，我的靈魂是什麼，以及甚至於我自己的那一部分是什麼——那一部分在思想著我所說的話，它對一切、也對它自身進行思考，而它對自身之不了解一點也不亞於對其他事物。我看到整個宇宙的可怖的空間包圍了我，我發現自己被附著在那個廣漠無垠的領域的一角，而我又不知道我何以被安置在這個地點而不是在另一點，也不知道何以使我得以生存的這一小點時間要把我固定在這一點上，而不是在先我而往的全部永恆與繼我而來的全部永恆中的另一點上。我看見的只是各個方面的無窮，它把我包圍得像個原子，又像個僅僅曇花一現就一去不復返的影子。我所明瞭的全部，就是我很快地就會死亡，然而我所爲最無知的又正是這種我所無法逃避的死亡本身。」

「正像我不知道我從何而來，我同樣也不知道我往何處去；我僅僅知道在離開這個世界時，我就要永遠地或則是歸於烏有，或則是落到一位憤怒的上帝的手裡，而並不知道這兩種狀況哪一種應該是我永恆的應份。這就是我的情況，它充滿了脆弱和不確定。由這一切，我就結論說，我因此就應該不再夢想去探求將會向我臨頭的事情而度過我一生全部的日子。也

13　原稿：「毫無疑義，除了認識上帝之外就不會有幸福；隨著我們越是接近於他，我們就越是幸福，而最終的幸福也就是確切地認識他，而最終的不幸則是相反的確切性。因而懷疑便是一種不幸，但在懷疑之中尋求則是一件必不可少的義務。」

14　原稿：「除了無從解脫的悲慘之外，就不能期待別的，這還有什麼快樂可言呢？對於一切安慰都告絕望，這還有什麼安慰可言呢？」

許我會在我的懷疑中找到某些啓明；但是我不肯費那種氣力，也不肯邁出一步去尋求它；然後，在滿懷鄙夷地看待那些究心於此的人們的同時，我願意既不要預見也沒有恐懼地去碰碰這樣一件大事，並讓自己在對自己未來情況的永恆性無從確定的情形之下，懨懨地被引向死亡。」[15]

誰會希望跟一個以這種方式講話的人做朋友呢？誰會從人群中間挑出他來，好向他傾談自己的事情呢？誰會在自己的苦痛之中求助於他呢？而且最後，我們又能派定他的一生有什麼用處呢？

事實上，有著這樣不理智的人作爲敵人，才是宗教的光榮[16]：而他們的反對之對宗教的危害又是如此之微不足道，以致它們反而有助於奠定宗教的眞理。因爲基督教的信仰幾乎就僅僅在於確定這兩件大事，即人性的腐化和耶穌基督的贖罪。所以我認爲：如果他們不是以他們道德的聖潔而有助於顯示贖罪的眞理，那麼至少他們也是出色地在以如此之違反人性的感情而有助於顯示人性的腐化。

對於人，沒有什麼比他自己的狀態更爲重要的了[17]，沒有什麼比永恆更能使他驚心動魄的了；因而，如若有人對喪失自己的生存、對淪於永恆悲慘的危險竟漠不關心，那就根本不是自然的了。他們之爲物和其他的一切事物都迥不相同：他們甚至擔心著最細微的小事，他們預料著這些小事，他們感覺著這些小事；就是這個人，日日夜夜都在憤怒和絕望之中度過，唯恐喪失一個職位或在想像著對他的榮譽有什麼損害，而正是這同一個人明知自己臨死就會喪失一切，卻毫無不安、毫不動情[18]。看到在同一顆心裡而且就在同一個時間內，既對最微小的事情這樣敏感，而對最重大的事情又那樣麻木得出奇[19]；這眞是一件邪怪的事。這是一種不可思議的玄妙，是一種超自然的遲鈍，它標誌著是一種全能的力量造成了這種情況。

人性必定是有著一種奇特的顚倒，才會以處於那種狀態爲榮，居然會有任何一個人能處

15　原稿旁注：「無論它們可能有怎樣的確定性，那都只是絕望的題材而不是虛榮心的題材。」

16　原稿：「然而那些看來像是最與宗教的光榮相對立的人們，其本身對於別人也並不是沒有用的。我們可以把這當作是第一條論據來論證超自然的事物的存在：因爲這種盲目並不是一件自然的事；假如他們的愚蠢使得我們如此之違反他們自身的幸福，它卻是以一種如此之可悲的例子與如此之値得可憐的愚蠢的恐懼感而有助於保證別人的幸福。」

17　原稿：「最重要的事莫過於此，而最爲人所忽略的事也莫過於此。」

18　原稿：「他們是如此之堅定，以致對於一切涉及他們的事都毫無感覺嗎？讓我們拿喪失財富或者喪失榮譽來考驗一下他們吧。……。」

19　原稿：「然而的確，人是那樣地違反人性，以至於在他的心裡竟然對這一點有一種快樂的萌芽。」

於那種狀態，看來是無法置信的。然而經驗卻使我看到了這種人的數量是如此之多，以至於假如我們不知道混在其中的人大部分都是模仿別人而並不是眞正那樣，這件事的本身就足以令人驚訝不止了。這些人都只是風聞別人說世上最時髦的事就在於這樣地行爲偏激[20]。這就是他們所謂的擺脫羈絆，他們在極力模仿。然而要使他們理解他們在這樣追求別人的尊重時，他們是怎樣地在欺騙自己，並不是難事。這絕不是博得別人尊重的辦法，我甚至在世俗的人們中間也要這樣說，——只有他們能健全地判斷事物，懂得能以成功的唯一途徑就是使自己表現誠懇、忠實、有見識並且能夠爲自己的朋友效勞而有用，因爲人們天然所愛的只是對自己可能有用的東西。現在，我們聽說有一個人擺脫了自己的羈絆，他不相信有一個上帝在監視他的行動，他自以爲是自己行爲的唯一主宰，並且他認爲只對自己本人負責；那麼這對我們有什麼好處呢？他是不是認爲我們因此便感動得對他抱有充分的信仰，並且在一生中的每一次需要的關頭都可以指望著他的安慰、勸告和支持了呢？他們是不是自以爲告訴了我們，而尤其是以一種傲慢自滿的聲調告訴了我們，他們只把我們的靈魂當作是一縷過眼雲煙，就會使我們高興了呢？難道這是一樁說來可喜的事嗎？恰好相反，它難道不是一樁說來可哀的事嗎？不是世界上最可哀的事了嗎？[21]

假如他們認眞地想過這些，他們就會看到這一點是如此之被人誤解、如此之違反情理、如此之有悖於正直、而又以各種各樣的方式如此之背離了他們所尋求的那種良好風範；以至於他們與其說是能腐蝕，倒不如說是能糾正那些有著某種追隨他們的傾向的人們。事實上，你讓他們敘述一下他們的感情以及他們所以要懷疑宗教的理由；他們向你講的東西就都是那麼脆弱而又那麼鄙陋，以致他們倒會以相反的東西說服你。這便是某個人有一天非常中肯地向他們所說的話了，他說：「假如你們繼續這樣地談論下去，事實上你們就會使我皈依宗教了。」他是有道理的，因爲誰不怕看見自己會陷進竟以這樣可鄙的人作爲自己的同道的那種感情裡去呢？

所以那些只是去故意造作這種感情的人，要想束縛自己的天然感情以期使自己成爲最狂傲不遜的人，就會是極其不幸的。如果他們的內心深處苦於不能有更多的光明，但願他們不要加以掩飾吧；這樣承認，一點也不可恥。可恥的只是根本就沒有光明。最足以譴責精神的極端脆弱的，莫過於不能認識一個沒有上帝的人是多麼地不幸了[22]；最足以標誌內心品性惡

20　原稿：「這種人就是學院派和學者，是我所知道的最惡劣的人性。」按，「學院派」指有成見的懷疑主義者，「學者」指模仿時髦的人。

21　原稿：「難道這是一樁說來可喜的事嗎？這是一樁說來可哀的事啊。」

22　原稿：「苦於光明不足而不能愛，……並不是精神脆弱的結果，而是意志邪惡的結果。」

劣的，莫過於不肯希望永恆的許諾這一眞理了；最懦怯的事，莫過於做反對上帝的勇士了[23]。因此，但願他們把這類不虔敬留給那些生來就壞得足以能夠眞正作惡的人們去吧；但願他們假如不能做基督徒的話，至少也要做誠實的人；並且但願他們終於能認識只有兩種人才是可以稱爲有理智的，即或者是那種因爲認識上帝而全心全意在侍奉上帝的人，或者是那種因爲他們不認識上帝而全心全意在尋求上帝的人。

但是，至於那些既不認識上帝又不尋求上帝而生活的人們，他們斷定他們自己是那麼地不値得自己關懷，以至於他們也不値得別人關懷；[24]於是就一定得有爲他們所鄙視的宗教的全部仁愛，才能不至於鄙視他們竟至把他們委之於他們的愚蠢[25]。但是因爲這種宗教總是在迫使我們去觀察他們；所以只要他們這一生中還能夠得到可以照耀他們的神恩，還能夠相信他們可以在不久的時間內就比我們更加充滿了信仰，而相反地我們卻可以陷入他們所處的那種盲目裡去，我們就必須對他們做到假如我們是處於他們的地位，我們所願望他們會對我們做出的事[26]，並且呼籲他們能憐憫他們自己，而且假如他們並沒有找到光明的話，至少也要邁出幾步以企求光明。但願他們能從他們那麼無益消磨掉的時光裡抽出幾小時來聽聽這種教誨吧；無論他們對此懷有怎樣的反感，但他們或許終將有所邂逅的，至低限度他們也不會喪失多少東西。至於那些對此懷有完全的誠意並懷有眞正要邂逅眞理的願望的人，則我希望他們會得到滿足，他們會信服如此之神聖的一種宗教的證據的，我這裡已經蒐集了這些證據，並且其中我已經多少遵循著這種順序[27]……。

334，107—12*（195）325—78

在探討基督宗教的證明之前，我發現有必要先指明那些人的不義，——那些人在對於他們是如此重要而又與他們是那樣密切攸關的一樁事情上，竟然對追求眞理無動於衷而生活下去。

23　原稿：「一個垂死的人面對著全能永恆的上帝，還要堅持在脆弱與苦難之中行走，那難道是勇敢嗎？」

24　原稿：「這一點就表明對他們是沒有什麼話好說的，這並不是出於鄙視，而是因爲他們沒有常識。必須是上帝才能感動他們。」

25　原稿：「一定要在爲他們所鄙視的宗教之中，才能不鄙視他們。」

26　原稿：「假如我是處於這種狀態，但願我有幸別人能憐憫我的愚蠢，別人能有善意來挽救我，不管我是怎樣的。」

27　關於這裡所謂證明的順序，可參見本書上冊第289、290段。但布倫士維格認爲這兩處實際上只是舉出證明的專案而非證明的順序。

在他們的全部謬誤之中，毫無疑義最足以斷定他們的愚蠢與盲目的就是這一點，而在這一點上卻又最容易被最初的常識觀點和自然的感情所混淆。

因爲無可懷疑的是，這一生的時光只不過是一瞬間，而死亡狀態無論其性質如何，卻是永恆的；我們全部的行爲與思想都要依照這種永恆的狀態而採取如此之不同的途徑，以致除非根據應該成爲我們最終鵠的之點的那個眞理來調節我們的途徑，否則我們就不可能有意義地、有判斷地前進一步。

最顯而易見的事莫過於此，所以假如人們按照理智的原則而不採取另一條道路的話，他們的行爲便完全是沒有理智的。

因而就讓我們在這方面批判那些從不想到生命的這一終極目的而生活下去的人們吧，他們聽任自己受自己的嗜好和歡樂的支配，既不加思索也毫無不安，竟彷彿他們只要轉移了自己的思想就可以消滅永恆似的[28]，所以他們一心想念的就只是使自己在目前一瞬間能夠快樂。

然而，這種永恆性卻始終存在著；並且死——死是一定要打開永恆性的大門並且是時時刻刻都在威脅著他們的——也就無可避免地會在很短的時間內，把他們置諸不是永恆消災、就是永恆不幸的那種可怖的必然性之中，而他們又不知道這兩種永恆性究竟哪一種才是在永遠地爲他們準備著。

這是一種有著可怕後果的懷疑。他們有淪於永恆悲慘的危險；可是他們對於這一點竟彷彿是不值得去費力的樣子，他們不肯去考察這究竟是屬於那種人們過分輕信而草率接受的見解呢？還是屬於那種其本身雖則幽晦但卻有著異常之堅固的儘管是隱蔽的基礎的見解呢？所以他們也就不知道這件事情究竟是眞理還是謬誤，也不知道這類證明究竟是有力還是脆弱？這些就在他們的眼前：他們卻拒絕矚目，於是他們就在這種無知狀態裡選定了淪於那種不幸狀態——如其屬實的話——所必須要做的一切，他們等待著死亡來做出有關的驗證，並且非常之自滿於這種狀態，他們公開承認而且居然炫耀這種狀態。我們能嚴肅地想到這件事的重要性，而不對如此之荒誕的一樁行爲滿懷恐怖嗎？

安於這種無知狀態就是一件邪惡的事，因此，就一定要把這一點向那些終生都在其中度過的人們提出來，好讓他們看到自己的愚蠢而驚惶失措，使他們感到它的荒誕和愚昧。因爲當人們選擇在這種他們實際上所處的無知狀態之中生活下去而並不尋求啓明的時候，他們的

---

28 原稿：「我們的想像由於其對目前的時刻不斷進行思考而強烈地擴大了目前的時刻，由於其對永恆並不進行思考而又那樣地縮小了永恆；以至於我們把永恆弄成了虛無，把虛無弄成了永恆；而這一切都在我們自身之中有其異常活躍的根源，以致我們全部的理智都不能保衛我們免於這一切，並且……。」

推理就是這樣的。他們說：「我不知道……。」

338—21（196）331—67

人們缺少心靈；他們不肯和心靈交朋友。

339—10*（197）303—436

麻木不仁到了鄙視一切有興趣的事物的地步，而且變得麻木不仁到了使我們最感興趣的地步[29]。

340—20（198）312—129

人們對小事的感覺敏銳和對大事的麻木不仁，這標誌著一種奇怪的顛倒。

341—314*（199）452—127

讓我們想像有一大群人披枷帶鎖，都被判了死刑，他們之中天天有一些人在其餘人的眼前被處決，那些活下來的人就從他們同伴的境況裡看到了自身的境況，他們充滿悲痛而又毫無希望地面面相覷，都在等待著輪到自己。這就是人類境況的縮影。

342—339（200）311—128

一個在牢獄裡的人不知道自己是否已經被判決，並且只有不到一小時的時間可以獲悉它了，但這一小時——假如他知道已經被判決的話——卻足以提出上訴；而他把這一小時並不用於探聽是否已經作出判決而是用於玩牌，那就是違反自然的了。所以，人……等等[30]，那就是超自然的了。這就是上帝手掌的分量。

---

29 按本書上冊第196、197段，均指第195段中所說的「安於這種無知狀態」的人。

30 此處「所以，人……等等」讀作：「所以人在尋歡作樂之中度過一生而不去憂慮十分迫近的判決。」

因此，不僅僅是那些尋求著上帝的人的熱誠可以證明上帝，而且那些不尋求上帝的人的盲目也可以。

420—454（201）301—131

人們彼此之間的一切辯難都只是在互相反對他們自己，而不是在反對宗教。不信教者所說的一切……[31]。

572（b）—322（202）96—130

〔從那些看到自己沒有信仰而陷於悲傷的人的身上，我們看到了上帝並沒有照亮他們；然而其餘的人，則我們看到了有一個上帝在使他們盲目。〕

343—345（203）176—135

Fascinatio nugacitatis[32]——爲了使這種情感不至於傷害我們，讓我們就彷彿只剩下八天的生命那樣來行事吧。

344—335*，570（204）306—137

如果我們應該奉獻八天的生命，我們也就應該奉獻一百年[33]。

88—116（205）393—139

當我思索我一生短促的光陰浸沒在以前的和以後的永恆之中，我所填塞的——並且甚至於是我所能看得見的——狹小的空間沉沒在既爲我所不認識而且也並不認識我的無限廣闊的空間之中；我就極爲恐懼而又驚異地看到，我自己竟然是在此處而不是在彼處，因爲根本就沒有任何理由爲什麼是在此處而不是在彼處，爲什麼是在此時而不是在彼時。是誰把我放置

31 讀作：「不信教者所說的一切也證明了宗教。」可參考上段的最後一句話。

32 〔無益的幻想〕——語出《智慧書》第四章、第十二節。

33 有的版本作：「如果我們應該奉獻八天，我們也就應該奉獻終生。」

在其中的呢？是誰的命令和行動才給我指定了此時此地的呢？Memoria hospitis unius diei praetereuntis.[34]

91—392*（206）122—142

這些無限空間的永恆沉默使我恐懼。

90—79*（207）304—143

有多少國度是並不知道我們的啊！

89—385（208）320—11

爲什麼我的知識是有限的？我的身體也是的？我的一生不過百年而非千載？大自然有什麼理由要使我稟賦如此，要在無限之中選擇這個數目而非另一個數目，本來在無限之中是並不更有理由要選擇某一個而不選擇另一個的，更該嘗試任何一個而不是另一個的。

158—677（209）342—145

你由於受主人寵愛就更不是奴隸了嗎？奴隸啊，你確實是交了好運，你的主人寵你，他馬上也會鞭撻你[35]。

227—341（210）403—146

最後一幕若是流血的，那麼無論全劇的其餘部分是多麼美好；我們最後卻把灰土撒到了頭上，於是它就只好永遠如此了。

---

34 〔對往日客人的回憶〕——按這句話在原稿中寫在頁旁，語出《智慧書》第五卷、第十五章：「不信教者的希望就像是風中飄揚的茸毛，就像是被浪拍起的泡沫，就像是被風吹散的煙霧，就像是對往日客人的回憶。」

35 按此處「主人」指歡樂，「交了好運」指生活快樂。

351—327（211）343—164

我們要想信賴我們同類的那個社會，我們就可笑了：像我們這樣可悲，像我們這樣無能，他們是不會幫助我們的；我們終將孤獨地死去。因此，我們就必須像我們是孤獨者那樣去行事；而那時候，我們還會建築華麗的住宅，等等嗎？我們應該毫不猶豫地追求眞理；假如我們拒絕這樣做，我們便證明了我們重視別人的重視更有甚於對眞理的追求。

350—152（212）339—165

消逝——感覺到我們所具有的一切都在消逝，這是最可怕的事了。36

349—328（213）392—168

在我們與地獄或天堂之間，只有生命是在這兩者之間的，它是全世界上最脆弱的東西。37

142—142（214）282—169

不正義——自以爲是可以和可悲結合在一起，那乃是極端的不正義。

219—259（215）339—167

怕的乃是沒有危險的死而非在危險之中死去；因爲人總得是人。

222—870*（216）34—170

唯有突然死亡才可怕，而這就是何以懺悔師總要和大人物們待在一起的原因了。

---

36 蒙田《文集》第三卷、第十三章：「我就這樣在融解著並逃避自己。」

37 可參閱本書上冊第347段。

345—**468**（**217**）**348**—**171**

有一個繼承人發現了自己家的地契。難道他會說：「也許它們是假的」，而置之不顧嗎？

346—**340**（**218**）**397**—**166**

347—**292**（**219**）

•牢獄•[38]——我覺得最好不要深究哥白尼（Copernic/Copernicus）的意見[39]；然而這一點……！知道靈魂究竟有朽還是不朽，這件事關係到整個的人生。

347—292（219）349—215

毫無疑問，靈魂究竟有朽還是不朽這樣一件事，必定會使得道德面貌全然不同。可是哲學家卻不顧這一點而引出他們的道德來；他們就在辯論中度過一小時[40]。

348—288（220）398—175

柏拉圖，傾向於基督教[41]。

那些不曾討論過靈魂不朽的哲學家們的謬誤。蒙田書中有關他們的二難推論的謬誤[42]。

---

38 「牢獄」可參看本書上冊第200段：「一個在牢獄裡的人……。」

39 按笛卡兒和帕斯卡爾在當時都把哥白尼（Copernic 或 Copernicus, 1473-1543）的學說僅僅當作是一種意見。

40 「一小時」指終生，見本書上冊第200段。

41 布倫士維格認爲這指的是柏拉圖的靈魂不朽論。

42 見蒙田《文集》第二卷、第十二章。

354—337（**221**）409—176

無神論者說的應該是十分明白的東西；可是靈魂是物質性的這種說法卻不十分明白。

357—*471（**222**）402—216

無神論者——他們有什麼理由說我們不能復活？哪一個更困難：是誕生，還是復活？是從未曾有過的要有，還是曾經有過的要再有？出現難道比複現更困難嗎？習慣使我們覺得前者容易，不習慣使我們覺得後者不可能：這就是通俗的判斷方式！

爲什麼一個處女就不能生孩子？一隻母雞不是沒有公雞就生蛋嗎？從外表上區別這些和其他的都是什麼？誰告訴我們說，母雞不能也像公雞一樣地形成胚種呢？

358—434（223）400—180

他們反對復活、反對聖貞女生孩子，都有什麼可說的呢？哪一個更困難，是生產一個人或一個動物呢，還是使之再生呢？假如他們從不曾見過任何一種動物的話，他們能猜想它們是否無須雙方互相配合就會生產出來嗎？

359—353（224）277—177

我多麼恨這種愚蠢，不肯相信聖餐，等等！如果福音書是眞的，如果耶穌基督是上帝，這裡還會有什麼困難呢？

360—333（225）278—179

無神論者表現了精神的力量，但僅只到一定的程度。

361—326（226）146—183

自稱是在追隨著理智的不敬神者，在理智上應該是異常堅強的。他們又說什麼呢？他們說：「難道我們沒有看見野獸也像人一樣、土耳其人也像基督徒一樣有生有死嗎？他們有他們的儀式、他們的先知、他們的博士、他們的聖者、他們的教士，和我們一樣；等等。」（這一點違反聖書嗎？它不是說過這一切嗎？）[43]

假如你對理解眞理簡直不關心，那麼這樣就足以使你安心了。然而假如你是全心全意渴望認識眞理的，這就不夠了；再仔細地觀察一下吧。它足以成爲一個哲學問題；而這裡它要涉及每個人。可是，稍稍地這樣想過之後，我們又要逍遙了，等等。讓我們來探問一下這種宗教本身，看看它是不是不能說明這種幽晦性的道理吧；也許它會教導我們這些的。

353—25（227）411—210

按照對話的順序——「我應該做什麼呢？我到處都只看到幽晦不明。我要相信我是無物嗎？我要相信我是上帝嗎？」

「一切事物都在變化，並且彼此相續」。——你錯了，也還有……。

352—451（228）369—385

無神論者的反駁：「但我們並沒有任何光明。」

414—13*（229）353—380

這就是我所看到的並且使我困惑的。我瞻望四方，我到處都只看到幽晦不明。大自然提供給我的，無往而不是懷疑與不安的題材。如果我看不到有任何東西可以標誌一位神明，我就會做出反面的結論；如果我到處都看到一位創造主的標誌，我就會在信仰的懷抱裡心安理得。然而我看到的卻是可否定的太多而可肯定的又太少，於是我就陷入一種可悲泣的狀態；並且我曾千百次地希望過，如果有一個上帝在維繫著大自然，那麼大自然就會毫不含

43 括弧內的話原稿中爲旁注。

混地標誌出他來；而如果大自然所做出的關於他的標誌是騙人的，那麼大自然就會把它們澈底勾銷；大自然要麼是說出一切，要麼是一言不發，從而好讓我看出我應該追隨哪一方。反之，在我目前所處的狀態，我卻茫然於我是什麼以及我應該做什麼，所以我就既不認識我的狀況，也不認識我的責任。我全心全意要想認識眞正的美好在哪裡，以便追隨它；爲了永恆的緣故，沒有任何代價對我是過高的。

我忌妒那些人，我看見他們是那麼漫不經意地在信仰之中生活，並且把我覺得我會加以全然不同的運用的那種稟賦運用得如此之糟糕。

447—325（230）341—294

上帝存在是不可思議的，上帝不存在也是不可思議的；靈魂和肉體同在，以及我們沒有靈魂；世界是被創造的，以及它不是被創造的，等等；有原罪，以及沒有原罪。[44]

444—344（231）340—295

你以爲上帝無限而又沒有各個部分是不可能的嗎？——是的。——那麼我要向你指出一件無限而又不可分割的東西來。那就是一個以無限速度在到處運動著的質點；因爲它在一切地方都是一，而在每個地點又都是整個的全體。

但願大自然的這種作用——以前它在你看來似乎是不可能的——能使你認識到，還可能有許多別的東西仍然是爲你所不認識的，從你的學習裡，不要得出結論說，再也沒有什麼是還要理解的了；而是要結論說，還有無限之多的東西是有待你去理解的。[45]

445—348(232)365—291

無限的運動，充滿著一切的點，靜止的瞬間：不具有數量的無限，不可分割的而又無限的。

44 布倫士維格以爲這裡的四組正題和四組反題構成爲帕斯卡爾的四組二律背反；但正題是邏輯上的不可思議，反題則是事實上的不可思議。

45 按關於上段及本段中所說的無限小的質點可以以無限大的速度在運動著並充滿一切空間的這一論點，可參看作者的《幾何學的精神》。

451—343（233）346—293

無限—無物——我們的靈魂被投入肉體之中，在這裡它發現了數目、時間、度量。它就據此進行推論，並稱之爲自然、必然，而不能再相信別的東西。

一加無限，並沒有給無限增加任何東西，它不過是在無限的尺度上再加一尺。有限消失在無限的面前，變成了純粹的虛無。我們的精神在上帝之前便是如此；我們的正義在神聖的正義之前便是如此。我們的正義與上帝的正義之間的不成比例，還不如一與無限之間那麼巨大。

上帝的正義也必定會像他的仁慈一樣廣大。[46]可是，對受懲罰者的正義卻不那樣廣大，而且比起對選民的仁慈來也應該不那麼令人反感。[47]

我們雖認識無限存在，但不知道它的性質。既然我們知道數目有限這種說法乃是謬誤的，因而數目無限就是眞確的了。但我們卻不知道它是什麼：說它是偶數既是錯誤的，說它是奇數也是錯誤的；因爲加上一之後它的性質並不改變；然而它是一個數，而一切數不是偶數便是奇數（這一點對一切有限數來說，都是眞確的）。這樣，我們就很可以認識到有一個上帝存在，而不必知道他是什麼。

鑒於有這麼多的東西全都不是眞理本身，是不是根本就沒有一個實實在在的眞理了呢？[48]

因此，我們認識有限的存在及其本性，因爲我們也像它一樣是有限的和廣延的[49]。我們認識無限的存在而不知道它的本性，因爲它像我們一樣是廣延的，但又不像我們這樣是有限的。但是，我們既不認識上帝的存在也不認識上帝的本性，因爲他既不廣延，也沒有限度。但我們卻依據信心而認識他的存在；我們依據光榮而可以認識他的本性。我已經指出，我們很可以認識某一事物的存在而不必認識它的本性。

現在就讓我們按照自然的光明[50]來談談吧。

46 鮑修哀（Bossuet, 1627-1704）《通史論》第二部、第一章：「人間正義的規則並不能有助於我進入神聖正義的深處，前者只是後者的影子，它們不可能向我們揭示那深淵的極底。讓我們相信上帝的正義也像他的仁慈一樣，是不可以人間的正義和仁慈來加以衡量的吧。」

47 據布倫士維格注：「對受懲罰者的正義」中「令人反感」的東西係指原罪。

48 這句話在原稿中寫在頁旁。

49 「廣延的」即占有空間的。這個觀念始自笛卡兒，見笛卡兒《心智指導法則》規律第15以下，《沉思集》第3，《哲學原理》第21。

50 「自然的光明」即天賦的知識。

假如有一個上帝存在，那麼他就是無限地不可思議；因爲他既沒有各個部分又沒有限度，所以就與我們沒有任何關係。因而，我們就既不可能認識他是什麼，也不可能認識他是否存在。既然如此，誰還膽敢著手解決這個問題呢？那就不能是我們，我們和他沒有任何關係。

因而，誰又能譴責基督教徒沒有能說出他們信仰的理由來呢？——基督教徒不正是在宣揚一種他們並不能夠說出其理由來的宗教嗎？他們在向世界闡揚宗教時，正是在宣稱那是一種愚蠢、stultitiam[51]：可是你還要埋怨他們沒有證明它！假如他們證明了它，他們就是不守約言了：唯其由於缺乏證明，他們才不缺乏意義。——「不錯，但是縱令這一點可以原諒這樣提出它來的人，縱令這一點可以免除譴責他們毫無道理就得出它來；這一點卻不能原諒那些接受它的人」。——那麼，就讓我們來考察一下這個論點吧，讓我們說：「上帝存在，或者是不存在」。然而，我們將傾向哪一邊呢？在這上面，理智是不能決定什麼的；有一種無限的混沌把我們隔離開了。這裡進行的是一場賭博，在那無限距離的極端，正負是要見分曉的。你要賭什麼呢？根據理智，你就既不能得出其一，也不能得出另一；根據理智，你就不能辯護雙方中的任何一方。

因此，就不要譴責那些已經做出了一項抉擇的人們的謬誤吧！因爲你也是一無所知。——「不；我要譴責他們的，並不是已經做出了這項抉擇，而是做出了一項抉擇；因爲無論賭這一邊還是另一邊的人都屬同樣的錯誤，他們雙方都是錯誤的：正確的是根本就不賭。」

——是的：然而不得不賭；這一點並不是自願的，你已經上了船。然而，你將選擇哪一方呢？讓我們看看吧。既然非抉擇不可，就讓我們來看什麼對你的利害關係最小。你有兩樣東西可輸：即眞與善；有兩件東西可賭：即你的理智和你的意志，你的知識和你的福祉；而你的天性又有兩樣東西要躲避：即錯誤與悲慘。既然非抉擇不可，所以抉擇一方而非另一方也就不會更有損於你的理智。這是已成定局的一點。然而你的福祉呢？讓我們權衡一下賭上帝存在這一方面的得失吧。讓我們估價這兩種情況：假如你贏了，你就贏得了一切；假如你輸了，你卻一無所失。因此，你就不必遲疑去賭上帝存在吧。——「這個辦法眞了不起。是的，非賭不可；不過或許我賭得太多了吧。」——讓我們再看。既然得與失是同樣的機遇，所以假如你以一生而只贏得兩次生命的話，你還是應該打這個賭；然而假如有三次生命可以贏得的話，那就非得賭不可了。（何況你有必要非賭不可；並且當你被迫不得不賭的時候

51〔愚拙〕《哥林多前書》第一章、第十八節：「因爲十字架的道理，在那滅亡的人爲愚拙。」又可參看蒙田《文集》第二卷、第十二章。

而不肯冒你的生命以求贏得一場一本三利而得失的機遇相等的賭博，那你就是有欠深謀熟算了。[52]）然而這裡卻是永恆的生命與幸福。既然如此，所以在無限的機會之中只要有一次對你有利，你就還是有理由要賭一以求贏得二的；你既然不得不賭而你又不肯以一生來賭一場三比一的賭博，——其中在無限的機遇裡，有一次是對你有利的，假如有一場無限幸福的無限生命可以贏得的話——那麼你的舉動就是頭腦不清了。然而，這裡確實是有著一場無限幸福的無限生命可以贏得，對有限數目的輸局機遇來說確實是有一場贏局的機遇，而你所賭的又是有限的。這就勾銷了一切選擇：凡是無限存在的地方，凡是不存在無限的輸局機遇對贏局機遇的地方，就絕沒有猶豫的餘地，而是應該孤注一擲。所以當我們被迫不得不賭的時候，與其說我們是冒生命之險以求無限的贏局（那和一無所失是同樣地可能出現），倒不如說我們是必須放棄理智以求保全生命。

因爲說我們並不一定會賭贏，而我們卻一定得冒險，以及說在我們付出的**確定性**與我們必贏的**不確定性**這兩者之間的無限距離就等於我們必定要付出的有限財富與無從確定的無限這兩者之間距離；這種說法是毫無用處的。事實並不如此；所有的賭徒都是以確定性爲賭注以求贏得不確定；然而他卻一定得以有限爲賭注以求不一定贏得有限，這並不違反理智。說我們付出的這種確定性與贏局的不確定性之間並不存在無限的距離，這種說法是錯誤的。事實上，在贏局的確定性與輸局的確定性之間存在著無限。但是贏局的不確定性則依輸贏機遇的比例而與我們所賭的確定性成比例。由此可見，如果一方與另一方有著同等的機遇，那麼所賭的局勢便是一比一；而這時我們所付出的確定性就等於贏局的不確定性；其間絕不是有著無限的距離。因此，在一場得失機遇相等的博弈中，當所賭是有限而所贏是無限的時候，我們的命題便有無限的力量。這一點是可指證的；而且假如人類可能達到任何眞理的話，這便是眞理。

「我承認這一點，我同意這一點。然而難道再沒有辦法可以看到牌底了嗎？」——有的，有聖書以及其他等等。

「是的；但我的手被束縛著，我的口緘默著；我被迫不得不賭，我並不是自由的；我沒有得到釋放，而我天生來又是屬於那種不能信仰的人。然而，你要我怎麼辦呢？」

確實如此。但是你至少可以領會你對信仰的無力，——既然理智把你帶到了這裡，而你又不能做到信仰[53]。因而，你應該努力不要用增加對上帝的證明的辦法而要用減少你自己的

52 按在科學史上，帕斯卡爾是概率論的奠基人，也是把概率論引用於解決傳統形而上學的問題的第一個人。

53 這句話起初寫作：「你至少可以領會，你對信仰的無力只是出自你的感情的缺點。你是不會由於信仰而顚倒理智的，因爲既然被迫不得不信仰或者是否定信仰，所以就不能……。」

感情的辦法，來使自己信服。你願意走向信仰，而你不認得路徑；你願意醫治自己的不信仰，你在請求救治：那你就應該學習那些像你一樣被束縛著、但現在卻賭出他們全部財富的人們；正是這些人才認得你所願意遵循的那條道路，並且已經醫治好了你所要醫治的那種病症。去追隨他們所已經開始的那種方式吧：那就是一切都要做得好像他們是在信仰著的那樣，也要領聖水，也要領聖餐等等。正是這樣才會自然而然使你信仰並使你畜牲化[54]。——「但，這是我所害怕的。」——爲什麼害怕呢？你有什麼可喪失的呢？

但是爲了向你表明它會引向這裡，它就要減少你的感情，而你的感情則是你最大的障礙。

本篇討論的結束——現在，參與了這一邊會對你產生什麼壞處呢？你將是虔敬的、忠實的、謙遜的、感恩的、樂善的，是眞誠可靠的朋友。你確實絕不會陷入有害的歡愉，陷入光榮，陷入逸樂；然而你絕不會有別的了嗎？我可以告訴你，你將因此而贏得這一生；而你在這條道路上每邁出一步，都將看到你的贏獲是那麼地確定，而你所賭出的又是那麼地不足道，以至於你終將認識到你是爲著一樁確定的、無限的東西而賭的，而你爲它並沒有付出任何東西。

——「啊！這種談論使我銷魂，使我醉心等等。」

——如果這種談論使你高興，並且看來堅強有力，要知道它是一個此前和此後都在屈膝祈求著那位無限而又無私的上帝的人所說出來的，他向上帝奉獻了他的一切，以便使你爲了你自己的好處以及爲了他的光榮也獻出你的一切；並且因此力量也才可以與那種卑躬屈節符合一致。[55]

452—346（234）423—296

如果除了確定的東西之外，就不應該做任何事情，那麼我們對宗教就只好什麼事情都不做了；因爲宗教並不是確定的。然而我們的所作所爲又有多少是不確定的啊，例如航海、戰爭。因此，我說那就只好什麼事情都不要做了，因爲沒有任何事情是確定的；可是比起我們會不會看見明天到來，宗教卻還有著更多的確定性呢；因爲我們會不會看到明天，並不是確定的，而且確實很有可能我們不會看到明天。但我們對於宗教卻不能也這樣說。宗教存在並

54 「畜牲化」一詞波．羅雅爾本來是不敢刊印的，顧贊（Victor Cousin）本第一個刊印了這個詞。據布倫士維格解說，所謂「畜牲化」是指返於嬰兒狀態，這樣才能獲得更高級的眞理。

55 此處「力量」指本篇談話的邏輯力量，「卑躬屈節」指對上帝的「屈膝乞求」。

不是確定的；可是誰又敢說宗教不存在乃是確實可能的呢？因而，當我們爲著明天與爲著不確定的東西而努力的時候，我們的行爲就是有道理的；因爲根據以上所證明的機遇規則，我們就應該爲著不確定的東西而努力。[56]

奧古斯丁看到了我們是在爲著不確定的東西而努力的，如航海、作戰等等；然而他並沒有看到證明我們應該這樣做的那條機遇規則。蒙田看到了一個缺陷的精神引人反感，[57]以及習慣能做到一切；然而他沒有看到這種效果的原因。

所有這些人都看到了效果，但他們並沒有看到原因；他們比起那些已經發現其原因的人們來，就像是只具有眼睛的人之於具有精神的人一樣；因爲效果是可感覺的，而原因卻唯有對於精神才是可見的。儘管這些效果可以被精神看得見，但這種精神比起看得見其原因的那個精神來，就又像是感官之於精神了。

452（a）—400（235）148—297

Rem viderunt, causam non viderunt.[58]

453—334（236）418—312

根據機遇，所以你就應該使自己不辭辛苦去追求眞理：因爲假如你未能崇拜眞正的原理便死去，你就整個都完了。——你說：「如果上帝願意我崇拜他，他就會留給我他那意志的標誌。」——他已經這樣做過了；但你卻錯過了它們。因此，努力去追求它們吧；這才是最值得的事。

---

56 按作者在本編係企圖引入概率論的觀念來解決傳統形而上學的問題，這一工作是由帕斯卡爾解答默雷向他所提出的問題而開始的。在科學史上，帕斯卡爾本人和費馬（Fermat, 1601-1665）以及惠更斯（Huygens, 1629-1695）是概率論的創始人，但默雷很可能最初提示了這門科學。

57 見本書上冊第80段。

58〔他們看到了事物，但沒有看到原因。〕——按爲奧古斯丁論西塞羅語。

454—330（237）416—309

•機遇——按照如下不同的假設，世上的生活也就必定隨之而異：（一）假如我們能永遠生存在世上，（二）假如確實知道我們在世上不會生存很久，但不能確定我們是否會在世上生存一小時[59]。這後一種假設才是我們的假設。

455—329*（238）157—399

在某些艱辛之外，除了十年（因爲十年，這也是機遇）的自愛心竭力在討好別人而並不成功；你到底又允諾了我什麼呢？

456—349（239）125—300

•反駁——希望得救的人在這一點上是幸福的，然而他們也有著對地獄的恐懼作爲相反的力量。

答辯——是誰才更有理由恐懼地獄呢？是對於地獄的存在根本無知並且如其有地獄的話，確實會受懲罰的人呢？還是確實信服地獄的存在，並且如其有地獄的話，在希望著得救的人呢？

457—350（240）92—301

他們說：「假如我有信仰，我會立刻拋棄歡樂。」而我呢，我要向你說：「假如你拋棄歡樂，你會立刻就有信仰[60]。」因此，就要由你來開始了。如果我能夠，我就給你以信仰；然而我不能夠做到，因此，也不能夠驗證你所說的眞理。但是你卻很可以拋棄歡樂並驗證我所說的是不是眞的。

---

59 按這段話初版作：「（一）假如確實知道我們將永遠生存在世上；（二）假如不能確定我們是否將永遠生存在世上；（三）假如確實知道我們不能永遠生存在世上，但有把握長期生存在世上；（四）假如能確定我們將不能永遠生存在世上，而不能確定我們是否將長期生存在世上。」

60 詹森《奧古斯丁》卷二序，第七章：「你希望看見。內心純潔的人有福了，因爲他們將看見上帝。因此首先就要純潔你的內心。」

458—36（241）93—302

順序——我害怕自己犯錯誤並發現基督教是眞理，遠過於我害怕自己相信基督教是眞理而犯錯誤。

第四編　信仰的手段

366—49*（242）415—303

第二部的序言：要談論那些探討過這個問題的人[1]。

我羨慕那些人是以怎樣的勇敢在從事談論上帝的。在向不信神的人宣述他們的論點時，他們的第一章就是以大自然的創作來證明神明。[2]假如他們是在向虔信者宣述他們的論點，我就不會對他們的行事感到驚訝了；因爲確實內心懷著活生生的信仰的（人）毫不遲疑就可以看出，一切存在都不是什麼別的，而只不過是他們所崇敬的上帝的創作罷了。然而對於那些自己身上的這種光明已經熄滅、而我們有意要在他們身上重新點燃這種光明的人，那些缺乏信仰與神恩的人，他們以自己的全部光明在尋求著凡是他們在自然界中所見到而能給他們帶來這種知識的一切東西，但所找到的只不過是幽晦與黑暗的人；要向這些人說，他們只需看看自己周圍最細微的事物，於是就可以公然窺見上帝，並且還向他們提出月球和行星的運行作爲這個重大題目的全部證明，並且自命以這樣一種論證就完成了他那證明；——那就只不外乎是提供了一個理由使他們相信我們宗教的證據竟是那樣地脆弱罷了。我根據理智和經驗可以看出，沒有別的東西更適宜於使他們產生這種蔑視的了。

這不是聖書談論上帝的那種方式，聖書是更懂得上帝的各種事情的。恰好相反，聖書是說上帝是一個隱蔽的上帝：並且自從天性腐化以來，上帝就使人處於盲目之中：除了依靠耶穌基督之外，人就不能脫離盲目：沒有耶穌基督，與上帝的一切聯繫就會中斷：Nemo novit patrem, nisi Filius, et cui voluerit Filius revelare。[3]

這就是聖書在許多地方談到凡是尋求上帝的人就將找到上帝[4]時，向我們所指出的。這絕不是人們所說的「好像正午的陽光」的那種光明。我們並不說，凡是尋找正午的陽光或海水的人，就會找到它們；因此，上帝的證據就一定不會是自然界中的這些東西。所以，它在另外的地方就告訴我們說：Vere tues Deus absconditus。[5]

---

1 可參看本書上冊第62段，按本段在原稿中係緊接第62段者。

2 按指以自然界的奇蹟論證上帝的存在〔西塞羅《論神的性質》、塞內卡（Seneca，死於西元六十五年）《神恩論》、格老秀斯（Grotius, 1583-1645）《基督教眞理論》〕；帕斯卡爾本人是反對這種論證的。

3 〔除了子和子所願意指示的，沒有人知道父。〕語出《馬太福音》第十一章、第二十七節。按作者在本書中所引經文爲拉丁文本，且多憑記憶，往往不準確；譯文盡可能附注《新舊約全書》的中文譯文以資對照。

4 《馬太福音》第七章、第七節：「你們尋找，就可以找到。」

5 〔你實在是隱蔽的上帝。〕《以賽亞書》第四十五章、第十五節：「你實在是自隱的上帝。」

6—19*（243）396—311

經書的作者從不引用大自然來證明上帝，這眞是椿可讚嘆的事。他們全都力圖使人信仰上帝。大衛、所羅門等等[6]從不曾說：「因爲絕不存在眞空，所以上帝是存在的。」[7]他們一定比他們以後出世的最聰明的人——這些人全都引用過這種論證——還要聰明得多。這一點是非常值得深思的。

362—26（244）116—332

「什麼！你這個人居然不說天體與飛鳥證明了上帝嗎？」[8]我不說。「你的宗教不是這樣說的嗎？」不是的。因爲儘管這在某種意義上，對於上帝賦之以這種光明的某些靈魂來說，乃是眞實的；然而它對於大部分人來說，卻是虛妄的。

482—396（245）420—310

信仰有三種方法：即理智、習俗、靈感。[9]基督宗教——它是唯一具有理智的——並不承認那些沒有靈感而信仰的人是它眞正的兒女；這並不是說它要擯斥理智與習俗，而是相反地它一定要向證明開放自己的精神，一定要由習俗來加以證實[10]，一定要以謙卑獻身於靈感，唯有這樣才能得出眞正而有益的結果：Ne evacuetur crux Christi。[11]

---

6 大衛、所羅門等等都是經書的作者。

7 按此處引述的這一論證見格老秀斯《基督教眞理論》第一部、第一卷、第七章。

8 「天體」指天體運動的和諧性，古希臘畢達哥拉斯派把天體看作是神明；「飛鳥」指使鳥得以飛翔的奇妙的機體構造。

9 「靈感」最初作「啓示」，後改爲「靈感」。「啓示」是對一切人而言的，「靈感」則只對選民而言。

10 「證實」最初作「安排」。

11 〔以免基督的十字架落了空。〕《哥林多前書》第一章、第十七節：「基督差遣我原不是爲施洗，乃是爲傳福音。並不用智慧的語言，以免基督的十字架落了空。」又見詹森《奧古斯丁》第一卷、第一部、第二十四章。

441—34（246）434—314

順序——在《論我們應該尋求上帝》的那封信之後，再寫一封《掃除障礙》的信，這封信要討論的是「機器」[12]，是準備這架機器，是以理智去尋求[13]。

442—28（247）438—334

順序——給友人一封勉勵的信，勸他從事尋求。他會回答說：「可是尋求對我有什麼用呢？一無所得。」於是回答他說：「不要灰心。」於是他會回答說，他很高興能找到某種光明，但是按照這種宗教本身來說，當他這樣相信了的時候，那會對他毫無用處，因而他還是寧願根本不去尋求。而對於這一點，就可以回答他說：機器[14]。

471—30（248）424—261

說明以機器作證的用處的一封信——信仰與證明不同：一個是屬於人的，另一個則是上帝的恩賜：Justus ex fide vivit[15]：上帝親手置於人心之中的正是這種信仰，而它的證明則往往是工具，fides ex auditu[16]；然而這種信仰就在人心之中，它使人不說scio[17]，而是說credo[18]。

---

12 此處係引用笛卡兒的概念，「機器」指人的身體（不受思想所支配的活機器），「障礙」指來自身體方面的障礙。

13 可參看本書上冊第233、234段。此處意謂：妨礙自由思想者認識信仰的眞理的乃是感情，因此就要以理智去尋求眞理。

14 此處「機器」指掃除了障礙之後的機器。

15〔義人必因信得生。〕語出《羅馬書》第一章、第十七節。

16〔信道是從聽道來的。〕語出《羅馬書》第十章、第十七節。

17〔我知道。〕

18〔我信仰。〕

467—680（249）413—260

把自己的希望寄託於儀式，這就是迷信；然而不肯順從儀式，這就是高傲了。

469—722（250）588—384

一定要使外表和內心結合起來才能獲得上帝；這就是說，我們得親身下跪、親口祈禱等等，以便使不肯順從上帝的驕傲的人也可以順從被創造物。期待著這種外表的幫助，就成爲迷信；而不肯把它和內心結合起來，則成爲高傲。

834—415（251）70—902

別的宗教（例如各種異教）都更通俗，因爲它們只在於外表；然而它們不能爲智者說法。一種純理智的宗教雖然更能適合於智者，然而它又不適用於民眾。唯有由外表和內心合成的基督宗教，才能適合於一切人。它把民眾提高到內心，又把高傲者降低到外表；缺少了這二者就不會完美，因爲常人必須要理解文字的精神，而智者則必須使自己的精神順從於文字。

470—7（252）443—375

因爲我們一定不可誤解自己：我們乃是自動機，正如我們是精神一樣；[19]由此可見，進行說服的工具就不單純是證實。被證實的事物是何等地少見啊！證明只能使精神信服。習俗形成了我們最強而有力的、最令人相信的證明；它約束那個能使精神就範而不進行思索的自動機。有誰證實過，將會有明天或者是我們將會死亡呢？而又還有什麼是更能令人相信的呢？因而，正是習俗才能說服我們相信這些；正是它才造就了那麼多的基督徒，正是它才造成了土耳其人、異教徒、工匠、兵士等等。（基督徒在洗禮中接受了比土耳其人更多的信仰。）最後，當精神一旦窺見了眞理的所在，也還是得訴之於習俗才能使我們消渴，並使我們浸染上那種無時無刻不在躲避著我們的信心；因爲若總是要有現成的證明，那就

19「自動機」指身體，「精神」指理智或思想。可參看本書上冊第246段。

太費事了。我們一定得有一種更簡易的信仰，而那就是習慣的信心，它不用強力、不用技巧、不用論辯就能使我們相信種種事物，並能使我們全部的力量都傾向於那種信仰，從而使我們的靈魂自然而然地浸沉於其中。當人們僅只是由於見證的力量才相信，而自動機卻傾向於相信其反面的時候，那是不夠的。因此，就必須使我們這兩部分都相信：對於精神便以理智，那是一生中只要看到一次就夠了的；而對於自動機則以習俗，並且不讓它傾向於反面。Inclinacor meum, Deus。[20]

理智行動得非常遲緩，它有那麼多的看法，根據那麼多的原則，而這些又必須經常呈現：只要它的全部原則並沒有都呈現，它就隨時都會昏然沉睡或者是走入歧途。感情卻並不如此行動；它是立即就行動的。因此，我們就必須把我們的信仰置於感情之中；否則的話，它就永遠會搖擺不定。

3—368（253）412—264

兩種過分：排斥理智，僅僅承認理智。

280—372（254）97—415

世人過分馴服，有必要加以譴責——這並非罕見的事。它是一樁天生的邪惡，就像不信仰一樣，而且是同樣地有毒：迷信。

780—366（255）377—397

虔誠與迷信不同。

維護虔誠到了迷信的地步，那就是毀壞虔誠。

異端們譴責我們這種迷信式的順從，那就是要做到他們所譴責我們的……。[21]

20〔上帝啊，求你使我傾心。〕《詩篇》第一一九篇、第三十六節：「耶和華啊，……求你使我的心趨向你的法度。」按作者此處所用並非引文的原意。

21 弗熱（Faugère）認為本句下文應讀為：「在不是屬於順從的事情上，要求做到這種順從。」

不虔誠，不相信聖餐，其根據是我們沒有看見它。[22]

相信各種命題的這一迷信。[23]信仰，等等。

781—364（256）81—399

我要說，眞正的基督徒是罕見的，即使就信仰而言。確實有很多人是在相信著，然而是出於迷信；也有很多人不相信，然而是出於放浪；但很少有人是在這兩者之間的[24]。

在這裡面，我不包括那些有著眞正虔誠的心性的人，以及所有那些出於一種內心的感情而信仰的人[25]。

364—336（257）353—346

只有三種人：一種是找到了上帝並侍奉上帝的人；另一種是沒有找到上帝而極力在尋求上帝的人；再一種是既不尋求上帝也沒有找到上帝而生活的人。前一種人是有理智的而且幸福的，後一種人是愚蠢的而且不幸的，在兩者之間的人則是不幸的而又有理智的。

363—151*（258）180—339

Unus quisque sibi Deum fingit。[26]

厭惡。[27]

---

22 尼柯爾（Pierre Nicole, 1625-1695）注：「其根據是我們沒有看見耶穌基督；因爲儘管他存在，我們卻根本不能看見他。」

23 尼柯爾注：「相信各種命題都在一部書裡，儘管我們並沒有看見它們（因爲假如它們是在書裡，我們是應該看得到它們的）。」

24 「在這兩者之間的」即「眞正的基督徒」。

25 可參看下段及本書上冊第282、第284段。

26 〔每個人都爲自己製造了一個上帝。〕語出《智慧書》第十五章、第八節與第十六節。

27 「厭惡」一詞爲下一段的提要，指假宗教使理智感到厭惡。

483—400（259）215—341

常人有能力不想自己所不願想的事。猶太人對他的兒子說：「不要去想有關彌賽亞的那些篇章。」[28]我們有許多人往往都是這樣。假宗教，而且對許多人來說甚至於眞宗教，就是這樣保存下來的。

然而也有些人並沒有能力防止自己這樣去想，而且別人越是禁止他們，他們就想得越多。這種人就取消了假宗教，而且甚至於眞宗教，假如他們並沒有找到堅固的論據的話。

249—374，790（260）532—342

他們把自己藏在印刷品裡，並且請數量來幫他們的忙。混亂。

•權威——絕不能把道聽塗說的事情當作你的信心的準則；而是你不應該相信任何事情，除非你能把自己置於就像是你從不曾聽說過它的那樣一種狀態。

使你相信的，應該是你所贊同於你自己的，以及你那理智的經常不斷的聲音，而不是別人的。

信仰是如此之重要！千百種矛盾都可能是眞的。[29]

如果古老性就是信心的準則，那麼古人豈不是沒有準則了嗎？如果是普遍的同意，那麼假使人類絕滅了呢？[30]

虛假的謙遜，驕傲。[31]

揭開這個幕吧。假如必須是要麼信仰、要麼否定、要麼懷疑；你就白費氣力了。然而，我們就沒有準則了嗎？我們判斷動物說，它們所做的都做得很好。可是就沒有一條準則可以判斷人類了嗎？

好好地否定、信仰和懷疑之於人，就正如馳騁之於馬一樣。

懲罰犯罪的人，那是錯誤。

---

28 「有關彌賽亞的那些篇章」指《聖經》中預言彌賽亞來臨的那些篇章。

29 布倫士維格解說：假如沒有信仰的準則，則千百種矛盾著的事物就可能同時都是眞的。

30 「如果是普遍的同意」，指如果人類普通的同意可以成爲信仰的準則的話。按經院學派認爲權威與普通的同意乃是眞理的標準。

31 「虛假的謙遜」指自己不下判斷而盲從別人的判斷；這就是「驕傲」。

248—361（261）386—343

不愛眞理的人所採取的藉口是說，尚有爭論，還有很多人在否定它。因此，他們的錯誤無非是出於他們並不熱愛眞理或者仁愛；因此，他們是無可原諒的。

282—351（262）580—340

迷信與慾念。顧慮，壞的願望。壞的恐懼：這種恐懼不是出自人們信仰上帝，而是出自人們懷疑上帝是否存在。好的恐懼出自信仰，假的恐懼出自懷疑。好的恐懼和希望結合在一起，因爲它是由信仰產生的，並且因爲我們希望著我們所信仰的上帝；而壞的恐懼則和絕望結合在一起，因爲我們恐懼著我們對之根本就沒有信仰的上帝。前一種是恐懼失去上帝，後一種則是恐懼找到上帝。

440—474（263）490—365

有人說，「奇蹟會堅定我的信心。」他們這樣說，是在他們並沒有看到奇蹟的時候。理智從遠處看來，好像是限制了我們的眼界；然而當我們達到那裡的時候，我們就又開始看到更遠的了。沒有任何東西可以阻止我們精神的流轉。可以說，沒有一種準則是沒有某些例外的，也沒有一種眞理是如此之普遍，竟沒有某些方面是它會失效的。只要它並不是絕對的普遍，而可以讓我們對當前的題目有援引例外的餘地，並且說：「它並不永遠是眞的，因而就有些情況並非如此」，——這樣就夠了。另有待於指出的就只是，這一點本身也是如此；而這就是爲什麼假如有一天我們並沒有發現例外，我們就會非常之尷尬或者非常之不幸的緣故了。

253—725（264）145—347

我們絕不會對天天都要飲食和睡眠感到無聊，因爲飢餓是反覆出現的，困倦也是的；如若不然，我們就要對它們感到無聊了。同樣，沒有對於精神事物的飢渴，我們也會感到無聊的。渴望正義：這是第八福。[32]

459—370（265）170—348

信仰確實說出了感官所沒有說出的東西，但絕不是和它們所見到的相反。它是超乎其上，而不是與之相反。

460—942（266）169—345

望遠鏡已經爲我們發現了多少顆星是對於我們以前的哲學家根本就不存在的啊！[33]人們依據大量的星坦率地指責聖書說：「我們知道的，只有一千零二十二個。」[34]地球上有草；我們看見了這些草。——但從月亮上我們卻看不見這些草。而且草上還有脈；而且脈中還有小蟲；然而除此之外，再就什麼都沒有了。——啊，狂妄的人啊，——化合物是由元素合成的，而元素卻不是的。——啊，狂妄的人啊，這就是一條微妙的線索了。——絕不能說，有我們看不見的東西存在。——因而，我就必須照別人那樣說，但不可照別人那樣想。[35]

466—373（267）168—160

理智的最後一步，就是要承認有無限的事物是超乎理智之外的；假如它沒有能達到認識這一點，那它就只能是脆弱的。

假如自然的事物是超乎理智之外的，那麼我們對超自然的事物又該說什麼呢？

---

32 按《聖經》中所提到的八福，見《馬太福音》第五章、第三節至第十節；其中第八福爲「爲義受逼迫的人有福了」，第四福爲「飢渴慕義的人有福了」。作者此處所說的「第八福」應作第四福。

33 伽利略（Galileo Galilei, 1564-1642）於一六〇九年製造望遠鏡觀測天體，發現了木星的衛星及其他銀河系星座。

34 按1022爲中世紀托勒密（Ptolemaeus，鼎盛於西元一二七至一五一年）天文學所著錄的星辰數目；經院學派的理論係以托勒密的宇宙構圖爲依據。

35 按本段爲一篇假想的對話的一部分。假想中對話者的一方爲經院學者，另一方爲帕斯卡爾本人。經院學派根據亞里斯多德的形而上學的假設，主張事物是有限的，是由絕對的元素構成的。帕斯卡爾本人則反對這種見解。關於本段的思想，可參看下一段。

461—355*（268）469—409

•順從•——我們必須懂得在必要的地方懷疑，在必要的地方肯定，在必要的地方順從。[36]不這樣做的人，就不理解理智的力量。有些人是反對這三項原則的；或則由於未能認識證明而肯定一切都是可證明的，或則由於不懂得在什麼地方必須順從而懷疑一切，或則由於不懂得在什麼地方必須下判斷而對一切都順從。

463—352（269）139—398

順從就是運用理智，眞正的基督教就在其中了。

462—359（270）142—437

奧古斯丁[37]——如果理智不曾判斷在某些場合它是應該順從的，那麼它就永遠不會順從。因而當它判斷它應該順從時，它那順從就是正當的。[38]

464—172（271）166—396

智慧把我們帶回到童年。Nisi efficiamini sicut parvuli.[39]

---

36 此處最初寫作：「我們必須具備三種品質：懷疑主義者、幾何學家、順從的基督徒；他們互相協調於懷疑……」手稿中又加入：「懷疑主義者、幾何學家、基督徒；懷疑、肯定、順從。」

37 奧古斯丁致孔桑提烏斯（Consentius）書（《書信集》第一二〇書、第三節）：「但願信仰一定要走在理智的前頭，這本身就是理智的原則。」

38 此處原稿尚有：「並且當它判斷它不應該這樣做的時候，它就不會順從。」

39 〔若不變成小孩子的樣子。〕《馬太福音》第十八章、第三節：「你們若不回轉，變成小孩子的樣式，斷不得進天國。」這是波・羅雅爾派所熟悉的一條教誡。近代思想史上，弗・培根（Francis Bacon, 1561-1626）第一個把它引用於科學方法論，認爲人們必須在自然的面前成爲小孩子，順從自然，然後才能更好地征服自然。

465—367（272）143—344

最符合理智的，莫過於這種對理智的否認。

4—358（273）130—395

如果我們使一切都順從理智，我們的宗教就不會有什麼神祕或超自然的了。如果我們違犯理智的原則，我們的宗教又將是荒謬可笑的。

474—2（274）137—411

我們一切的推理都可以歸結爲向情感讓步。

然而幻想與感情是相似的但又相反的，從而我們不能分辨這些相反性。一個說我的感情就是幻想，另一個又說他的幻想就是感情。所以一定要有一條準則。理智就把它自己提出來；然而它對一切感官都是馴服的[40]，於是就沒有準則了。

475—100*（275）140—427

人們往往把自己的想像當作是自己的心；於是只要他們一想到皈依，他們就自以爲是皈依了。

473—9*（276）135—404

羅安奈（Roannez）[41]說：「理智對我是事後才出現的，一開頭是一件事使我高興或刺激了我，卻不知道其原因何在；可是它刺激我乃是由於我後來才發現的那種原因。」然而我相信，並非那件事是由於事後所發現的那些原因才刺激人的，反而是僅只因爲它刺激人，所以人們才發現那些原因的。

---

40 蒙田《文集》第二卷、第十二章：「它（理智）是廣種加封蓋印的工具，對一切偏見和對一切尺度都是柔順的、馴服的和適應的。」

41 羅安奈（Roannez）爲作者友人。

477—224（277）138—401

人心有其理智[42]，那是理智所根本不認識的；我們可以從千百種事情知道這一點。我要說，人心天然地要愛普遍的存在者，並且隨著它之獻身於此而天然地也要愛它自己；但它卻隨心所欲地要考驗自己反對這一個或者另一個。你摒棄了這一個而保存了另一個[43]：難道這是你在以理智愛你自己嗎？

481—225（278）466—400

感受到上帝的乃是人心，而非理智。而這就是信仰：上帝是人心可感受的[44]，而非理智可感受的。

480—376（279）509—408

信仰乃是上帝的一種恩賜；千萬不要相信我們說的：它是推理的一種恩賜。其他宗教關於他們的信仰並不這樣提；他們只是進行推理以期達到這一點，然而推理卻沒有引他們達到這一點。

476—727（280）463—254

認識上帝距離愛上帝又是何其遙遠！

478—331（281）464—816

內心、本能、原理。

---

42 「理智」（raison）指「道理」或「理性」。

43 據布倫士維格解說：「你摒棄了這一個而保存了另一個」指不信宗教的人摒棄了普遍的存在者（上帝）而保存了人心（自我）。

44 賽維宜夫人（Mme de Sévigné, 1626-1696）一六九二年十月二十九日致吉陶夫人（Mme de Guitaut）書：「**上帝是人心可感受的**，你的幸福狀態就在於此。我從不曾讀到過這樣的話，而這就是帕斯卡爾先生的話。」

479—214*（282）360—262

我們認識眞理，不僅僅是由於理智而且還由於內心[45]；正是由於這後一種方式我們才認識到最初原理，而在其中根本就沒有地位的推理[46]，雖然也在努力奮鬥，但仍是枉然。懷疑主義者卻正是把這一點當作目標的，所以他們就徒勞無功了。我們知道我們絕不是在做夢；無論我們要以理智來證明這一點是多麼地無能爲力，但這種無能爲力所得的結論只不過是我們理智的脆弱性，而並不是——像他們所提出的——我們全部知識的不可靠。因爲有關最初原理的知識，例如空間、時間、運動、數量的存在，正如我們的推理所給予我們的任何知識〔是〕一樣地堅固。理智所依恃的就必須是這種根據內心與本能的知識，並且它的全部論證也要以此爲基礎。（內心感覺到了空間有三維，以及數目是無窮的；然後理智才來證明並不存在兩個平方數，其中之一爲另一個的一倍。原理是感覺到的，命題是推論得出的；而它們全都是確切的，儘管通過不同的方式。）理智若向內心要求其最初原理的證明才肯加以承認，那就猶如內心要求理智先感覺到其所證明的全部命題才肯加以接受是同樣地徒勞無益而又荒唐可笑的。

因而，這種無能爲力就只應該用以使那企圖判斷一切的理智謙卑下來，而不應該用以攻許我們的確切可靠性，竟彷彿唯有理智才能教導我們似的。但願上帝使我們能相反地永遠都不需要理智，並且使我們只憑本能和感情便可以認識一切事物吧！可是大自然卻又拒絕給我們以這種恩惠；反之它所給予我們的只有極少數的這類知識；而其餘的一切便都只能憑推理獲得。

而這就是何以上帝曾通過內心的感受而賦給他們以宗教的那些人之所以是十分幸運而又是十分當然地要信從的原因了。然而對那些不曾獲得它的人，我們就只能通過推理給（他們）以宗教，同時等待著上帝通過內心的感受來給他們以宗教；否則信仰就只能是人間的，而且對得救毫無裨益。

72—575（283）461—403

順序。**反對反駁聖書沒有順序**——內心有其順序；精神[47]有其順序，那要靠原理和證

45　此處「內心」指與理智或推理相對立的直覺。可參看作者的《論幾何學的精神》。

46　「推理」原作「理智」。

47　「精神」此處指理智活動，主要地是指幾何學式的推論。

明，而內心的則是另一種[48]。擺出愛的各種原因的順序[49]，並不能證明我們就應該被愛[50]；這種做法會是荒唐可笑的。

耶穌基督（Jesus Christ）、聖保羅（St. Paul）都有著仁愛的順序，但不是精神的順序；因爲他們是要炙暖人，而不是要教誨人。奧古斯丁也一樣。這種順序主要地就在於：在涉及歸宿的每一點上都要離題，以便始終指明歸宿。

835—730（284）550—402

看到普通人不加推理便能信仰，你無須驚訝。上帝給了他們以對上帝的愛和對他們自己的恨。上帝引他們傾心信仰。假如上帝不引人傾心，人們就永遠也不會以有益的信念和信心來信仰的；而只要上帝一引人傾心，人們就會信仰。這是大衛所非常了解的，他說：上帝啊，求你引我傾心（I）……。

836—472（285）525—285

宗教是與各種各樣的精神成比例的。第一種人停留在單純的組織上[51]，於是這種宗教就成爲一種單憑它的組織便足以證明它的眞理的宗教。另有人追溯到使徒。最有學識的人追溯到世界的開始。天使則看得更高更遠。

837—731*（286）465—393

那些不曾讀過新舊約就信仰的人，是因爲他們具有一種完全神聖的內在的心性，又因爲他們所聽到的我們的宗教與此相符。他們感覺到有一位上帝造就了他們；他們只願愛上帝；他們只願恨他們自己。他們感覺自己是沒有力量的，他們無力趨向於上帝；並且假如上帝沒有到他們裡面來，他們就不能與上帝有任何聯繫。他們又聽到我們的宗教說，一定要只愛上帝，只恨自己；然而既然所有的人都已經腐化而無力接近上帝，於是上帝就使自己成爲

---

48 默雷《談話集》卷一、261：「內心有其自己的語言，正如精神有其自己的一樣，而這種內心的表現往往起著極其巨大的作用。」

49 可參看本書上冊第61段。

50 蒙田《文集》第三卷、第五章：「愛是不知道順序的。」

51 「組織」指基督教教會的組織。

人，好讓他自己與我們結合。內心裡具有這種心性的人、對自己的義務與自己的無能具有這種認識的人，就不再需要什麼別的來說服自己了。

838，840—732（287）395—325**

我們見到的那些並不認識預言與證據就成爲基督教徒的人，並不妨礙他們對基督教所做的判斷正如具有這種知識的人是同樣地好。他們是以內心來判斷的，正如別人是以精神來判斷一樣。使他們傾心信仰的乃是上帝本身；因而他們的信服就是十分有效的。

我的確承認，一個這種不以證據而信仰的基督徒也許並沒有什麼東西可以說服另一個對自己說著同樣的話的不信仰者。然而那些懂得宗教的證據的人卻會毫不困難地證明，這種信徒才是眞正被上帝所感召的，儘管他們自己並不能證明這一點。

因爲既然上帝曾在他的預言（那是無可置疑的預言[52]）裡說過，在耶穌基督的治下他會把他的精神遍布於萬國，並且教會的兒女和孩子們都要說預言[53]；所以毫無疑問上帝的精神就在這些人身上，而絕不是在別人身上。

839—310（288）220—326

你不可埋怨上帝隱蔽了他自己，反而要感激他把自己顯現得那麼多；你還應該感激他的是，他並不把自己顯現給不配認識如此之神聖的一位上帝的高傲的智者們。

有兩種人能認識[54]：一種是有著謙卑的心的人，不管他們具有怎樣的精神程度，高也罷、低也罷，他們都愛卑賤；另一種是具有充分的精神可以看到眞理的人，不管他們在這上面會遇到什麼樣的反對。

---

52 此處原稿頁旁尚有如下字樣："eorum qui amant/Deus inclinat corda eorum"〔凡愛他的人／上帝都引他們傾心。〕

53 《約珥書》第二章、第二十八節：「我要將我的靈澆灌凡有血氣的，你們的兒女要說預言。」

54 「認識」認識上帝。

487—459*（290）378—304

•證明•——1.根據其組織、根據其本身，基督宗教既是那樣地違反自然而又是建立得那樣有力、那樣溫良。2.一個基督徒靈魂的聖潔、高尚與謙卑。3.聖書的奇蹟。4.特別是耶穌基督。5.特別是使徒。6.特別是摩西與先知。7.猶太民族。8.預言。9.永恆性：沒有別的宗教具有永恆性。10.那種能解釋一切事物的道理的學說。11.那種法律的神聖性。12.根據世界的行爲。

無可置疑的是，在考慮了什麼是生命、什麼是這種宗教之後，我們就不應該拒絕追隨那種要追隨它的傾向（假如它進入我們內心的話）；並且確實也沒有任何可以嘲笑那些追隨它的人的餘地。

486—38（290）375—306

•宗教的證明•——道德、學說、奇蹟、預言、象徵。

第五編　正義和作用的原因

232—32（291）387—305

在《論不正義》的信中[1]可能出現滑稽劇，即前人已經有了一切。「我的朋友，你生在山的這一邊，因而你的前人已有的一切便是正義的。」

「你爲什麼殺我？」[2]

233（b）—57*（292）219—307

他住在河水的那一邊。

233—88（293）394—308

「你爲什麼殺我？」——「爲什麼！你不是住在河水的那一邊嗎？我的朋友，如果你住在這一邊，那麼我就會是兇手，並且以這種方式殺你也就會是不正義的；但既然你是住在那一邊，所以我就是個勇士，而這樣做也就是正義的。」

230—108（294）391—331

……企圖統治世界的那種經綸，是以什麼爲基礎的？[3]是根據每一個人的心血來潮嗎？那該多麼混亂！是根據正義嗎？而人們是不顧正義的。

的確，假如他認識正義的話，他就不會奠定人間一切準則中最普遍的那條準則了，即每個人都得遵守本國的道德風尙；眞正公道的光輝就會使得一切民族都俯首聽命，而立法者也就不會以波斯人或德國人的幻想和心血來潮爲典範來代替那種永恆不變的正義了。我們就會看到正義植根於世界上的一切國家和一切時代，而不會看到所有正義的或不正義的東西都在隨著氣候的變化而改變其性質。緯度高三度就顚倒了一切法理，一條子午線就決定了眞理；根本大法用不到幾年就改變；權利也有自己的時代，土星進入獅子座就爲我們標誌一種

---

1 按：原書計畫中討論正義的基礎的那一部分，作者曾準備採取書信的形式。當時的自由思想者反對詹森派關於正義的學說，此處的幾段均係針對當時自由思想者而發。

2 關於此處第291、292、293各段的思想，詳見以下第294段。

3 關於本段內容，可參看蒙田《文集》第二卷、第十二章。

這樣或那樣罪行的開始。以一條河流劃界是多麼滑稽的正義！在庇里牛斯山的這一邊是眞理的，到了那一邊就是錯誤。[4]

他們承認正義並不在這些習俗之中，而是正義就在爲一切國度所周知的自然法之中。假如那散播了人世法律的魯莽的機遇性碰巧居然有一度是帶普遍性的，他們就一定要頑固地堅持這一點了；然而滑稽的卻是，人類的心血來潮竟是那樣地歧異多端，以至於根本就沒有這種法律。

盜竊、亂倫、殺子和弒父，這一切在有德的行爲中都有其地位。一個人可以有權殺我，就因爲他住在河水的那一邊而他的君主又和我的君主有爭執，儘管我和他並沒有任何爭執；難道還能有比這更加滑稽的事情嗎？

毫無疑問自然法是有的；然而這種美好的理智一旦腐化，就腐化了一切；Nihil amplius nostrum est; quod nostrum dicimus, artis est.[5] Ex senatus consultis et plebiscites crimina exercentur.[6] Ut olim vitiis, sic nunc legibus laboramus.[7]

由於這種混亂，就有人說，正義的本質就是立法者的權威；又有人說，就是君主的方便[8]；還有人說，就是現行的習俗[9]；而最確切的卻是：按照唯一的理智來說，並沒有任何東西其本身便是正義的；一切都隨時間而轉移。習俗僅僅由於其爲人所接受的緣故，便形成了全部的公道；這就是它那權威的奧祕的基礎了[10]。誰要是把它拉回到原則上來，也就是消滅了它。沒有什麼是比糾正錯誤的法律更加錯誤的了；誰要因爲它們是正義的而服從它們，就只是在服從自己想像中的正義而並非服從法律的本質；法律完全是靠著自身而彙集起來的；

4 指一六三九至一六五九年法國與西班牙的戰爭，庇里牛斯山爲法、西兩國的邊界。

5〔沒有什麼東西是我們自己的，我們所稱之爲我們自己的都是人爲的。〕蒙田《文集》第二卷、第十二章引西塞羅語。

6〔人們犯罪是由於元老院和人民的緣故。〕蒙田《文集》第三卷、第一章引塞內卡語。

7〔從前我們受罪惡之苦，現在我們受法律之苦。〕蒙田《文集》第三卷、第十三章引塔西佗語。

8 蒙田《文集》第二卷、第十二章：「普羅泰戈拉和亞里斯東所賦予法律正義的並沒有別的本質，就只有立法者的權威和意見。……柏拉圖（《國家篇》I，338）書中的特拉西瑪庫斯認爲，除了在上者的方便之外根本就沒有別的權利。」

9 蒙田《文集》第三卷、第十三章：「昔蘭尼派也認爲並沒有什麼東西其本身是正義的，習慣和法律就形成了正義。」

10 蒙田《文集》第三卷、第十三章：「法律之維持自己的信用，並不是因爲它們是正義的，而是因爲它們是法律。這就是它們權威的奧祕的基礎了，它們並沒有別的基礎。……沒有什麼別的是像法律那麼嚴重地而又那麼經常地在犯錯誤的了。誰要是因爲它們是正義的而服從它們，就並沒有按它們所應得的那樣在正當地服從它們。」

它只是法律，而不再是什麼別的。誰要想考察它的動機，就會發現它是那樣的脆弱而又輕浮，以至於假如他並不習慣於觀賞人類想像力的奇妙，他就要驚嘆一個世紀的工夫竟能爲它博得那麼多的威嚴和敬意。攻訐或顛覆一個國家的藝術，就是要動搖已經確立的習俗，對它們追根問底，以便表明它們是缺乏權威和正義的。據說，我們應該追溯到被不正義的習俗所消滅了的那種國家原始的根本大法。這准會是一場輸光一切的賭博；在這個天平上，沒有什麼東西會是公正的。然而人民卻很容易聽信這類議論。他們一旦認識枷鎖，立刻就會擺脫枷鎖；而大人物們則由於人民的毀滅以及對於既成習俗懷著好奇心的考察者們的毀滅而大蒙其利。這就是何以有一位最聰明的立法者要說，爲了人民的福祉，就必須經常欺騙他們[11]；而另一位優秀的政治學家則說：Cum veritatem qua liberetur ignoret, expedit quod fallatur。[12]絕不能使人感覺到篡位的眞理；那本來是毫無道理地建立起來的，但卻變成有道理的了；我們一定要使人把它看成是權威的、永恆的，並且把它那起源隱瞞起來，假如我們並不想要它很快地就告結束的話。

231—112（295）432—313

我的，你的——這些可憐的孩子們說：「這條狗是我的；這兒是我的太陽地。」這就是整個大地上篡奪的起源和縮影。[13]

234—107（296）51—320

當問題是要判斷應不應該宣戰並殺死那麼多人、把那麼多西班牙人判處死刑的時候，卻只是由一個人在進行判斷，並且他還是利害的關係人；那本來應該是一個無關的第三者。

---

11 語出柏拉圖《國家篇》第二卷、389，第五卷、459；蒙田《文集》第二卷、第十二章轉引。

12 〔既然一個人不理解那種可以解放他的眞理，那就最好讓他受騙吧。〕語出奧古斯丁《天城論》第四卷、第二十七章；蒙田《文集》第二卷、第十二章轉引。按以上兩條引文均與原文有出入。

13 據賴那克（S. Reinach）解說，「這條狗是我的」應讀作「這個角落是我的」，「狗」（chien）字係「角落」（coin）之誤。盧梭《論人類不平等的起源與基礎》第二部分：「誰第一個把一塊土地圈起來並想到說這是我的，而且找到一些頭腦十分簡單的人居然相信了他的話，誰就是文明社會的眞正奠基者。假如有人拔掉木樁或者塡平溝壕，並向他的同類大聲疾呼：『不要聽信這個騙子的話，如果你們忘記土地的果實是大家所有的，土地是不屬於任何人的，那你們就要遭殃了！』這個人該會使人類免去多少罪行、戰爭和殺害，免去多少苦難和恐怖啊！」

235—176（297）78—330

Veri juris.[14]我們不再有這種東西了；假如我們有的話，我們便不會以遵循自己國度的道德風尚作爲正義的準則。[15]

正是在不能發現正義的地方，我們就發現了強力等等[16]。

285—192（298）385—316

正義，強力——遵循正義的東西，這是正當的；遵循最強力的東西，這是必要的。正義而沒有強力就無能爲力；強力而沒有正義就暴虐專橫。正義而沒有強力就要遭人反對，因爲總是會有壞人的；強力而沒有正義就要被人指控。因而，必須把正義和強力結合在一起；並且爲了這一點就必須使正義的成爲強力的，或使強力的成爲正義的。

正義會有爭論，強力卻非常好識別而又沒有爭論。這樣，我們就不能賦予正義以強力，因爲強力否定了正義並且說正義就是它自己。因而，我們既不能使正義的成爲強而有力的，於是我們就使強力的成爲正義的了。

238—171（299）361—315

唯一普遍的準則，就是對通常事物有國家的法律以及對其他事物取決於多數。這是從哪裡得出來的呢？就是得自其中所具有的強力。由此可見，格外具有強力的國王也就會不聽從他的大臣們的大多數。

毫無疑問，財富的平等是正義的；然而人們既不能使服從正義成爲強力，於是他們就使得服從強力成爲了正義；他們既不能強化正義，於是他們就正義化了強力，爲的是好使正義

---

14 〔眞正的法律〕西塞羅《論職守》第三卷、第十七章：「關於眞正的權利和實在的正義，我們並沒有什麼牢固的積極的典型，我們有的只不過是它的陰影罷了。」蒙田《文集》第三卷、第一章：「眞正的正義是自然的而普遍的，比起受我們政府的需要所限制的那些特殊的、民族的正義來，有著不同的規定而且要更加高貴。關於眞正的權利和實在的正義，我們並沒有什麼鞏固的積極的典型，我們有的只不過是它的陰影罷了。（西塞羅）。」

15 可參看本書上冊第296段，又蒙田《文集》第二卷、第十二章。

16 見下段。

與強力二者合在一起，並且能獲致成其爲至善的和平。

239—899（300）425—329

「當武裝的強者保有他的財富時，他所保有的就可以安全。」[17]

240—201（301）426—333

我們爲什麼要遵從大多數？是因爲他們更有道理嗎？不是的，而是因爲他們更有強力。

我們爲什麼要遵從古老的法律和古老的意見？是因爲它們是最健全的嗎？不是的，而是因爲它們是獨一無二的，並可以消除我們中間分歧的根源。

241—178**（302）544—319

……這是強力的作用，而不是習俗的作用；因爲有能力創造的人是罕見的；在數量上最有強力的人都是只願意趨從而拒絕把光榮給予那些以其自己的創造而在追求光榮的創造者們；假如有創造力的人堅持要獲得光榮並蔑視那些不曾創造的人，別人就要給他們加以種種揶揄的稱號，就會打他們一頓棍子的。因而，但願人們不要以那種巧妙自詡吧，或者說，但願他們對自己知足吧。

242—197（303）74—317

強力是世上的女王，而意見卻不是。——然而意見之爲物是要運用強力的。[18]——那是強力形成了意見。按我們的意見，柔和是美好的。爲什麼？因爲想要在繩索上跳舞的人只是單獨的[19]，而我卻可以糾聚更有強力的一夥人來說它不好看。

---

17 《路加福音》第十一章、第二十一節：「壯士披掛整齊，看守自己的住宅，他所有的都平安無事。」

18 本段爲問答體；這句話的文義與上句和下句都相反，是作者假設反對者所作的詰難。

19 愛比克泰德《論文集》第三卷、第十二章：「走繩索是件困難而危險的事。我一定要在繩索上走嗎？」

289—207（304）363—321

維繫人們彼此互相尊敬的繩索，一般來說，乃是需要這一繩索[20]；因爲既然人人都想能統治，而又不能人人都做到，只有某些人才能做到，所以就一定會有各種不同的級別。因而，讓我們想像我們看到人們是在開始互相結合。毫無疑問他們要互相作戰，直到最強的一方壓倒了最弱的一方爲止，終於便有了統治者的一方。[21]然而當這一點一旦確定，這時候做主人的就不願意讓戰爭繼續，便規定自己手中的強力要按自己的意思承繼下去；有的是把它付之於人民的選舉，另有的則付之於世襲等等。

正是在這裡，想像力便開始扮演它那角色。迄今爲止，是權力在強迫著事實；如今則是強力被想像力固定在某一方，在法國是貴族，在瑞士則是平民等等。

因而維繫對於某一個別人的尊敬的繩索，乃是想像的繩索。

291—87（305）462—322

瑞士人被人稱爲貴族是要冒火的，他們要證明自己是平民出身，才好被評爲有資格擔任要職。[22]

290—204（306）422—323

既然由於強力統御著一切的緣故而使得王公貴族和達官顯宦都成爲實在的[23]和必要的，所以就無時無處沒有這類人。然而，又因爲使得某某人之成爲統治者的只不過是幻想，所以這一點就是不穩固的，它很容易變化不定等等。

---

20 此處「繩索」指紐帶，「需要的繩索」指由需要而產生的紐帶。

21 按關於此處論國家與社會的起源，可參看霍布斯《利維坦》第十三章。

22 伏爾泰《風俗論．論貴族》：「在〔瑞士〕巴賽爾，任何貴族都不能擔任共和國的公職，除非他放棄自己的貴族特權。」

23 「實在的」指具有實在的權力，係與上文中「想像中的尊嚴」相對而言。

292—177（307）182—324

財政大臣既端莊嚴肅而又裝飾華麗，因爲他的地位是假的；國王卻不如此：他有強力，他用不著想像力。法官、醫生等等，都只不外乎是想像力而已。

293—62*（308）488—327

總是看到國王扈從著衛隊、鼓樂、官吏以及各種各樣使人尊敬與恐懼的機器，這種習慣就使得他們的儀容——當他們即或是獨自一個人而沒有這些扈從時——給他們的臣民留下了尊敬與畏懼的印象；因爲人們在思想上不能把他們本人和經常看到與他們連在一起的隨從分開。世人不懂得這一作用是由於這種習慣產生的，於是便相信它是出於一種天賦的力量；從而便有這樣的話：「儀表非凡，神姿天縱」等等。

237—109*（309）430—328

•正•義——正如時尚造成了漂亮[24]，同樣它也造成了正義。

245—918（310）288—335

•國王•與•暴•君——我頭腦的深處也有自己的想法。

我每次旅行都小心警惕著。

創立[25]的偉大，對創立的尊敬。

大人物的樂趣就在於有能力造就幸福的人。

財富的特性就是可以被人慷慨地施捨。

24 帕斯卡爾《愛情論》：「時尚本身以及國度就往往規定了我們所謂的美麗。」

25 此處「創立」指創立風尚，約定俗成。

每種事物的特性都應該加以探求[26]。權力的特性就是能夠保護。

當強力攻擊了愁眉苦臉的時候[27]，當一個普通士兵摘下大法官的方帽子並把它扔到窗子外面去的時候。

243—200（311）478—336

在意見和想像的基礎上建立起來的國家可以統治若干時期，並且這種國家是恬適的、自願的；但基於強力的國家卻可以永遠統治下去。因而，意見就有如世上的女王，而強力則是世上的暴君[28]。

236—198*（312）427—337

正義就是已經確立的東西；因而我們全部已經確立的法律就必然要被認爲是正義的而無須檢驗，因爲它們是已經確立的。

295—184（313）477，606—338

健全的人民的意見——最大的災害是內戰[29]。假如我們要想論功行賞，內戰就是無可避免的，因為人人都說自己值得獎賞。但是一個根據出生權利而繼位的傻瓜，則其為害之可怕既不那麼大，也不那麼無可避免。

246—917（314）190—416

上帝為自己創造了一切，賦予了自己以苦與樂的權力。

---

26 布倫士維格解說：按正當辦法進行統治的就是國王，超出正當辦法的就是暴君。因此「每種事物的特性都應該加以探求」，以便區別國王與暴君。

27 布倫士維格解說：「當強力攻擊了愁眉苦臉的時候」，它就超出了自己正當的範圍之外。

28 按關於意見與強力之不同、國王與暴君之不同，見本書上冊第15段、第303段、第310段。

29 見本書上冊第320段，又蒙田《文集》第三卷、第十二章。

你可以把這應用於上帝，也可以應用於你自己。假如是應用於上帝，福音書就是準則。假如是應用於你自己，你就取代了上帝的地位。既然上帝是被滿懷仁愛的人們所環繞，他們向上帝要求屬於上帝權力的那種仁愛的幸福，所以，……因而，你就應該認識並且懂得，你只不過是一個多慾的國王，並且走的是多慾的道路。

299—179（315）557—417

作用的原因——這一點是值得讚美的：人們並不要我尊敬一個渾身錦繡、跟隨有七八個僕從的人。爲什麼？假如我不向他致敬，他就會給我一頓鞭子。這種習慣就是一種強力。這就正像一匹馬裝配得比另一匹馬更好一樣！蒙田好笑得竟看不到這裡有著怎樣的不同，竟讚嘆人們居然能發現這一點並且追問它的原因。他說：「的確，怎應會發生……。」[30]

298—185（316）558—412

健全的人民的意見——精心打扮並不都是虛飾；因爲它還顯示有一大堆人在爲自己工作；它是在以他們的頭髮顯示他們有傭人、有香粉匠等等；以他們的鑲邊顯示他們有絲帶、金線等等。因此，占用很多人手這件事並不是單純的虛飾，也不是單純的裝配[31]。人們所擁有的人手越多，他們就越有力量。精心打扮就是在顯示自己的力量。

303—170，69（317）586—413

尊敬也就是：「麻煩你」。這在表面上是虛文，但卻是非常正確的；因爲這就是說：「我願意麻煩自己，假如你需要的話；儘管它對你無用，我還是這樣做。」此外，尊敬還能用以鑑別大人物：假如尊敬就是坐在扶手椅上，那麼我們就會對人人都尊敬了，這樣我們也就不能鑑別什麼；但是我們既然非常麻煩，所以我們也就非常有力地作出了鑑別。

---

30 指蒙田《文集》第一卷、第四十二章：「談到對人的估價時，最奇怪的是：除了我們自己之外，並沒有什麼是不按其自身的品質加以估價的。我們稱讚一匹馬的力量和速度，而不是著眼於它的鞍轡，稱讚一條獵狗的敏捷而不是它的頸圈，稱讚一頭鷹的翅膀而不是它的繫腳帶和鈴鐺。那麼爲什麼我們並不根據人而估價人呢？他有一長串的扈從、有精美的宮殿、有那麼大的威望、有那麼多的收入：而這一切都是在他的身外而不是在他自身之內的。」

31 可參看蒙田《文集》第一卷、第四十二章。

302—56（**318**）769—354

他有四名僕從。[32]

302—（**319**）559—355

我們是以外表的品質而不是以內心的品質在鑑別人的，這做得多麼好啊，我們兩個人應該誰占先呢？應該誰向另一個讓步呢？應該是不聰明的那一個嗎？可是我像他一樣聰明，在這上面就一定會爭執不休的。他有四名僕從，而我只有一名：這一點是看得見的，只需我們數一下；於是讓步的就應該是我。假如我要抗爭，我就是個笨伯了。我們就是以這種辦法得到和平的；這就是最大的福祉。

296—208*67（**320**）574—356

世界上最沒有道理的事，可以由於人們之不講規矩而變成爲最有道理的事。還有什麼事能比選擇一位王后的長子來治理國家更加沒有道理的呢？我們是不會選擇一個出身於最高門第的旅客來管理一艘船的。

這種法則會是滑稽可笑的而又不公正的，然而由於人們就是這樣並且總是這樣，所以它就變成爲有道理的和公正的了；因爲我們要選擇誰是最有德而又最聰明的人嗎？我們在這上面馬上就會揮拳相向的，人人都自以爲是那個最有德而又最聰明的人。因而，就讓我們把這種品質附著在某些無可爭辯的東西上吧。這位是國王的長子；這一點是道道地地的，絕沒有爭論的餘地。理智不能做得更好了，因爲內戰是最大的災禍。

304—920*（321）575—351

孩子們看到自己的同件受人尊敬，就大爲詫異。

32　本段含義見下段。

304—193（322）202—352

貴族身分是一種極大的便宜，它使一個人在十八歲上就出人頭地、爲人所知並且受人尊敬，就像別人要到五十歲上才配得上那樣。這就不費氣力地賺了三十年。

306—167*（323）445—353

什麼是我？[33]

一個人臨窗眺望過客，假如我從這裡經過，我能說他站在這裡是爲了要看我嗎？不能；因爲他並沒有具體地想到我。然而，由於某個女人美麗而愛她的人，是在愛她嗎？不是的；因爲天花——它可以毀滅美麗而不必毀滅人——就可以使他不再愛她。

而且，假如人們因我的判斷、因我的記憶而愛我，他們是在愛我嗎？不是的，因爲我可以喪失這些品質而不必喪失我自己本身。然而，這個我又在哪裡呢？假如它既不在身體之中，也不在靈魂之中的話。並且，若不是由於有根本就不構成其爲我的這些品質（因爲它們是可以消滅的），又怎麼能愛身體或者愛靈魂呢？因爲難道我們會抽象地愛一個人的靈魂的實質，而不管它裡面可以是什麼品質嗎？這是不可能的，也會是不公正的。因此，我們從來都不是在愛人，而僅只是在愛某些品質罷了。

因而，讓我們不要再嘲笑那些由於地位和職務而受人尊崇的人們吧，因爲我們所愛於別人的就只不過是那些假借的品質而已。

307—191（324）857—357

人民有著非常健全的意見，例如：

1. 寧願選擇消遣與狩獵而不選擇詩。半通的學者們加以譏嘲，並且得意揚揚地顯出高於世上的愚人；然而由於一種爲他們所窺測不透的理由，人民卻是有道理的。

2. 以外表來鑑別人物，例如以出身或者財富。世人們又得意揚揚地指出這一點是多麼

33 可參看本書上冊第483段。

沒有道理；但這一點卻是非常有道理的（吃人的生番才會嘲笑一切年幼的國王呢）。[34]

3. 受到打擊就要惱怒，或者是那樣地渴求光榮。但是由於還有與之結合在一起的其他根本的好東西，所以這一點就是十分可願望的：一個人受到打擊而並不因此懷恨的，乃是一個被損害和需要所壓垮了的人。

4. 努力追求不確定的東西；要去航海，要在舷板上行走。

287—195（325）430—359

蒙田[35]錯了。習俗之所以爲人遵守，就僅僅因爲它是習俗，而並非因爲它是有道理的或者是正義的；然而人民卻是由於相信它是正義的這一唯一的理由而遵守它。否則，儘管它是習俗，他們也不會遵守它；因爲人們只能是服從理智和正義。習俗缺少了這種東西，就會成爲暴政；然而理智與正義的王國並不比歡樂的王國更暴虐：它們對人類都是自然的原則。

因而，人們服從法律與習俗就是好事，因爲它們是規律；但是要知道，其中並沒有注入任何眞實的與正義的東西，要知道我們關於這些，一無所知，所以就只好遵循已爲人所接受的東西；靠了這種辦法，我們才永不脫離它們。可是人民並不接受這種學說；並且既然他們相信眞理是可以找到的，而且眞理就在法律和習俗之中；所以他們便相信法律和習俗，並把它們的古老性當作是它們的眞理——而不僅僅是它們那並不具有眞理的權威——的一種證明。於是，他們就服從法律和習俗；然而只要向他們指出它們是毫無價值的，他們馬上就會反叛；從一定的角度加以觀察，一切都可以使人看出這一點。

288—114*（326）226—379

不正義——告訴人民說法律並不是正義，這是很危險的事；因爲他們服從法律僅只是由於他們相信法律是正義。這就是何以一定也要同時告訴他們說，之所以必須服從法律，就因爲它們是法律；正如必須服從在上者，並非因爲在上者是正義的，而是因爲在上者乃是在上者。這樣一來，就可以預防一切叛亂，假如我們能使這一點（以及正確來說，正義的界說究

34 蒙田《文集》第一卷、第三十一章：「（野蠻人）到了盧昂，恰好當時查理九世（法國國王，一五七四至一五八九年）也在那裡。國王和他們進行了長時間的談話。……他們說首先他們覺得非常奇怪的是，國王周圍有這麼多長著鬍子、身強力壯、手執武器的大人（他們或許指的是國王的瑞士衛隊）竟然屈身服從於一個小孩子，而他們則寧願選擇其中的一個來號令他們自己的。」

35 本段有關蒙田的論點見蒙田《文集》第一卷、第二十三章。

竟是什麼）爲人所理解的話。

308—173（327）211—378

世人對種種事物都判斷得很好，因爲他們處於天然的無知之中，而那正是人類眞正的領域。[36]科學有兩個極端是互相接觸的。一個極端是所有的人都發現自己生來就處於其中的那種純粹天然的無知。另一個極端則是偉大的靈魂所到達的極端，他們遍歷人類所能知道的一切之後，才發現自己一無所知，於是就又回到了他們原來所出發的那種同樣的無知；然而這卻是一種認識其自己的、有學問的無知。那些介乎這兩者之間的人，他們既已脫離了天然的無知而又不能到達另一個極端，他們也沾染了一點這種自命不凡的學識，並假充內行。這些人攪亂了世界，對一切都判斷不好。人民和智者構成世人的行列；這些人則看不起世人，也被世人看不起。他們對一切事物都判斷得不好，而世人對他們卻判斷得很好。

309—183（328）213—418

作用的原因——從贊成到反對的不斷反覆。

我們已經根據人對於毫無根本意義的事物所做的推崇而證明了人是虛妄的；而所有這些見解都被推翻了。然後，我們又已經證明了所有這些見解都是非常健全的，而既然所有這些虛妄都是非常之有根據的，所以人民就並不像人們所說的那麼虛妄；這樣我們又推翻了那種推翻了人民意見的意見。

但現在我們就必須推翻這個最後的命題，並且證明人民是虛妄的這一說法永遠是眞確的，儘管他們的見解可以是健全的；因爲他們並沒有在眞理所在的地方感受到眞理，並且既然他們把眞理置諸於它所不在的地方，所以他們的見解就總是非常之謬誤而又非常之不健全的。

300—186（329）238—358

作用的原因——人的脆弱性才是使得我們確定了那麼多美妙事物的原因，例如善於吹笛。[37]

---

36 關於本段內容，可參看蒙田《文集》第一卷、第五十四章。

37 可參看本書上冊第310段。「善於吹笛」原作「不善於吹笛」，意謂善於吹笛是件好事，不善於吹笛便是壞事。

它之所以是樁壞事[38]，只是由於我們脆弱的緣故。[39]

297—63（330）237—420

國王的權力是以理智並以人民的愚蠢爲基礎的，而尤其是以人民的愚蠢爲基礎。世界上最重大的事情竟以脆弱爲其基礎，而這一基礎卻又確鑿得令人驚異；因爲沒有什麼比這一點、比人民永遠是脆弱的這一點更加〔確鑿〕的了。以健全的理智爲基礎的東西，其基礎卻異常薄弱，例如對於智慧的尊崇[40]。

294—196（331）281—423

我們就只會想像柏拉圖和亞里斯多德總是穿著學究式的大袍子。他們是誠懇的人，並且也像別人一樣要和自己的朋友們在一起歡笑。當他們寫出他們的《法律篇》和《政治學》[41]作爲消遣的時候，他們是在娛樂之中寫出來的；這是他們一生之中最不哲學、最不嚴肅的那一部分；最哲學的部分則只是單純、恬靜地生活。假如他們寫過政治，那也好像是在給瘋人院訂章程；並且假如他們裝作彷彿是在談論一樁大事的樣子，那也是因爲他們知道聽他們講話的那些瘋人都自以爲是國王或者皇帝。他們鑽研他們的原則，是爲了把這些人的瘋狂盡可能緩衝到最無害的地步。

244—106（332）190—419

暴政就在於渴求普遍的、超出自己範圍之外的統治權。

強力、美麗、良好的精神、虔敬，各有其自己所統轄的不同場所，而不能在別地方；但有時候它們遇到一起，於是強力和美麗就愚蠢地要爭執它們雙方誰應該作另一方的主人；因爲它的主宰權是屬於不同的種類的。它們相互並不理解，而它們的謬誤則在於到處都要求統轄。但什麼都做不到這一點，哪怕是強力本身也做不到：它在學者的王國裡就會一事無成；它只不過是表面行動的主宰而已。

---

38 「它之所以是一樁壞事」讀作「不善於吹笛之所以是一樁壞事。」

39 本段含義詳見下段。

40 可參看本書上冊第320段。

41 《法律篇》爲柏拉圖所著，《政治學》爲亞里斯多德所著。

暴政——……所以下列說法就是謬誤的和暴政的：「我美麗，因此人們應該怕我。我有強力，因此人們應該愛我。我……。」

暴政就是要以某種方式具有我們只是以另一種方式才能具有的東西。我們對各種不同的優點要盡各種不同的義務：對漂亮有義務愛慕，對強力有義務懼怕，對學識有義務信任。

我們應該盡到這些義務；拒絕盡這些義務是不對的，要求盡別的義務也是不對的。因而，「他沒有強力，所以我就不尊敬他；他並不聰明智慧，所以我就不懼怕他」；說這些話也同樣是謬誤的與暴政的。

301—95*（333）225—421

你難道從來沒有見到過有些人，爲了抱怨你小看他們，就向你列舉許多有地位的人都是看重他們的嗎？對這一點，我就要回答他們說：「拿給我看你博得這些人醉心的優點吧，我也會同樣地看重你的。」

247—187（334）236—195

•作•用•的•原•因——慾念和強力是我們一切行爲的根源：慾念形成自願的行爲；強力形成不自願的行爲。

310—182（335）204—194

•作•用•的•原•因——因此，人人都在幻覺之中的這一說法就是眞確的：因爲，雖然人民的意見是健全的，但那在他們的頭腦裡可並不是健全的，因爲他們以爲眞理是在它所不在的地方。眞理確實是在他們的意見之中，但並不是在他們所設想的地點。〔因此〕我們的確必須尊敬貴人，但並非因爲他們的出生眞正優越等等。

311—181（336）257—194

作用的原因——我們必須保持一種背後的想法[42]，並以這種想法判斷一切，而同時卻要說得像別人一樣。

312—180（337）221—192

作用的原因——等級。人民尊敬出身高貴的人。學問半通的人鄙視他們，說出生並不是人品優越而只是偶然。但有學問的人則尊敬他們，並不是根據人民的想法，而是根據背後的想法。虔信者的熱誠要比知識更多，儘管考慮到有學問的人對他們表示尊敬，但虔信者還是鄙視他們，因爲虔信者是依據虔誠所賦給自己的一種新的光明在判斷他們的。然而完美的基督徒則根據另一種更高級的光明而尊敬他們。因此，按人們所具有的光明就相繼出現了從贊成到反對的各種意見。

313—51（338）189—196

可是，眞正的基督徒卻服從愚蠢；並非他們尊重愚蠢，而是上帝的誡命是要懲罰人類，使他們屈服於這些愚蠢：Omnis creatura subjecta est vanitati.[43] Liberabitur.[44] 因而聖多瑪斯解釋聖雅各（Jacob）論富人優先的那段話時[45]說，如果他們從上帝的觀點不這樣做，他們就是脫離宗教的誡命了。

---

42 本書上冊第310段：「我的頭腦深處也有自己的想法。」

43 〔一切被創造物都要服從虛幻。〕《傳道書》第三章、第十九節：「人不能強於獸，都是虛空。」

44 〔他將得到自由〕。《羅馬書》第八章、第二十至二十一節：「因爲受造之物服在虛空之下，不是自己願意，乃是因那叫他如此的。但受造之物仍然指望脫離敗壞的轄制，得享上帝兒女自由的榮耀。」

45 《雅各書》第二章、第一至四節：「我的弟兄們，你們信奉我們榮耀的主耶穌基督，便不可按著外貌待人。若有一個人戴著金戒指穿著華美衣服，進你們的會堂去；又有一個窮人穿著骯髒衣服也進去；你們就看重那穿華美衣服的人說，請坐在這好位上，又對那窮人說，你站在那裡；或坐在我腳凳下邊。這豈不是你們偏心待人，用惡意斷定人嗎？」

第六編　哲學家

258，355—212*，215（339）200—197

我很能想像一個人沒有手、沒有腳、沒有頭（因爲只是經驗才教導我們說，頭比腳更爲必要）。然而，我不能想像人沒有思想：那就成了一塊頑石或者一頭畜牲了。[1]

262—231*（340）218—198

數學機器得出的結果，要比動物所做出的一切更接近於思想；然而它卻做不出任何事情可以使我們說，它也具有意志就像動物那樣。[2]

259—230*（341）210—199

梁庫爾的魚鏢與青蛙的故事：[3]它們總是在那樣做，而從來不會別樣，也沒有任何別的精神的東西。

260—209（342）183—200

假如一個動物能以精神做出它以本能所做出的事，並且假如它能以精神說出它以本能所說出的事，在狩獵時可以警告它的同伴說，獵物已經找到或者已經丟失了；那麼它就一定也能說那些它所更爲關懷的事情，例如說：「咬斷這條害我的繩子吧，我咬不到它。」

---

1 波・羅雅爾版此處尙有：「因而，就正是思想才構成人的生存，沒有思想我們便不可能設想人的生存」。第一次稿本此處尙有：「在我們身內感受快樂的是什麼？是手嗎？是臂嗎？是肉嗎？是血嗎？我們可以看得出它必定是某種非物質的東西」。笛卡兒《方法論》第一部：「理性或者良知……是唯一使我們成爲人，並且使我們有別於禽獸的東西。」

2 布倫士維格以爲這段話並不表示帕斯卡爾認爲動物也具有意志，而只是表示理智活動與意志傾向二者有別而已。

3 按此處所提及的這個故事，內容已不可考。只知道梁庫爾公爵（Duc de Liancourt）青年時生活放蕩，後來受妻子的感化，皈依宗教，成爲波・羅雅爾派的堅決擁護者。布倫士維格以爲此處所引的這個故事或許是要辯明動物也有理智而反對所謂自動機的說法。

261—211*（343）233—203

鸚鵡的嘴總是在搓，儘管它很乾淨。

272—216*（344）231—204

本能與理智，兩種天性的標誌。

266—377*（345）203—217

理智之命令我們，要比一個主人更專橫得多；因爲不服從主人我們就會不幸，而不服從理智我們卻會成爲蠢材。[4]

257—233（346）234—218

思想形成人的偉大。

264—391（347）121—219

人只不過是一根葦草，是自然界最脆弱的東西；但他是一根能思想的葦草。用不著整個宇宙都拿起武器來才能毀滅他；一口氣、一滴水就足以致他死命了。然而，縱使宇宙毀滅了他，人卻仍然要比致他於死命的東西更高貴得多；因爲他知道自己要死亡，以及宇宙對他所具有的優勢，而宇宙對此卻是一無所知。

因而，我們全部的尊嚴就在於思想。正是由於它而不是由於我們所無法填充的空間和時

4　布倫士維格注：因此人更能忍受自己的不幸，而不能忍受自己的愚蠢；不幸是由外部原因造成的，而愚蠢則由於我們自身。

間，我們才必須提高自己。因此，我們要努力好好地思想[5]；這就是道德的原則。

265—217（348）232—220

能思想的葦草——我應該追求自己的尊嚴，絕不是求之於空間，而是求之於自己思想的規定。我占有多少土地都不會有用；由於空間，宇宙便囊括了我並吞沒了我，有如一個質點；由於思想，我卻囊括了宇宙。[6]

356—219（349）239—213

靈魂的非物質性——哲學家[7]駕馭自己的感情，有什麼物質能做到這一點呢？

374—284（350）240—212

斯多噶派——他們結論說，我們永遠能做到我們一度所能做到的事，並且既然對光榮的願望已經為那些被光榮所占有的人做了一些事，所以別人也很可以同樣如此。但這些是病熱的行動，健康是無從模仿的。

愛比克泰德結論說，既然有始終一貫的基督徒，所以每個人就都可以如此。[8]

321—155（351）262—211

靈魂所時而觸及的那些偉大的精神努力，都是它所沒有把握住的事物；它僅僅是跳到那上去的，而不像在寶座上那樣是永遠坐定的，並且僅僅是一瞬間而已。[9]

---

5 默雷《全集》第一卷，第二六二頁：「我們首先必須要堅持好好地思想。」

6 按此處「囊括」原文爲 comprendre；此字有兩解，一爲囊括，一爲理解；意謂：我既被囊括在宇宙的時空之中，宇宙也被囊括在我的思想之中。末一個「囊括」爲雙關語，既指包括，又指理解。

7 「哲學家」指斯多噶派哲學家；斯多噶派強調人的意志對外界的獨立性，作者以此證明靈魂的非物質性。

8 見愛比克泰德《論文集》第四卷、第七章。

9 關於本段及下段的內容，見蒙田《文集》第二卷、第二十九章。

322—711（352）269—228

一個人的德行所能做到的事不應該以他的努力來衡量，而應該以他的日常生活來衡量。

323—229（353）224—227

我絕不讚美一種德行過度，例如勇敢過度，除非我同時也能看到相反的德行過度，就像在埃帕米農達（Épaminondas）[10]的身上那樣既有極端的勇敢又有極端的仁慈。因爲否則的話，那就不會是提高，那就會是墮落。我們不會把自己的偉大表現爲走一個極端，而是同時觸及兩端並且充滿著兩端之間的全部。然而，也許從這一個極端到另一個極端只不外乎是靈魂的一次突然運動，而事實上它卻總是只在某一個點上，就像是火把那樣。即使如此，但它至少顯示了靈魂的活躍性，假如它並沒有顯示靈魂的廣度的話。

318—64（354）812—221

人性並不是永遠前進的，它是有進有退的。

激情是有冷有熱的；而冷也像熱本身一樣顯示了激情的熱度的偉大。

一個世紀又一個世紀的人們的創作也是一樣。世上的好和壞，總的來說，也是一樣。

Plerumque gratae principibus vices.[11]

319—961（355）268—339

滔滔不斷的雄辯使人感到無聊。

諸侯們、國王們有時候也遊戲。他們並不總是坐在他們的寶座上；他們在寶座上也感到

---

10 埃帕米農達（Epaminondas，?至西元前三六二年）古代希臘底比斯有名的統帥和政治家。關於埃帕米農達的德行的敘述，見蒙田《文集》第二卷第三十六章及第三卷第一章。

11 〔變化幾乎總會使大人物高興〕。語出賀拉士《頌歌集》，蒙田《文集》第一卷第四十二章轉引。

無聊：偉大是必須被合棄之後，才能感覺到。連續不斷會使人厭惡一切；爲了要感到熱，冷就是可愛的。

自然是通過進步在行動的，itus et reditus[12]。它前進，又後退，然後進得更遠，然後加倍地後退，然後又比以前更遠；如此類推。

海潮就是這樣在進行的，太陽似乎也是這樣[13]運行的。

320—921（356）696—349

身體的營養是一點一點來的。充分的營養但少量的食物。[14]

324—943（357）185—222

當我們想要追隨德行直到它的兩個方面的極端時，就出現了罪惡，它在其沿著無限小這方面的不可察覺的道路上是不知不覺暗暗鑽進來的；而在其沿著無限大這方面，罪惡則是大量地出現；從而我們便陷沒在罪惡裡面而再也看不到德行。[15]我們就在完美的本身上被絆住了。[16]

329—257（358）273—223

人既不是天使，又不是禽獸；但不幸就在於想表現爲天使的人卻表現爲禽獸。[17]

---

12 〔有進有退的〕。

13 手稿在「這樣」的旁邊畫有一條曲線，表示前進的行程。

14 布倫士維格解說：吃得太多，就吸收不了，慢慢地前進才是眞正的前進。

15 按本段「無限小」和「無限大」的含義不甚明確。據布倫士維格解釋：德行兩方面的極端都是無限的，它在最小的細節方面是無限的，同時它在最大的領域方面也是無限的。

16 此處原文係旁注。

17 按「人既不是天使，又不是禽獸」這句話作者係得自蒙田的啓發。蒙田《文集》第三卷、第十三章：「在哲學見解方面，我特別願意接受那些最堅實的見解，也就是說，最人性的並且最爲我們所固有的見解。」「人們總是想要超出自己之外，要躲避作一個人；這是愚蠢，他們並沒有把自己變成爲天使，反而把自己變成了禽獸；他們並沒有提高自己，反而降低了自己。」

325—166（359）270—224

我們保持我們的德行並不是由於我們自身的力量，而是由於兩種相反罪惡的平衡，就像我們在兩股相反的颶風中維持著直立那樣。[18]取消這兩種罪惡中的一種，我們就會陷入另一種。[19]

376—282（360）563—225

斯多噶派所提出的東西是那麼困難而又那麼虛妄。

斯多噶派提出：凡是沒有高度智慧的人都是同等地愚蠢和罪惡，就像是那些剛好沉到水面以下的人們一樣。

375—299*（361）261—226

至善。關於至善的爭論——Ut sis contentus temetipso et ex te nascentibus bonis[20]。

這裡有矛盾，因爲他們最後勸人自殺。啊！多麼幸福的生命，而我們卻要擺脫它就像擺脫一場瘟疫那樣。[21]

371—803（362）384—244

Ex senatus consultis et plebiscitis....[22]

---

18 拉羅什福柯《箴言集》第一八二節：「罪惡也構成德行的組成部分，就像毒藥構成解藥的組成部分一樣；精心把它們蒐集起來並加以提煉，於是它們就可以有效地用來對付疾病和生命。」同書第十一節：「感情往往產生自己的對立物：吝嗇有時候產生揮霍，揮霍有時候產生吝嗇；我們往往由於脆弱而堅強起來，由於怯懦而大膽起來。」

19 拉羅什福柯《箴言集》第十節：「人心不斷在產生著種種感情，從而一個的出現差不多總會奠定另一個。」

20 〔爲了你可以滿足於你自己以及出自於你的美好。〕語出塞內卡《致普西里烏斯集》第二十卷、第八章，書中塞內卡曾爲自殺辯護；塞內卡的這一觀點蒙田《文集》第二卷、第三章中曾加以發揮。帕斯卡爾認爲這種理論與斯多噶主義相矛盾。

21 詹森《論純自然狀態》第二卷、第八章：「啊，眞正幸福的生命，爲了享受它我們就追求死亡的幫助。」

22 〔是元老院和人民……〕，見本書上冊第363段。

要求類似的引文。

371—804（363）747—258

Ex senatus-consultis et plebiscitis scelera exercentur. 賽，588[23]。

Nihil tam absurde dici potest quod non dicatur ab aliquo philosophorum. 論占卜。[24]

Quibusdam destinatis sententiis consecrati quae non probant coguntur defendere. 西。[25]

Ut omnium rerum sic littararum quoque intemperantia laboramus. 賽。[26]

Id maxime quemque decet, quod est cujusque suum maxime.[27]

Hos natura modos primum dedit.[28]

Paucis opus est litteris ad bonam mentem.[29]

Si quando turpe non sit, tamen non est non turpe quum id a multitudine laudetur.[30]

Mihi sic usus est, tibi ut opus est facto, fac. 戴。[31]

23 〔是元老院和人民造成了罪惡。〕語出塞內卡《致魯西里烏斯書》第十五卷。蒙田《文集》第三卷、第一章轉引。

24 〔沒有任何東西是如此荒謬，以至於不能被某一位哲學家所談到。〕語出西塞羅《論神明》第二卷、第五十八章。蒙田《文集》第二卷、第十二章轉引。

25 〔投身於成見的人，就不得不辯護他們所不能證明的東西。〕語出西塞羅《托斯庫蘭論》第二卷、第二章。蒙田《文集》第二卷、第十二章轉引。

26 〔在文學上，正像在一切事物上一樣，我們也會操勞過度的。〕語出塞內卡《書信集》第106。蒙田《文集》第三卷、第十二章轉引。

27 〔對每一個人最合適的東西，也就是對他最好的東西。〕語出西塞羅《論職守》第一卷、第三十一章。蒙田《文集》第三卷、第一章轉引。

28 〔自然首先給了他們這些界限。〕語出維吉爾（Virgilius，羅馬詩人，西元前七〇至前十九年）《高爾吉克》第二篇20。蒙田《文集》第一卷、第三十章轉引。

29 〔美好的心性並不需要讀很多的著作。〕語出塞內卡《書信集》第106。蒙田《文集》第三卷、第十二章轉引。

30 〔一件並不可恥的事，一旦受到群眾的讚揚，就難免成爲可恥的了。〕語出西塞羅《論至善》第二卷、第十五章。蒙田《文集》第二卷、第十六章轉引。

31 〔這是我的習慣，而你可以做你所想做的事。〕語出戴倫斯（Terence，羅馬詩人，西元前一九五至前一五九年）《自苦者》第一幕、第五場、第二十一行。蒙田《文集》第一卷、第二十七章轉引。

372—802（364）256—257

Rarum est enim ut satis se quisque vereatur.[32]

Tot circa unum caput tumultuantes deos.[33]

Nihil turpius quam cognitioni assertionem praecurere. 西。[34]

Nec me pudet ut istos fateri nescire quid nesciam.[35]

Melius non incipiet.[36]

263—232（365）838—184

思想——人的全部的尊嚴就在於思想。

因此，思想由於它的本性，就是一種可驚嘆的、無與倫比的東西。它一定得具有出奇的缺點才能爲人所蔑視；然而它又確實具有，所以再沒有比這更加荒唐可笑的事了。思想由於它的本性是何等地偉大啊！思想又由於它的缺點是何等地卑賤啊！

然而，這種思想又是什麼呢？它是何等地愚蠢啊！

95—85（366）255—242

這位主宰人世的審判官，他的精神也不是獨立得可以不受自己周圍發出的最微小的噪音所干擾的。並不需要有大炮的聲響才能妨礙他的思想；只需要有一個風向標或是一個滑輪的

---

32 〔一個人能充分尊重自己，是罕有的事。〕語出昆體良（Quintillian，羅馬作家，40-118）《語言論》第十卷、第七章。蒙田《文集》第一卷、第三十八章轉引。

33 〔那麼多的神都圍繞著一個人在騷動。〕語出塞內卡《勸誡書》第一卷、第四章。蒙田《文集》第二卷、第十三章轉引。

34 〔最可恥的事莫過於還不認識就先肯定。〕語出西塞羅《論學園派》第一卷、第四十五章。蒙田《文集》第三卷、第十三章轉引。

35 〔我不像他們那樣恥於承認不懂得自己所不懂的東西。〕語出西塞羅《托斯庫蘭論》第一卷、第二十五章。蒙田《文集》第三卷、第十一章轉引。

36 〔最好是不開始。〕按全句應作「最好是不開始，而不是中止。」語出塞內卡《書信集》第七十二篇。蒙田《文集》第三卷、第十章轉引。

聲響就夠了。假如它此刻並沒有好好地推理，你也不必驚訝；正好有一隻蒼蠅在他的耳邊嗡嗡響，這就足以使得他不能好好地提出意見了。如果你想要他能夠發現眞理，就趕走那個小動物吧；是它阻礙了他的理智並且干擾了他那統治著多少城市和王國的強大的智慧。這裡是一位惡作劇的上帝啊！O ridicolosissimo eroe![37]

96—59（367）272—389

蒼蠅的威力：它們能打勝仗，[38]能妨礙我們靈魂的活動，能吃掉我們的肉體。

94—937（368）253—426

當有人[39]說熱只不過是某些微粒的運動，光只不過是我們所感覺的 conatus recedendi[40]；這就使我們大爲驚異。什麼？難道歡樂不是別的，只不過是精神的芭蕾舞而已嗎？我們對它懷有多麼不同的觀念啊，而這些感覺和當我們加以比較時可以稱之爲同樣的其他那些感覺，看來距離得又是何其遙遠啊！火的感覺，那種熱以一種與觸覺全然不同的方式作用於我們，還有對聲和光的感受；這一切對我們都彷彿是神祕的，然而它們卻粗糙得就像一塊石頭打下來。鑽進毛細孔裡去的精神，它那細微是可以感觸其他神經的——這一點是眞的[41]；但卻總得要有某些被感觸的神經。

97—228（369）811—469

對一切的理智運用來說，記憶都是必要的。[42]

---

37 義大利文：〔啊，最滑稽可笑的英雄。〕

38 葡萄牙軍進攻唐里（Tanly）時曾因多蜂而解圍。事見蒙田《文集》第二卷、第十二章。

39 「有人」指笛卡兒。

40 〔反射的作用。〕

41 見笛卡兒《感情論》第一部第十至十三款。

42 見笛卡兒《心智指導法則》第十一條。

98—952（370）265—425

〔偶然的機會引起了思想，偶然的機會也勾銷了思想；根本沒有可以保留思想或者獲得思想的辦法。

思想逃逸了，我想把它寫下來；可是我寫下的只是它從我這裡逃逸了。〕

99—754（371）947—363

〔在我小時候，我緊抱著我的書；因爲有時候我覺得……相信是抱住了書的[43]，這時我卻猶疑……。〕

100—146（372）254—364

正要寫下我自己的思想的時候，它卻時而逃逸了；然而這使我記起了自己的脆弱，以及自己時時刻刻都會遺忘；這一事實所教導我的並不亞於我那被遺忘的思想，因爲我祈求的只不過是要認識自己的虛無而已。

71—44（373）267—461

懷疑主義（Skepticism）——我要在這裡漫無順序地寫下我的思想，但也許並非是一種毫無計畫的混亂不堪：這才是眞正的順序所在，它將永遠以無順序的本身表明我的對象。假如我把它處理得有序井然，我就對我的題目給予了過分的榮譽，因爲我正是想要顯示它是不可能有順序的。

185—70（374）260—350**

最使我驚訝的，就是看到每個人都不驚訝自己的脆弱。人們在認眞地行動著，每個人都追隨自己的情況；並非因爲追隨它事實上有什麼好處（既然它只不過是時尚），而是彷彿每

---

43 弗熱認爲此處應讀作：「因爲有時候我覺得我欺騙自己使自己相信是抱住了書的。」

個人都確鑿地知道理性和正義在哪裡。他們發現自己沒有一次不受騙；可是由於一種可笑的謙遜，他們卻相信那是他們自己的過錯，而不是他們永遠自詡有辦法的過錯。然而最妙的就是世上的這種人竟有那麼多，他們爲了懷疑主義的光榮而不作懷疑主義者，以便顯示人是很可能具有最奇特的見解的；因爲他居然能夠相信自己並不處於那種天賦的、不可避免的脆弱之中，反倒相信自己是處於天賦的智慧之中。[44]

最能加強懷疑主義的，莫過於有些人根本就不是懷疑主義者；假如人人都是懷疑主義者，那麼他們就錯了。

252—290（375）99—361

〔我一生中曾有過很長的時期是相信有正義的，而在這一點上我並沒有錯；因爲按照上帝願意向我們所作的啓示來說，的確是有正義的。然而我卻不是這樣加以理解的，而正是在這上面我犯了錯誤；因爲我相信我們的正義本質上是公正的，並且我有辦法認識它和判斷它。然而我卻多少次都發現自己的正確判斷是錯的，終於我就走到了不信任自己，然後也不信任別人。我看到所有的國家和所有的人都在變化；於是在我對眞正正義的判斷經過許多次變化之後，我就認識到我們的天性也只不過是一場不斷的變化而已，而我從此以後卻再也沒有變化；假如我有變化的話，我就可以證實我的見解了。懷疑主義者的阿賽西勞斯（Arcésilas/Arcesilaus）[45]變成了教條主義者。〕

186—71*（376）279—360

這一派被它的敵人所加強遠甚於被它的友人所加強；因爲人的脆弱性在那些不認識它的人的身上要比在那些認識它的人的身上表現得格外顯著。

187—255（377）345—509

談論謙卑，這對於虛榮的人乃是驕傲的材料，對於謙卑的人則是謙卑的材料。因此，談論懷疑主義，對於堅信的人便是堅信的材料；很少有人是在謙卑地談論謙卑的，很少有人是在貞潔地談著貞潔的，很少有人是在懷疑中談論懷疑主義的。我們只不外乎是謊話、兩面性

44 據布倫士維格解說：此處「脆弱」指人們自以爲並非根據習俗而是根據理智與正義在行動。

45 阿賽西勞斯（Arcésilas，即 Arcesilaus）西元前三世紀希臘哲學家，創建雅典新學園，宣傳皮浪主義。

和矛盾而已，我們在向自己隱瞞自己並矯飾著自己。

327—289（378）561—462

懷疑主義——極端的精神就被人指責爲瘋狂，[46]正像極端缺少精神一樣。除了中庸之外，沒有別的東西是好的。是大多數人確定了這一點，誰要是無論在哪一端想躲開它，他們就會咬住不放。我在這方面並不固執己見，我很同意人們把我安置在這裡，而且我拒絕居於下端，並非因爲它在下面，而是因爲它是一端；因爲我也要同樣地拒絕把我放置在上面。[47]脫離了中道就是脫離了人道。人的靈魂的偉大就在於懂得把握中道；偉大遠不是脫離中道，而是絕不要脫離中道。

326—105*（379）604—463

自由過分並不是好事。享有一切必需品並不是好事。

229—913（380）547—386

一切良好的格言，世界上都有了；只是有待我們加以應用。例如：

我們並不懷疑：爲了保衛公共幸福應該不惜自己的生命；但是爲了宗教，卻不如此。

人與人之間存在著不平等是必要的，這一點是眞的；但是承認了這一點就不僅是對最高的統治權，而且也是對最高的暴政，大開方便之門。

放鬆一下精神是必要的；然而這就向最大的恣縱無度打開了大門。——讓我們標誌出它的限度來吧。[48]——可是事物是根本沒有界限的：法律雖想把它們安置在那裡面，而精神卻不能忍受它。

---

46 見蒙田《文集》第二卷、第十二章。

47 拉．布魯意葉《論幸運》:「如果我能夠，我既不願意幸福，也不願意不幸；我要置身於中庸。」又可參看蒙田《文集》第二卷、第十二章有關部分。

48 這句插話是本書中常見的虛擬反問句。

85—58（381）543—388

如果我們太年輕，我們就判斷不好；[49]如果太年老，也一樣。如果我們想得不夠，如果我們想得太多，我們就會頑固不化，我們就會因而頭腦發昏。如果我們完成了自己的作品之後倉促之間加以考察，我們對它就一心還是先入爲主的成見；如果是時間太長之後，我們又再也鑽不進去了。站得太遠或是太近來觀看繪畫，也是這樣；僅僅有一個不可分之點才是眞正的地方：其餘的則不是太近，就是太遠，不是太高，就是太低。在繪畫藝術上，透視學規定了這樣一個點。然而在眞理上、在道德上，有誰來規定這樣一個點呢？[50]

86—707（382）549—387

當一切都在同樣動盪著的時候，看來就沒有什麼東西是在動盪著的，就像在一艘船裡那樣。當人人都淪於恣縱無度的時候，就沒有誰好像是淪於其中了。唯有停下來的人才能像一個定點，把別人的狂激標誌出來。

87—706（383）527—392

生活沒有規律的人向生活有秩序的人說，正是這些人背離了自然，而他們卻自信是在遵循自然的；正像坐在船裡的人自信是岸上的人在移動那樣。這種說法對一切方面都是類似的。一定要有一個定點，才好做出判斷。港岸可以判斷坐在船裡的人；可是我們在道德方面又以哪裡爲港岸呢？

250—362（384）98—432

矛盾[51]是眞理的一個壞標誌：有許多確鑿的事物是有矛盾的；有許多謬誤的事物又沒有

---

49 默雷《文集》第一卷、第二四〇頁：「我們年紀太輕，就不能健全地判斷任何事物。」

50 關於此處的這一論點，可參看蒙田《文集》第二卷、第十二章。

51 據布倫士維格解說：「矛盾」此處係指事實與表述之間的矛盾，而非指兩種相反的事實或兩種相反的表述之間的矛盾。

矛盾。矛盾既不是謬誤的標誌，不矛盾也不是眞理的標誌。

228—298（385）208—390

懷疑主義——每件事物在這裡都是部分眞確的，部分謬誤的。根本眞理卻不是這樣；它是完全純粹的而又完全眞確的。這種混雜玷汙了眞理並且消滅了眞理。沒有什麼是純粹眞確的；因而當眞確是指純粹眞確的時候，也就沒有什麼是眞確的了。人們說，殺人千眞萬確是壞事；是的，因爲我們十分清楚壞事和謬誤。然而人們所說的好事又是什麼呢？是貞潔嗎？我說不是的，因爲世界將會絕種的。是婚姻嗎？不是的，節慾要更好得多。是戒殺嗎？不是的，因爲無秩序將是可怕的，而且壞人將會殺死所有的好人。是殺人嗎？不是的，因爲那會毀滅人性。我們只不過具有部分的眞和善，同時卻摻雜著惡和假。

380—261（386）37—51

如果我們每夜都夢見同一件事，那麼它對我們的作用就正如同我們每天都看到的對象是一樣的。如果一個匠人每晚准有十二小時夢見自己是國王，那麼我相信他大概就像一個每晚十二小時都夢見自己是匠人的國王是一樣地幸福。

如果我們每夜都夢見我們被敵人追趕並且被這種痛苦的幻象所刺激，又如果我們每天都在紛繁的事務裡面度過，像是我們旅行時那樣；那麼我們受的苦就和這些是眞的時大概是一樣的；並且我們就會害怕睡覺，正像我們怕當眞會遇到這類不幸時我們就要擔心睡醒是一樣的。而且實際上它也差不多會造成像眞實情況一樣的惡果。

但是因爲夢是各不相同的，而且同一個夢也是紛亂的，所以我們夢中所見到的就比我們醒來所見到的，其作用要小得多；這是由於醒有連續性的緣故，但它也並不是那麼地連續和均衡乃至於絕無變化，僅只是並不那麼突然而已，除非它是在很罕見的時候，例如在我們旅行時，那時我們就說：「我好像是在做夢」；因爲人生就是一場稍稍不那麼無常的夢而已。

382—291（387）86—391

〔可能有眞正的證明；但這一點並不確定。因而這一點並沒有證明別的，只不過證明了連一切都不確定也並不確定而已；這是懷疑主義的光榮。〕

381—89（388）163—431

良好的意識——他們被迫不得不說：「你並不是根據良好的信仰在行事的，我們並沒有睡覺等等。」我多麼愛看這種高傲的理性卻屈辱不堪地在祈求著啊。因爲這不是一個旁人對他的權利有爭論而他手裡又有武器和力量可以保衛自己權利的人所說的話語。他並不高興說，人們的行事不是根據良好的信仰，而他卻要用武力來懲罰這種惡劣的信仰。

367—123（389）693—394

《傳道書》指出，人若沒有上帝就會淪於對一切都無知，並且淪於無可避免的不幸。[52]因爲既有願望而又無能爲力乃是不幸的事。現在，他想能夠幸福並把握某些眞理；可是他卻既不能知道，又不能不希望知道。他甚至於也不能懷疑。

385—98（390）72—464

我的天！這都是些多麼愚蠢的說法：「上帝創造世界是爲了使它沉淪嗎？他會向如此之脆弱的人們要求得那麼多嗎？等等。」[53]懷疑主義就是這種病的解藥，它可以掃除這種虛榮。

387—294（391）347—465

談話——偉大的字樣：宗教，我否認它。

談話——懷疑主義爲宗教服務。

52《傳道書》第八章、第十七節：「我就看明上帝的一切作爲，知道人查不出日光之下所做的事，任憑他費多少力尋查，都查不出來。就是智慧人雖想知道，也是查不出來。」

53 按此處引號中的話爲作者假設理性主義對於基督教與對於詹森主義所做的反駁。

383—213（392）206—525

反對懷疑主義——〔……因而這是一件奇怪的事，即我們不能對這些東西加以界說，而又不把它們弄得模糊不清，雖則我們是完全明確地在談它們。〕我們假設所有的人都以同樣的方式理解它們；然而我們假定這一點卻是毫無理由的，因爲我們對這一點並沒有任何證據。我的確看到人們在同樣的情況下都在使用這些字眼，而且每當有兩個人看到一個物體改變位置時，他們兩個人就都以同樣的字眼來表達對這同一個客體的看法，他們雙方都在說它移動了；於是我們便從這種使用字句的一致性裡得出了一種有關思想一致性的強烈推測。然而這一點在最後定案時卻不是絕對令人信服的，儘管我們很可以打賭說它是肯定的，因爲我們知道我們常常會從不同的前提之中得出同樣的結論來。

這一點至少足以混淆問題，並非這一點可以絕對地撲滅向我們保證著這些事物的那種天賦光芒，學院派[54]或許會勝利；然而這一點卻使得它黯然無光，並困擾了教條主義者，這是懷疑主義黨徒的光榮；懷疑主義者正在於這種含混不清的含混性以及某種令人可疑的蒙昧性，我們的懷疑並不能消除其中全部的光芒，而我們天賦的光明也不能掃清其中全部的陰霾。

286—205*（393）517—693

最有趣的事情就是考慮一下：世界上有許多人已經拋棄了上帝的和自然的全部法律，卻又自己製造了法律，並且嚴格地遵守這些法律，例如穆罕默德（Muhammad）的兵士以及強盜、異端等等。邏輯學家[55]也是這樣。鑒於他們已經突破了那麼多如此之正當而又如此之神聖的法律，所以看來他們的放肆不羈就彷彿是沒有任何界限，也沒有任何障礙的。

389—293（394）431—591

懷疑主義的、斯多噶派的、無神論者的等等，他們全部的原則都是眞確的。但他們結論卻是謬誤的，因爲相反的原則也是眞確的。

---

54 據布倫士維格解說：懷疑主義者懷疑其自身的懷疑，因此認爲一切知識都不可靠，一切選擇都不可能；但「學院派」則認爲有些意見有著更大的或然性，因此下賭注是合理的。

55 「邏輯學家」此處指推理過分的懷疑主義者。

273—287（395）660—590**

本能、理性——我們對於作證是無能爲力的，這是一切教條主義所無法克服的。我們對眞理又具有一種觀念，這是一切懷疑主義所無法克服的。

271—243（396）245—592

有兩件東西把全部的人性教給了人：即本能和經驗。[56]

255—218（397）595—593

人的偉大之所以爲偉大，就在於他認識自己可悲。一棵樹並不認識自己可悲。

因此，認識〔自己〕可悲乃是可悲的；然而認識我們之所以可悲，卻是偉大的。

269—220（398）592—594

這一切的可悲其本身就證明了人的偉大。它是一位偉大君主的可悲，是一個失了位的國王的可悲。

256—129*（399）489—595

我們沒有感覺就不會可悲；一棟破房子就不會可悲。只有人才會可悲。Ego vir videns[57]。

---

56 據布倫士維格解說，此處「本能」指對於幸福的渴望，「經驗」指對於人類不幸與墮落的知識。

57 〔我是遭遇過的人。〕《耶利米哀歌》第三章、第一節：「我是……遭遇困苦的人。」

278—223（400）235—598

人的偉大——我們對於人的靈魂具有一種如此偉大的觀念，以致我們不能忍受它受人蔑視，或不受別的靈魂尊敬；而人的全部的幸福就在於這種尊敬。

277—96（401）597—597

光榮——畜牲絕不會互相羨慕。一匹馬絕不會羨慕它的同伴；這並不是它們在比賽中彼此間沒有競爭，而是那並不起作用：因爲到了馬廄裡，就是最笨最蠢的馬也不會把自己的燕麥料分給另一頭的，像是人所願望別人會對自己做出的那樣。它們的德行本身就是自足的。

284—222（402）435—599

人的偉大是哪怕在自己的慾念之中也懂得要抽出一套可讚美的規律來，並把它繪成一幅仁愛的畫面。

283—210（403）599—660

偉大——作用的原因就標誌著能從慾念之中抽出一套那麼美麗的秩序來的人類的偉大。

276—91*（404）451—596

人的最大的卑鄙就是追求光榮，然而這一點本身又正是他的優異性的最大的標誌，因爲無論他在世上享有多少東西，享有多少健康和最重大的安適，但假如他不是受人尊敬，他就不會滿足。他把人的理智尊崇得那麼偉大，以致無論他在世上享有多大的優勢，但假如他並沒有在別人的理智中也占有優勢地位，他就不會愜意的。那是世界上最美好的地位，無論什麼都不能轉移他的這種願望；而這就是人心之中最不可磨滅的品質。

而那些最鄙視人並把人等同於禽獸的人們，他們也還是願望著被人羨慕與信仰的，於是他們就由於自己本身的情操而自相矛盾了；他們的天性來得比一切都更加有力，他們的天性之使他們信服人的偉大要比理智之使他們信服人的卑鄙更加有力得多。

143—119（405）453—602

矛盾——驕傲可以壓倒一切可悲。人要麼是隱蔽起自己的可悲；要麼是假若他揭示了自己的可悲，他便認識了可悲而光榮化了自己。

144—131*（406）528—618

驕傲壓倒了並且掃除了一切可悲。這是一個出奇的怪物，也是一種顯然易見的偏差。他從自己的座位上跌了下來，他又在焦灼不安地尋求它。這就是人人都在做著的事情了。就讓我們看誰會找到它吧。

141—137（407）551—619

當惡意有了理智在自己這一邊的時候，它就變得傲慢並以其全部的光彩來炫耀理智。當嚴肅性或嚴厲的選擇並沒有能成就眞正的美好，而必須回過頭去追隨天性時，它就由於這場向後轉而變得傲慢。

279—134（408）491—620

惡是容易的，其數目無限之多；而善卻幾乎是唯一無二的。[58]然而有某種惡卻和人們所謂的善是一樣地難於發現；因此之故，人們就往往把那種特殊的惡當作了善。簡直是需要有超凡偉大的靈魂才能夠很好地達到它也像達到善一樣。

268—221（409）433—621

人的偉大——人的偉大是那樣地顯而易見，甚至於從他的可悲裡也可以得出這一點來。因爲在動物是天性的東西，於我們人則稱之爲可悲；由此我們便可以認識到，人的天性現在

58 蒙田《文集》第一卷、第九章：「畢達哥拉斯派認爲善是確定的和有限的，惡則是無限的和不確定的。千百條道路都錯過了潔白，唯有一條道路通向潔白。」

既然有似於動物的天性，那麼他就是從一種爲他自己一度所固有的更美好的天性裡面墮落下來的。

因爲，若不是一個被廢黜的國王，有誰會由於自己不是國王就覺得自己不幸呢？人們會覺得保羅．哀米利烏斯（Paul Émile/ Paul Emilius）[59]不再任執政官就不幸了嗎？正相反，所有的人都覺得他已經擔任過了執政官乃是幸福的，因爲他的情況就是不得永遠擔任執政官。然而人們覺得柏修斯（Persée/ Perseus）[60]不再做國王卻是如此之不幸，——因爲他的情況就是永遠要做國王，——以致人們對於他居然能活下去感到驚異。誰會由於自己只有一張嘴而覺得自己不幸呢？誰又會由於自己只有一隻眼睛而不覺得自己不幸呢？我們也許從不曾聽說過由於沒有三隻眼睛便感到難過的，可是若連一隻眼睛都沒有，那就怎麼也無法慰藉了。

268（a）—52（410）493—622

馬其頓王柏修斯，保羅．哀米利烏斯——人們責備柏修斯不曾自殺。

274—227（411）650—634

儘管我們全部的可悲景象窒息著我們、緊扼著我們的咽喉，但我們卻有一種自己無法壓抑的本能在引我們上升。

316—253（412）598—628

人的理智與感情之間的內戰。

假如只有理智而沒有感情，……。

假如只有感情而沒有理智，[61]……。

---

59 保羅・哀米利烏斯（Paul Émile，即 Paul Emilius）於西元前一八二年與前一六八年曾兩度任羅馬執政官，第二次任執政官時擊敗馬其頓王柏修斯。

60 柏修斯（Persée，即 Perseus）爲馬其頓末代國王，西元前一七九至前一六八年在位，西元前一六八年爲保羅・哀米利烏斯擊敗被俘。

61 「假如只有理智而沒有感情」，或者「假如只有感情而沒有理智」，那麼就不會有「人的理智與感情之間的內戰」。

但是既有這一個而又有另一個，既要與其中的一個和平相處就不能不與另一個進行戰爭，所以他就不能沒有戰爭了；因而他就永遠是分裂的，並且是自己在反對著自己。

317—249（413）251—601

這場理智對感情的內戰就把嚮往和平的人分成兩派。一派願意否定感情而變爲神明；另一派則願意否定理智而變爲禽獸。〔戴巴魯（Des Barreaux）[62]〕然而他們無論是哪一派都做不到這一點；於是理智就永遠逗留著，它控訴感情的卑鄙和不義，它攪亂了那些委身於其中的人們的安寧；同時感情也是永遠活躍在那些想要否定它的人們的身上。

184—127（414）468—629

人是那麼地必然要愚妄，以至於不愚妄竟以另一種愚妄的姿態而成爲了愚妄。[63]

254—242（415）628—438

人性可以通過兩種方式加以考察：一種是根據他的目的，這時候人就是偉大無比的；另一種是根據群體，[64]正如我們要成群地來判斷馬性和狗性就得看它的馳騁 et animum arcendi[65]那樣，這時候人就是邪惡下流的。這是兩種方式，它們使我們對人做出了不同的判斷，並引起了哲學家們那麼多的爭論。

因爲每一方都否認了另一方的假設；一方說：「人並不是爲了那種目的而生的，因爲他

---

62 戴巴魯（Des Barreaux, 1602-1673）當時以蕩子聞名，塔萊芒（Tallemant）保留下來了他的這樣一句話：「我跟著自己的理智顛簸而變爲禽獸。」

63 拉羅什福柯《箴言集》第231：「要想成爲完全的智慧乃是一樁最大的愚妄。」據布倫士維格解說，本段意謂愚妄乃是人的天然狀態，人不愚妄就不會有生活的地位或生存的理由，因而人的存在本身就變成了另一樁愚妄。

64 據布倫士維格注：此處「群體」指實際的性質，係與上文「目的」亦即理想的性質相對而言。

65 〔與守衛的本能。〕按馳騁爲馬性，守衛的本能爲狗性。

的一切行爲都與之背道而馳」；另一方則說：「當他做出這些卑鄙的行爲時，他就背離了他的目的。」

314—237（416）594—580

爲波・羅。[66] **偉大與可悲**——可悲是從偉大裡面結論出來的，偉大是從可悲裡面結論出來的：一方是以偉大爲證據而格外結論出可悲來，而另一方則正是根據可悲本身推論而格外有力地結論出偉大來；凡是一方所能用以說明偉大的一切，就只是爲另一方提供了結論出可悲來的論據；因爲我們越是從高處跌落下來，也就越發可悲，而在另一方則恰好相反。[67] 他們每一方都被一場無休止的循環帶到了另一方；能夠確定的就只是：隨著人們之具有光明，他們就會發現人身上既有偉大又有可悲。總之，人認識自己是可悲的：他是可悲的，因爲他本來就是的；但他又確實是偉大的，因爲他認識可悲。

315—161（417）479—448

人的這種兩重性是如此之顯著，以至於有人以爲我們具有兩個靈魂。[68] 一個單一的主體，在他們看來彷彿是不可能這樣的，並且如此之突然地使內心從一種過分的傲慢轉化爲一種可怕的沉淪。

328—236*（418）492—449

使人過多地看到他和禽獸是怎樣的等同而不向他指明他的偉大，那是危險的。使他過多地看到他的偉大而看不到他的卑鄙，那也是危險的。讓他對這兩者都加以忽視，則更爲危險。然而把這兩者都指明給他，那就非常之有益了。

絕不可讓人相信自己等於禽獸，也不可等於天使，也不可讓他對這兩者都忽視；而是應

---

66 讀作「爲波・羅雅爾而作」。

67 「恰好相反」指越是可悲，就證明我們站得越高。

68 「有人」指蒙田。蒙田《文集》第二卷、第一章：「我們如此之柔順表現出來的這種變化和矛盾，就使得有些人想像著我們具有兩個靈魂，又使得另一些人想像著我們具有兩種能力，每一種各以其自己的方式在跟隨著我們並推動著我們，一種是推向善，另一種是推向惡；如此截然的歧異是不會調和在一個單一的主體之內的。」

該讓他同時知道這兩者。

332—18*（419）589—450

我不能容許人依賴自己，或者依賴別人，爲的是好使他們既沒有依靠又沒有安寧……。

330—245*（420）259—201

如果他抬高自己，我就貶低他；如果他貶低自己，我就抬高他；並且永遠和他對立，直到他理解自己是一個不可理解的怪物爲止。

333—39（421）593—441

我要同等地既譴責那些下定決心讚美人類的人，也譴責那些下定決心譴責人類的人，還要譴責那些下定決心自尋其樂的人；我只能讚許那些一面哭泣一面追求著的人。

693—306（**422**）487—439

最好是由於徒勞無功地尋求眞正的美好而感到疲憊，從而好向救主伸出手去。

331—234*（**423**）774—440

對立性。**在已經證明了人的卑賤和偉大之後**——現在就讓人尊重自己的價値吧。讓他熱愛自己吧，因爲在他身上有一種足以美好的天性；可是讓他不要因此也愛自己身上的卑賤吧。讓他鄙視自己吧，因爲這種能力是空虛的；可是讓他不要因此也鄙視這種天賦的能力。讓他恨自己吧，讓他愛自己吧：他的身上有著認識眞理和可以幸福的能力；然而他卻根本沒有獲得眞理，無論是永恆的眞理，還是令人滿意的眞理。

因此，我要引人渴望尋找眞理並準備擺脫感情而追隨眞理（只要他能發現眞理），既然他知道自己的知識是怎樣地爲感情所蒙蔽；我要讓他恨自身中的慾念，——慾念本身就限定了他，——以便慾念不至於使他盲目做出自己的選擇，並且在他做出選擇之後也不至於妨礙他。

437—248（424）747—486

所有這些對立，看來彷彿是最使我遠離對宗教的認識的，卻是最足以把我引向眞正宗教的東西。

第七編　道德和學說

370—300（425）590—447

第二部。論人沒有信仰就不能認識真正的美好，也不能認識正義。——人人都尋求幸福，這一點是沒有例外的；無論他們所採用的手段是怎樣的不同，但他們全都趨向這個目標。使得某些人走上戰爭的，以及使得另一些人沒有走上戰爭的，乃是同一種願望；這種願望是雙方都有的，但各伴以不同的觀點。意志除了朝向這個目的之外，就絕不會向前邁出最微小的一步。這就是所有的人，乃至於那些上吊自殺的人的全部行爲的動機。

可是過了那麼悠久的歲月之後，卻從不曾有一個沒有信仰的人到達過人人都在不斷矚望著的那一點。人人都在怨尤：君主、臣民，貴族、平民，老人、青年，強者、弱者，智者、愚者，健康人、病人，不分國度，不分時代，不分年齡和境遇。

一場如此悠久、如此持續而又如此一致的驗證，應該是很可以令我們信服，我們是無力憑藉自己的努力而達到美好的了；然而先例並沒有教導我們什麼。從來都不會有那麼完全的相似，乃至於竟不存在某些細微的分歧；因此之故，我們就期望著我們的期望在這種場合之下將不至於像是在別的場合那樣受欺騙。從而，既然當前永遠都滿足不了我們，經驗[1]便捉弄我們，並引導我們從不幸到不幸，直到構成它那永恆峰頂的死亡爲止。

然而，這種渴求以及這種無能向我們大聲宣告的又是什麼呢？——假如不是說人類曾經一度有過一種眞正的幸福，而現在人類卻對它僅只保留著完全空洞的標誌和痕跡，人類在徒勞無益地力求能以自己周圍的一切事物來塡充它，要從並不存在的事物之中尋求他所不能得之於現存事物的那種支持。然而這一切都是做不到的，因爲無限的深淵只能是被一種無限的、不變的對象所塡充，也就是說只能被上帝本身所塡充。

唯有上帝才是人類眞正的美好：而自從人類離棄了上帝以後，那就成了一件稀罕的事了；自然界中沒有任何東西能夠取代上帝的地位：星辰、天空、大地、原素、植物、白菜、韭菜、動物、昆蟲、牛犢、蝮蛇、病熱、疫癘、戰爭、飢饉、罪行、浪蕩、亂倫。而且自從人類喪失了眞正的美好以來，一切對他們就都可能顯得是同等地美好，甚至於他們自身的毀滅，[2]儘管這是那樣地違背上帝、違背理智而又違背整個的自然。

有人求之於權威，另有人求之於好奇心或求之於科學，又有人求之於肉慾。還有人事實

---

1 此處「經驗」（expérience）一詞，波・羅雅爾本作「希望」（espérance）。布倫士維格認爲「希望」一詞字面上較通順，卻並不符合作者原意，因爲經驗才是眞正的教訓。

2 指自殺，斯多噶派認爲人可以自殺。

上已經是更接近它了，他們以爲人人都在渴求著的那種普遍的美好，必然不應該只存在於任何個別的事物；個別的事物只能爲一個人所獨享，若是分享時，則它使它的享有者由於缺少了自己所沒有的那部分而感受到的痛苦，將更有甚於它由於帶給它的享有者的那部分歡愉而使之感受到的滿足。他們認識到眞正的美好應當是那種爲所有的人都能同時享有的美好，既不會減少，也不會使人嫉妒，也沒有人會違背自己的意願而喪失它。而他們的理由是，這種願望既然對人是天賦的，——因爲它必然是人人都有的，並且是不可能沒有的，——所以他們就由此結論說[3]——。

368—301*（426）780—433

眞正的本性既經喪失，一切就都變成了它的本性；正如眞正的美好既經喪失，一切就都變成了它的眞正的美好。

275—312（427）450—443

人類並不知道要把自己放在什麼位置上。他們顯然是走入了歧途，從自己眞正的地位上跌下來而再也找不到它。他們到處滿懷不安地而又毫無結果地在深不可測的黑暗之中尋找它。

7—456（428）798—442

如果以自然來證明上帝乃是脆弱性的一種標誌[4]，那就不該輕視聖書；如果認識到這些相反性乃是力量的一種標誌，那就應該尊重聖書。

369—101（429）615—448

人類的卑賤，竟至於向禽獸屈服，竟至於崇拜禽獸。

---

3 據布倫士維格解說：權威、好奇心與肉慾三者在本質上均屬於個人，唯有理性的思想係以普遍的美好爲其對象，它只在於內心的自由，所以每個人都可以同等地獲得它而不必傷害或嫉妒別人。

4 可參看以上有關「一個隱蔽的上帝」各段。

483—309，437（430）570—487

爲波．羅[5]（在已經解說過不可理解性之後再開始）——人類的偉大與可悲是那樣地顯而易見，所以眞正的宗教就必然要教導我們：人類既有著某種偉大的大原則，同時又有著一種可悲的大原則。因而它就必須爲我們說明這些可驚可異的相反性的原因。

爲了使人幸福，它就必須向人們揭示：上帝是存在的；我們有愛上帝的義務；我們眞正的福祉就存在於上帝之中，而我們唯一的罪過就是脫離上帝；它應該承認我們是被黑暗所充滿著，黑暗妨礙了我們去認識上帝和熱愛上帝；這樣我們的義務就迫使我們要愛上帝，而我們的慾念卻使我們背棄上帝，我們是被不正義所充滿著。它必須能向我們說明，我們之所以要對上帝並對我們自己的美好做出這種反對的原因。它必須能教導我們如何去補救這些無能爲力以及獲得這些補救的辦法。讓我們就據此來檢查世界上的各種宗教吧，讓我們看看除了基督教之外，有沒有任何一種別的宗教是能滿足這些的。

提出我們自身之內的美好作爲全部的美好，這就是哲學家了嗎？眞正的美好就在這裡面嗎？他們找到了對我們苦難的補救之道嗎？把人置於與上帝相等的地位[6]，是不是就可以醫治好人們的虛妄了呢？把我們等同於禽獸的那些人，以及給了我們地上的歡樂作爲全部的美好、甚至於是在永生中的美好的那些回教徒，他們是不是就給我們的慾念帶來了補救之道呢？可是，又有哪種宗教能教導我們醫治好驕傲和慾念呢？到底又有哪種宗教能教導我們認識我們的美好、我們的義務，使我們背棄宗教的種種脆弱性，這些脆弱性的原因，能夠醫治它們的補救之道以及獲得這些補救之道的辦法呢？

其他一切的宗教都做不到這一點。讓我們來看上帝的智慧能做出什麼吧！

他說：「不要期待眞理，也不要期待人們的慰藉。我就是那個曾經造成了你的人，唯有我才能教導你知道你是誰。然而你現在已經不是我當初造成你的那樣子了。我創造的人是神聖的、無辜的、完美的；我使他充滿光明和智慧；我把我的光榮和奇蹟傳給他。那時候人的眼睛看見過上帝的莊嚴，他那時候還沒有陷入使他盲目的種種黑暗之中，也沒有陷入使他痛苦的那種死亡和種種可悲之中。然而他卻不能承受這樣大的光榮而不淪於虛妄。他想使自己成爲自己的中心，而不靠我的幫助。他躲避我的統轄；於是，由於他渴望在自身之中尋求自己的福祉而使他自己能與我對等，我就把他委棄給了他自己；並且我使原來對他俯首聽命的

5　「爲波・羅」讀作「爲波・羅雅爾而作」。本段係帕斯卡爾爲參加波・羅雅爾的一次會議而寫的論綱。

6　指愛比克泰德與塞內卡；愛比克泰德認爲智者是上帝的客人，塞內卡認爲智者超出上帝。

被創造物都起來反抗，使它們都成了他的敵人：從而人類今天就變得有似於禽獸，並且是那樣地遠離了我，以至於他差不多再也沒有一點對他的創造者的朦朧的光明了；他的全部知識都已經熄滅與混亂到了那種地步！獨立於理智之外並且往往成爲理智的主宰的感官，把他引向追求歡樂。一切被創造物不是在刺痛他就是在引誘他，並且不是在以其力量屈服他就是在以其甜蜜迷惑他，從而便統治了他；這是格外可怕而又格外橫暴的一種統治。

「這便是人類今天所處的狀態。他們也還殘存著他們第一天性之中的某些微弱無力的幸福本能，但他們卻已投身於已經成爲他們第二天性的那種盲目與慾念的可悲狀態之中了。」

「從我向你們所指示的這條原則，你們就可以認識那麼多的相反性的原因了；這些相反性曾經使得人人都驚異，並把他們分爲如此之分歧的各種情操。現在就來觀察一下那麼多可悲的考驗所無法窒息的那種偉大與光榮的全部運動吧，就來看看其原因是不是必定不會在另一種天性之中吧。」

爲明天的波．羅而寫（擬人式）——「人們啊！你們在你們的自身之中尋求對你們那種可悲的補救之道，那是枉然的。你們全部的光明所能達到的只不過是認識到，你們絕不會在你們自身之中找到眞理或者美好。哲學家們曾向你們這樣允諾過，而他們並沒有做到。他們既不知道你們眞正的美好是什麼，也不知道你們眞正的狀態是什麼。[7]他們對你們的禍患連認都不認得，又怎麼能提供補救之道呢？你們的大患就在於引你們脫離上帝的驕傲和把你們束縛於地上的慾念；而他們所做的事卻無非至少也是在培養這兩種大患中的一種。如果他們向你們提出以上帝爲目的，那也不過是爲了激起你們的高傲；他們使你們想到，你們由於你們的本性就類似於並且吻合於上帝。而那些看出了這種提法的虛妄的人，則又把你們投上了另一個懸崖絕壁；他們使你們理解到你們的本性和禽獸的本性是相像的，並引你們到動物也享有的種種慾念裡面去追求你們的美好。可以治療你們不義的辦法並不在這裡，那是這些聰明人根本就不認識的。唯有我才能使你們理解到你們是什麼，而[8]……。

亞當，耶穌基督。

如果你們與上帝合一，那乃是由於神恩，而不是由於天性。如果你們屈卑，那乃是由於懺悔，而不是由於天性。

---

7 按初稿中此處尚有如下的話：「我是唯一能使你們認識這些東西的人；凡是諦聽我的，我就把這些教給他們。我所付給人們手中的書籍將十分明晰地揭示這些；但我並不願意這些知識如此公開。我教給人們以可能使他們幸福的東西。爲什麼你們拒絕諦聽我呢？不要在大地上尋求滿足吧，不要希望人間的任何東西吧；你們的美好只在上帝之中，最高無上的福祉就在於認識上帝，就在於使自己在永恆之中永遠與上帝結合。你們的義務就是要全心全意愛上帝。他創造了你們……。」

8 此處頁邊原有下列字樣，後被塗掉：「我並不要求你們盲目信仰。」

因而，這種雙重的能力……。

你們並不是處於你們被創造時的狀態。

這兩種狀態既然都是公開的，所以你們就不可能不認識它們。追索你們的行動吧；觀察你們自己吧，看看你們是不是不能發現這兩種天性的活生生的特徵吧。在單一的主體裡能發現有這麼多的矛盾嗎？

不可理解。——一切不可理解的並沒有中止其存在[9]。無窮數。無限的空間等於有限。

——上帝與我們合一，這是無法置信的。[10]——這種想法僅只是從我們卑賤的觀點得出來的。但假如你對它的確是眞誠的話，那麼就請追隨它也像我走得一樣遠吧；就請承認我們確實是那樣卑賤，以致我們只憑自己並不能認識上帝的仁慈是否會使我們配得上他。因爲我很願意知道這種動物——他們承認自己是那麼地脆弱——何以能有權來衡量上帝的仁慈並給他加以自己的幻想所提示的種種限制。他對於上帝是什麼知道得那麼少，以至於他也並不知道他自己是什麼；而且他對於他自己狀態的看法也是完全混亂的，所以他不敢說上帝就不能使他有能力與上帝交通。

可是我要問他，除了認識上帝因而愛上帝之外，上帝是否還向他要求別的東西；他既然天生能夠熱愛又能夠有知識，何以他相信上帝就不能使自己爲他所認識並爲他所熱愛？毫無疑問，他至少認識他自己是存在的並且是熱愛某些東西的。因而，假如他在自己所處的黑暗之中窺見了某些東西，假如他在地上的事物之中發現了有某些可愛的主題；那麼——假使上帝給了他以上帝自己的本質的某些光芒的話，——爲什麼他就不能用使得上帝高興與我們相交通的那種方式來認識上帝並熱愛上帝呢？因此，在這類推理過程之中毫無疑問地包含有一種站不住腳的假設，儘管它看來彷彿是奠立在一種外表上很謙遜的基礎之上的樣子，但假若它不能使我們承認：我們自身既不知道我們是什麼，所以只能是從上帝那裡學到這一點，那麼它就既不是眞誠的，也不是合理的。

「我的意思並不是要你把自己的信仰毫無理由地屈從於我，我也不是想以專制來壓服你。我也並不自命能向你說明一切事物的道理。爲了調和這些相反性，我想以令人信服的證明使你明確地看到我身上的神聖的標誌，它們會使你信服我是什麼，並以你所不能拒絕的奇蹟和證明而給我帶來權威；於是你就可以毫不……[11]地相信我所教導你的那些東西，當你除了根據你自身並不能認識它們的是非之外就再也找不到別的理由可以拒絕它們的時候。

9　這句話在手稿中是單獨寫在頁旁的。

10　這是作者所假設的反詰，下面是作者對這一反詰的答覆。

11　按此處原手稿中「毫不」下遺漏一個副詞。謝瓦里埃《帕斯卡爾全集》本此處作「毫不遲疑」。

「上帝願意救贖人類，並對追求得救的人們敞開得救之門。然而人類卻使他們自己那樣地不配得救，以至於上帝由於某些人的頑固不化的緣故，便拒絕給他們以他出於仁慈——這種仁慈本不是這些人的應份——而賜給別人的東西；這是完全正當的。假設他曾願意克服最頑固不化的人的扭執的話，那麼他只需向他們那麼昭彰地顯示出自己來，使得他們無法懷疑他那本質的眞實，就可以做到這一點了；就像到了世界末日將會出現的那樣，那時將充滿著雷霆的巨響與自然界的顚倒混亂，以致死者將要復活而最盲目的人也將要看見。」

「他想在他的仁慈來臨之中顯現，但不是以這種方式：因爲既然有那麼多的人都使自己配不上他的仁恩，所以他就願意讓他們被剝奪了他們所並不想要的那種美好。因而，他若是以一種昭彰顯著的神明的方式而出現並絕對能令所有的人都信服，那便是不恰當的了；然而，他若以如此之隱蔽的一種方式而到來，以致他竟不能被那些眞誠在追求他的人們所認識，那也是不恰當的。對那些人，他確曾願意使他自己完全能被認識；這樣，他既願意公開地向那些全心全意在追求他的人顯現，而又要向那些全心全意在躲避他的人隱蔽起來，他便節制了人們對他的認識，從而他就使得自己的標誌爲那些追求他的人看得見，而又爲那些不追求他的人看不見。對那些一心渴望看得見的人，便有足夠多的光明；而對那些懷著相反的心意的人，便有足夠多的幽晦。」

388—394（431）816—489

沒有任何別的宗教曾經認識到人是最優越的被創造物。有的宗教很好地認識到了人的優越性的眞實，便把人類對自己本身天然所懷有的卑賤情操當作是卑鄙可恥和忘恩負義；而另有的宗教很好地認識到了那種卑賤是何等地有效，便以一種高傲的譏諷來對待同樣是屬於人們天然所有的那些偉大的情操。

有的宗教說：「抬起你的眼睛仰望上帝吧；看看上帝吧，你是和他相類似的，而他創造了你就是爲了崇拜他。你可以使自己和他類似；只要你願意追隨智慧，智慧就將使你和他相同。」愛比克泰德說：「自由的人們啊，抬起你們的頭來吧。」[12]另有的宗教則向人說：「低下你們的眼睛俯視地面吧，你們只是一些可憐的蟲豸，看看禽獸吧，你們就是它們的同伍。」

然而，人類將會變成什麼呢？他們將等同於上帝呢，還是等同於禽獸呢？何等可怕的距

---

12 引文見愛比克泰德《談話錄》卷一、第十八章、第二十節。

離啊！然而，我們將成爲什麼呢？從這一切裡，誰還能看不到：人類已經走入歧途，人類已經從自己的位置上墮落下來，他們滿懷不安地在追求他，但再也不能找到他。然而，誰能引導他們到那裡呢？最偉大的人也沒有能做到這一點。

384—295（432）789—491

懷疑主義是眞確的。因爲畢竟人類在耶穌基督的面前並不知道自己究竟是在哪裡，也不知道自己究竟是偉大還是渺小。而那些曾說過是前者或者是後者的人們，也對此一無所知，只是毫無道理地根據偶然在猜測；而且他們在摒棄前者或者後者時，總是會犯錯誤的。

Quod ergo ignorantis quaeritis, religio anuntiat vobis.[13]

426—409（433）523—479

在**已經理解了全部的人性以後**——要使一種宗教成爲眞的，它就必須認識我們人性。它就應該認識人性的偉大與渺小，以及這兩者的原因。除了基督教徒之外，誰又曾認識這些呢？

438—246（434）223—492

懷疑主義者的主要力量[14]——我撇開次要的——就是，在信仰與啓示之外，除非我們根據自己身上天然所感受到的東西，否則就無從確定這些原則是不是眞理。然而這種天然的感受並不是有關它們眞理的一種令人信服的證明；因爲既然除了信仰之外就不能確定人類究竟是被一個善良的上帝、還是被一個作惡的魔鬼[15]所創造的，抑或只是出於偶然，所以我們

---

13 〔凡是你們無知無識而在尋求著的東西，宗教就會告訴你們。〕《使徒行傳》第十七章、第二十三節：「你們所不識而敬拜的，我現在告訴你們。」按引文與原文意義顯然不同。

14 波・羅雅爾本在本段開頭尚有如下的話：「人性之中最奇怪的東西莫過於我們在一切事物裡都會發現相反性了。人是爲了認識眞理而生的，他熱烈地渴望眞理，他尋求眞理；然而當他力圖掌握眞理時，他就繚亂顚倒到這樣的地步，以致對於是不是掌握了眞理竟然引起了爭論。這就是產生了懷疑主義者與教條主義者這兩派的原因，其中一派想要取消人對眞理的一切知識，另一派卻力圖肯定它，然而兩者的理由都是如此薄弱，所以它們就只會增加人的混亂與惶惑，因爲人除了在自己天性中所發現的光明之外，就再沒有別的光明。」

15 笛卡兒《沉思錄》第一編曾提示可能存在一個作惡的魔鬼，此處的論證全仿笛卡兒。

所接受的這些原則究竟（就我們的根源來說）是眞是假還是不確定，也就有疑問了。還有，除了信仰之外就沒有人能有把握說自己究竟是醒著的還是睡著的；這是由於我們在睡夢中堅信自己是醒著的，正如我們眞正醒著時一樣，我們相信看到了空間、數目和運動，我們感到了時間流逝，我們計算著它；並且最後我們還像醒著一樣地在行動著；從而根據我們的自白，一生就有一半是在睡夢中度過的，這時不管它向我們表現什麼樣子，但我們並沒有任何眞確的觀念；既然我們這時的一切感受都是幻象，那麼誰又能知道一生中我們自以爲是醒著的那一半，就不是另一場與前一次（當我們自以爲是睡夢時，我們卻從其中醒了過來的）略有不同的夢了呢？

（假如我們夢見在一起，而這些夢又偶然相符，——這是常有的事，——而我們醒來卻是孤獨的，那麼誰又能懷疑我們竟會不相信事情是被顚倒過來的呢？最後，我們既然常常夢見我們在做夢，夢上加夢，那麼難道不可能我們一生中自以爲是醒著的那一半，其本身也就只不過是一場夢境而已嗎？其他的夢就都是嫁接在這場夢上面，這場夢我們要到死才會醒過來，而在這場夢中我們所具有的眞與善的原則，就正像在自然的夢裡是同樣地稀少；或許這些激盪著我們的種種不同的思想都只不過是幻念，正如時間的流逝或者我們夢中的幻景那樣？）

以上便是雙方的主要論據之所在。

我將撇開次要之點，例如懷疑主義者所提出的反對習俗、教育、風尙、國度的影響以及諸如此類的言論；這些東西儘管束縛著絕大部分只會根據這類虛幻的基礎而進行教條化的普通人，卻被懷疑主義者不費吹灰之力就給推翻了。如果這還不足以說服我們，那麼我們只需看一看他們的書，我們立刻就會被說服的，或許還嫌太多了呢。

我要談一下教條主義者獨一無二的強點，那就是當我們滿懷信心並眞誠地在講話的時候，我們是無法懷疑自然的原則的。懷疑主義者則用我們起源（其中包括我們天性）的不可靠性這些字樣來反駁這一點；而教條主義者自從世界存在以來就一直在對此進行答辯。

這是一場人與人之間的公開戰爭，每個人都必定要參與這場戰爭的，並且必然地不是站到教條主義的行列，就是站到懷疑主義的行列。因爲凡是想要保持中立的人首先就是懷疑主義者；這種中立性就是猶太神祕哲學的本質：凡不反對他們的人就是出色地在擁護他們。〔他們的優點就表現在這裡〕他們並不擁護他們自己，他們是中立的、無動於衷的，對一切都置身局外，對自己也不例外。

然而，人在這種狀況之下該怎麼辦呢？他將懷疑一切嗎？他將懷疑自己是醒著的嗎？是有人在針刺他嗎？是有人在火燒他嗎？他要懷疑自己是否在懷疑嗎？他將懷疑自己是否存在嗎？[16]我們並不能達到這種地步；並且我還要指出，事實上從來就不曾有過完全澈底的懷疑

16　可參看笛卡兒《沉思錄・沉思Ⅰ》，《哲學原理》第一部，原理Ⅰ－Ⅶ。

主義者。天性在支持著軟弱無力的理性，並且禁止它誇大到那一步。

然而反之，他將要說他確實是掌握了眞理嗎？但禁不起別人一追究，他就只好表明自己並沒有任何資格這樣說，並且不得不放棄自己的據點。

因而，人是怎樣的虛幻啊！是怎樣的奇特、怎樣的怪異、怎樣的混亂、怎樣的一個矛盾主體、怎樣的奇觀啊！既是一切事物的審判官，又是地上的蠢材；既是眞理的貯藏所，又是不確定與錯誤的淵藪；是宇宙的光榮而兼垃圾。

誰能來排解這場糾紛呢？[17]天性挫敗了懷疑主義者，而理智又挫敗了教條主義者。人們啊，你們在以你們的天賦的理智探索你們的眞實情況到底是什麼樣子，但你們自己將會變成什麼樣子呢？你們既不能躲避這兩派之中的一派，又不能支持任何一派。

高傲的人們啊，就請你們認識你們自己對於自己是怎樣矛盾的一種悖論吧！無能的理智啊，讓自己謙卑吧；愚蠢的天性啊，讓自己沉默吧；要懂得人是無限地超出於自己的，從你的主人那兒去理解你自己所茫然無知的你那眞實情況吧。諦聽上帝吧！

因爲歸根結底，假如人從來就不曾腐化，那麼他就會確有把握在他的清白無辜之中既享有眞理又享有福祉了；而假如人從來就只是腐化的，那麼他就既不會對眞理也不會對賜福具有任何觀念了。然而，儘管我們是不幸的，——這更有甚於假如我們的境況之中根本就沒有偉大，——我們卻既有著對幸福的觀念，而又不能達到幸福；我們既感到眞理的影子，而又只掌握了謊言；我們既不能絕對無知，而又不可能確實知道，所以我們曾經處於一種完美的境界而又不幸地從其中墮落下來，也就是再明顯不過的了。[18]

然而最可驚異的事卻是：距離我們知識最遙遠的神祕——也就是罪惡的傳遞這一神祕[19]——竟是這樣一種東西，沒有它我們就不能夠對我們自己具有任何知識！因爲毫無疑問，沒有什麼比這種說法更能震驚我們理智的了，說是最初的人的罪惡竟使得那些如此之遠離這一根源並且似乎是不可能參與這一罪惡的人也要有罪。這種傳授在我們看來不僅是不可能的，而且甚至於似乎是非常之不公正的；因爲爲著一個不可能有意志的嬰兒似乎是那麼與

17　按此處原作：「毫無疑問，這一點是超乎教條主義者與懷疑主義以及人間的一切哲學之上的。人是超乎人之上的。但願我們承認懷疑主義所那麼大聲疾呼的東西吧：眞理並不是屬於我們的能力和我們的活動範圍之內的，它並不在地上，它的家在天上，它居住在上帝的懷裡，我們只有按他所高興啓示給我們的，才能認識它。因此，就讓我們從這種不是被創造的，而是道成肉身的眞理裡面學習我們眞正的本性吧。」

18　此處原有如下字樣：「因此讓我們想像，人的境況乃是雙重的。因此讓我們想像，人是無限地超出於人之外的，而且不靠信仰的幫助他自己對於自己就是不可思議的。因爲誰能看不出若是沒有這種對於人性的兩重境況的知識，我們就要對於我們自己的人性陷於無法克服的無知之中呢。」

19　「罪惡的傳遞這一神祕」指原罪。

之無關的一種罪惡——那是在他尚未出生的六千年[20]之前就犯下了的——而永恆地懲罰一個嬰兒；還能有什麼比這更加違反我們可憐的正義準則的呢？的確沒有什麼能比這種學說更粗暴地觸犯我們了；然而，沒有這一切之中最不可理解的神祕，我們就對於我們自己是不可理解的。我們境況的癥結在這一深淵裡是迴環曲折的；從而人如果沒有這一神祕，就要比這一神祕對人之不可思議更加不可思議。

〔由此看來，彷彿是上帝願意使有關我們生存的難題爲我們本身所不能理解似的，所以他才把這個癥結隱蔽得那麼高，或者最好是說隱蔽得那麼深，以至於我們完全不可能達到它；從而就不是由於我們理智的高傲的活動而是由於理智的樸素的屈服，我們才能眞正認識自己。

這些根據宗教之不可侵犯的權威而牢固奠定的基礎，就使我們認識到信仰有兩條同等永恆不變的眞理：一條是人類處於創世紀的狀態或者說處於神恩的狀態時，是被提高到整個自然界之上的，他們被創造得有似於上帝並且分享上帝的神性；另一條是人類在腐化與罪惡的狀態時，他們就從前一種狀態之中墮落下來並且淪爲與禽獸相似。

這兩條命題是同樣地堅固而確實。聖書明明白白向我們宣布過它們，聖書在有些地方說：Deliciae meae esse cum filiis hominum[21]。Effundam spiritum meum super omnem carnem[22]。Dii estis。[23]等等；而在另外的地方又說：Omnis caro foenum。[24] Homo assimilatus est jumentis insipientibus, et similis factus est illis[25]。Dixi in corde meo de filiis hominum。《傳》第三章[26]。

由此看來，顯然人類是由於神恩而被創造得有似於上帝並分享他的神性；但沒有神恩，人類就有似於赤裸裸的禽獸了。」

---

20 「六千年之前」爲傳說中亞當的年代。

21 〔我的喜悅與世人在一起。〕《箴言》第八章、第三十一節：「喜悅住在世人之間。」

22 〔我要把我的精神傾注在一切肉身上。〕《以賽亞書》第四十四章、第三節：「我要將我的靈魂灌你的後裔。」《約珥書》第二章、第二十八節：「我要將我的靈澆灌凡有血氣的。」

23 〔你們是神。〕《詩篇》第八十二篇、第六節：「你們是神。」

24 〔一切血肉都是腐草。〕《以賽亞書》第四十章、第六節：「凡有血氣的盡都如草。」

25 〔人沒有思想就可以比作禽獸，並且變成它們的同類。〕《詩篇》第四十九篇、第二十節：「人在尊貴中而不醒悟，就如死亡的畜類一樣。」

26 〔我心裡在說爲了世人。〕《傳道書》第三章、第十八節：「我心裡說這乃爲世人的緣故。」

439—402（435）751—493

沒有這種神聖的知識，則除了要麼就是在他們以往的偉大所遺留給他們的那種內心的情操之中提高自己，要麼就是在他們現有的脆弱的景象之中自甘墮落，此外人類又還能做什麼呢？[27]因爲看不見全盤的眞理，他們就不能達到完美的德行。有人把天性看成是完美無瑕的，另有人則看成是不可救藥的，於是他們就無法逃避一切邪惡的這兩大根源：即，不是驕傲，便是怠惰；因爲〔他們〕只〔能〕要麼是由於怯懦而委身於它，要麼便由於驕傲而脫離它。因爲如果他們認識人的優異性，他們就會忽視人的腐化，從而他們雖則很能避免怠惰，卻陷入於高傲；而如果他們承認天性的不堅定，他們就會忽視天性的尊嚴，從而他們雖然很能避免虛榮，但這又墜入於絕望之中。由此便產生了斯多噶派與伊比鳩魯（Epicurus）派、教務派與學院派等等各式各樣的派別。

唯有基督的宗教才能治療這兩種邪惡，但並不是以世俗的智慧，由其中的一種驅除另一種，而是以福音書的樸素同時驅除這兩者。因爲它教導正義的人說，它可以提高他們直到分享神性本身；但在這種崇高的狀態中，他們卻仍然帶有使他們終生屈從於錯誤、可悲、死亡、罪惡的全部腐化的根源。它又向最不虔敬的人宣告說，他們也能夠得到他們救主的神恩。這樣，就既使得爲它所認可的那些人戰慄而又慰撫了它所懲罰的那些人，於是它就以人人所共同的那種神恩與罪惡的雙重能力而那麼公正地以希望緩衝了恐懼。從而，它要比單獨以理智所能夠做到的更加無限地使人謙卑，但又不令人絕望；它又比天性的驕傲更加無限地使人高尚，但又不令人頭腦發脹：它使人由此便很好地看到，既然唯有它才能免於錯誤與邪惡，所以就只有它才既能教誨人類而又能矯正人類。

因而，有誰能拒絕使人信仰它們和崇拜它們的那種上天的光明呢？因爲我們在我們自身之中就感到了優異性的不可泯滅的特徵，這難道不是比白日還更加明白的事嗎？而我們又無時無刻不在體驗著我們可哀嘆的情況的作用，這難道不也是同樣眞確無疑的嗎？因而，這種混沌與可怕的混亂除了是以一種如此之有力乃至不可能加以抗拒的聲音在向我們宣布這兩種狀態的眞理之外，又還能是什麼別的呢？

---

27 此處初稿作：「他們處在無力窺見完全的眞理之中，又能做什麼呢？假如他們認識我們境況的尊嚴，他們就會忽視其中的腐化；否則，假如他們認識其中的不堅定，他們就會忽視其中的優異性；並且無論追尋這兩條道路中的哪一條來觀察天性，無論把天性看作是完美無瑕的或者是看作不可救藥的，他們都會隨著他們的想法不是墮入高傲，就是陷於絕望；於是除了與錯誤相混淆之外就再也看不見眞理，而他們也就不會有德行。」

197—65，97（436）444—494

脆弱性——人的一切職業都是爲了獲得財富；但他們不會有資格表明他們是根據正義而享有財富的，因爲他們有的只不過是人類的幻想，他們也並無力量可以安然享有財富。關於知識[28]，情形也是一樣。因爲疾病就可以把它奪走。我們既不能得到眞理，也不能得到財富。

270—125（437）430—424

我們希望眞理，而在自己身上找到的卻只是不確定。

我們追求幸福，而我們找到的卻只是可悲與死亡。

我們不可能不希望眞理和幸福，而我們卻既不可能得到確定也不可能得到幸福。這種願望被留下給我們，既是爲了懲罰我們，同樣也是爲了使我們感到我們是從何處墮落的。

415—247（438）511—434

如果人不是爲了上帝而生的，爲什麼他又只是在上帝之中才感到幸福呢？[29] 如果人是爲了上帝而生的，爲什麼他又如此之違背上帝呢？

422—132（439）566—435

腐化了的天性——人根本就不是根據構成他那生命的理智而行動的。[30]

---

28 手稿中「知識」作「知識、快樂」。

29 奧古斯丁《懺悔錄》第一卷、第一章：「你啊，我們是爲你而生的，我們的心永遠不安，直到它能在你那裡安息爲止。」

30 拉羅什福柯《箴言集》第62：「我們並沒有足夠的力量來追尋我們全部的理性。」

423—609*（440）796—263

理智的腐化表現爲有那麼多的不同而奇異的風尚。爲了使人不再留滯於其自身之中，就一定要有眞理到來。

421—130*（441）581—246

就我而言，我承認當基督宗教一旦指示了這條眞理，即人性已經腐化並且是從上帝那裡墮落下來的，它就開啓了我的眼睛到處都看到這一眞理的特徵：因爲人性是這樣的，它處處都標誌著一個被失去了的上帝和一個腐化了的天性，既在人身之內，也在人身之外。

428—37（442）771—247

眞正的人性、人的眞正的美好和眞正的德行以及眞正的宗教，都是和知識分不開的東西。

427—252（443）578—469

•偉•大、•可•悲——隨著我們所具有的光明越多，我們所發現人類的偉大和卑賤也就越多。普通人——那些更高級的人：哲學家，他們使得普通人驚異；——基督徒，他們卻使得哲學家驚異。

因而，宗教只不過是使我們深刻地認識到我們越有光明就越會認得東西而已；誰又會看到這一點而感到驚異呢？

833—4366（444）795—231

這種宗教所教給它的兒女的，乃是人類以其最大的光明才能認識的東西。

448—323*（445）645—232

原罪在人們面前是愚蠢的，然而它卻被給定如此。因而你就不應該責備我在這個學說上沒有道理，因爲我給定它就是沒有道理的。但是這種愚蠢要比人類的全部智慧都更加有智慧，sapientius est hominibus[31]。因爲若沒有這一點，我們將會說人是什麼呢？他的全部狀態都有賴於這一不可察覺之點。既然它是一件違反理智的東西，並且既然人的理智遠不能以自己的辦法創造它，而當使它向理智呈現的時候，理智也會遠離它；那麼它又怎麼能被人的理智所察覺呢？

421—537[*]（446）510—559

論原罪。猶太人關於原罪的大量傳說。[32]

關於《創世紀》第八章中的話。人從幼時起心性就是惡。[33]

摩西．哈達爾商（R. Moïse Haddarschan/Moses ha-Darshan）說：這種惡的酵素是從人一形成的時候，就被置諸人身之中的。

馬色賽．蘇迦（Masseahet Succa）說：這種惡的酵素在聖書中有七個名字，叫作惡、陽皮、不潔、敵人、誹謗、石頭的心、北風，這一切都指隱藏並烙印在人心之中的惡意。

米斯德拉．蒂里姆（Misdrach Tillim/Midrasch Tillim）[34]說過同樣的話，並且說上帝將從惡的人性中解救出善良的人性來。

這種惡意每天都不斷翻新地在反對著人類，就像《詩篇》第三十七篇所寫的：「不虔信者窺伺著義人，乘機殺害他；但上帝絕不會拋棄他。」[35]這種惡意在今生誘惑人心，而在來生則將控訴他。這一切都見於塔木德[36]。

米斯德拉・蒂里姆論《詩篇》第四篇「你們應當戰戰兢兢，不可犯罪」[37]說：你們應

---

31 〔要比人更有智慧。〕《哥林多前書》第一章、第二十五節：「因上帝的愚拙總比人有智慧。」

32 按本段所提及的各種說法都出自一部中世紀的著作，題名爲《基督徒之劍：用以刺不虔敬者而尤其是猶太人的奸詐》（*Pugio christianorum ad imperiorum perfidiam jugulandam et maxime judaeorum*）。此書原爲十三世紀時西班牙加泰隆尼亞的多明我派僧徒雷蒙・馬丁（Raimond Martin）所作，一六五一年鮑斯格（Bosquet）刊行於巴黎，被帕斯卡爾誤認爲是一部同時代人的著作。此處所引的各條均出自該書第三部中有關原罪的部分。

33 《創世紀》第八章、第二十一節：「人從小時心裡懷著惡念。」

34 按摩西・哈達爾商（R. Moïse Haddarschan，即 Moses ha-Darshan，約當西元十一世紀後半葉）、馬色賽・蘇迦（Masseahet Succa）、米斯德拉・蒂里姆（Misdrach Tillim，即 Midrasch Tillim）均爲猶太經師。

35 《詩篇》第三十七篇、第三十二至三十三節：「惡人窺探義人，想要殺他。耶和華必不撇他在惡人手中。」

36 塔木德（Talmud）爲有關猶太經典米書拿（Mischna，即 Mishnah）的各種著作的結集。

37 《詩篇》第四篇、第四節：「你們應當畏懼，不可犯罪。」

當戰戰兢兢並戒懼自己的慾念，這樣它就不會引你們犯罪了。又論《詩篇》第三十六篇「不虔信者在自己的心裡說，但願我面前不存在什麼怕上帝」；[38]這就是說，人的天賦的惡意已經把這一點告訴給不虔信者了。

米斯德拉．柯艾勒。「貧窮而有智慧的孩子，勝於年老、愚昧而不能預見未來的國王」[39]。孩子便是德行，而國王便是人類的惡意。它之所以被稱為國王，是因為全部的肢體都服從他；之所以被稱為年老，是因為它自幼至老都在人心裡面；之所以被稱為愚昧，是因為它引人陷入人所沒有預見的〔毀滅〕[40]的道路。

米斯德拉．蒂里姆經也有同樣的話。

貝萊希．拉比論《詩篇》第三十五篇「主啊，我的每根骨頭都向你感恩，因為你解救窮困者脫離暴君」[41]；難道還有比惡的酵素更大的暴君嗎？又論《箴言》第二十五章「如果你仇敵餓了，就給他吃的」；[42]這就是說，惡的酵素如果餓了，就給它吃《箴言》第九章所說到的智慧的麵包[43]；如果它渴了，就給它喝《以賽亞書》第五十五章[44]所說到的水。

米斯拉德．蒂里姆說過同樣的話；並說聖書在這個地方談到我們的敵人時，就是指惡的酵素：並說在〔給〕它以這種麵包和水的時候，我們就把煤炭堆在了他的頭上。

米斯德拉．柯艾勒論《傳道書》第九章「一位大王圍攻一座小城」[45]。那個大王就是惡的酵素，他所用以包圍它的那些大營壘便是誘惑，但他卻發現有一個貧窮而有智慧的人，——也就是說德行。

又論《詩篇》第四十一篇：「眷顧窮人的人有福了。」[46]

又論《詩篇》第七十八篇：「精神是一去不復返的」[47]；有人據此就抓住錯誤的題目來反對靈魂不朽；然而其意義卻是：這種精神就是惡的酵素，它伴隨著人直到死，而在復活時

38《詩篇》第三十六篇、第一節：「惡人的罪過在他心裡說，我眼中不怕上帝。」

39《傳道書》第四章、第十三節：「貧窮而有智慧的少年人，勝過年老不肯納諫的愚昧王。」

40 按「毀滅」（perdition）一詞原文作「情況」（condition），此處據弗熱本改正。

41《詩篇》第三十五篇、第十節：「我的骨頭都要說，耶和華啊，誰能像你救護困苦人，脫離那比他強壯的。」

42《箴言》第二十五章、第二十一節：「你的仇敵若餓了，就給他飯吃。」

43《箴言》第九章、第四至六節：「智慧又對那無知的人說，你們來吃我的餅，喝我調和的酒；你們愚蒙人，要捨棄愚蒙就得存活，並要走光明的道。」

44《以賽亞書》第五十五章、第一節：「你們一切乾渴的都當就近水來。」

45《傳道書》第九章、第十四節：「就是有一小城其中人數稀少，有大君主來攻擊，修築營壘，將城圍困。」

46《詩篇》第四十一篇、第一節：「眷顧貧窮的有福了。」

47《詩篇》第七十八章、第三十九節：「他想到他們不過是血氣，是一陣去而不返的風。」

也不會再回來。

又論《詩篇》第一〇三篇有同樣的話。

又論《詩篇》第十六篇[48]。

425—717（447）705—230

我們能說，由於人們說過正義已經離開了大地，所以人們就已經認識了原罪嗎？——Nemo ante obitum beatus est[49]；這是說，他們已經認識到永恆而眞正的福祉是從死亡開始的嗎？

417—145*（448）765—445

〔米東〕[50]很好地看出了天性是腐化的，而人類又是與誠實背道而馳的；不過他卻不知道他們何以不能飛得更高。

418—42*（449）585—89

・順・序——在論腐化以後，要說：「要所有處於這種狀態的人，無論是喜歡它的人還是不喜歡它的人，都認識它，這是公正的；但是要人人都看到得救，那就是不公正的了。」

419—427（450）601—490

如果我們並不認識自己充滿著高傲、野心、慾念、脆弱、可悲與不義，那麼我們就的確是瞎子。但如果我們雖認識它卻並不想要得救，那麼我們又該說一個人……什麼呢？

因此，除了尊重一種對人類的缺點認識得是那麼透澈的宗教之外，除了渴望一種能允諾

---

48 按抄本中此處附有如下一行：「拉比的原則：兩個彌賽亞。」

49 〔沒有人在死前是幸福的。〕語出奧維德（西元前四十三至西元十七年）《變形集》第三篇，135。

50 「米東」（Miton，爲作者友人）在手稿中作「馬東」（Marton）。這個錯誤可能因爲本段是帕斯卡爾的口授，而非親筆所寫。

那麼值得願望的補救之道的宗教眞理之外；我們還能做什麼呢？

134—404*（451）228—233

人人都是天然彼此爲仇的。我們在盡可能地運用慾念，好使它爲公共福利而服務；但這只不過是僞裝，是仁愛的假象，因爲它歸根結底只不外乎是仇恨。

133—199（452）565—234

憐憫不幸的人並不違反慾念。相反地，我們可以很容易拿出這種友好的證據來獲得溫厚的名聲而不必付出任何代價。

135—405（453）559—236

我們根據慾念而奠定了並籀繹出種種值得讚美的政治的、道德的與正義的準則；然而歸根結底這一人類的邪惡根源，這一 figmentum malum[51]，只不過是被遮掩起來而已，它並沒有被消除。

137—122（454）201—237

不正義——他們[52]並沒有發現別的辦法可以滿足慾念而又不傷害別人。

136—141（455）863—238

自我[53]是可恨的：而你，米東，你卻在掩飾它，你並沒有因此而取消它；因而你就永遠是可恨的。——不然，因爲像我們這樣在盡義務爲所有的人效勞的時候，我們就不再有藉口可以恨我們自己了。[54]——的確如此，假如我們所仇恨於自我的只不過是由此而產生的不愉

51 〔罪惡的創造〕語出《詩篇》第一〇二篇、第十四節。

52 布倫士維格注：「他們」指誠實的人，誠實的人想能夠同時滿足自己與社會。

53 波・羅雅爾本此處附有如下的注釋：「作者在下述思想中所使用的『自我』一詞，僅僅是指自愛心。這個名詞是他的一些朋友們所慣用的。」

54 這句插話是作者所假設的反詰。

快的話。然而，如果我仇恨它，是因爲它是不正義的，是因爲它使自己成爲一切的中心，那麼我就永遠都要仇恨它了。

總之，**自我**有兩重性質：就它使自己成爲一切的中心而言，它本身就是不義的；就它想奴役別人而言，它對於別人就是不利的，因爲每一個**自我**都是其他一切人的敵人並且都想成爲其他一切人的暴君。你可以取消它的不利，卻不能取消它的不義；因此，你並不能使它對那些恨它不義的人變得可愛，你只能使它對那些在其中不再發現有自己的敵人的不義之人變得可愛。因此，你始終是不義的，並且只能討不義的人的喜歡。[55]

138—150（456）428—239

沒有一個人不是把自己置於世上其餘一切人之上的，沒有一個人是不愛自己的財富、自己的幸福以及自己生命的延續，更有甚於世上其餘一切人的財富、幸福與生命的；這是出於怎樣一種顚倒的判斷啊！

139—164（**457**）577—240

每個人對於他自己就是一切，因爲自己一死，一切對於自己就都死去了。由此而來的是，每個人都相信自己對於所有的人就是一切，[56]所以我們絕不可根據我們自己來判斷天性，而是必須根據天性。[57]

696—696（**458**）622—241

「凡是屬於世界上的一切，都是肉體的慾念，或眼睛的慾念，或今生的驕傲：libido

---

55 拉・布魯意葉《人論》：「人由於其本性，就要高傲地想著自己，並且只能是這樣想著自己。」

56 《哥林多前書》第九章、第二十二節：「向什麼樣的人我就做什麼樣的人。」布倫士維格以爲作者此處係反其意而用之。

57 據布倫士維格解說，這句話的意思是：我們不應根據自己的感覺判斷人性，而是應該根據人世生活的現實來判斷人性。

sentienti, libido sciendi, libido dominandi」[58]。被這三條火流所燃燒而非被它們所灌溉的這個可咒詛的大地是不幸的！那些站在它們岸邊但沒有被淹沒、沒有被沖走而是屹立不動的人有福了，他們不是站著而是坐在一個低穩可靠的座位上，他們不是在光明面前站起身來，而是安安穩穩地向那個會提高他們好使他們在耶路撒冷的神聖的大門上能夠堅強地站立起來的人伸出手去，那時候驕傲將不再能攻擊他們或打倒他們；然而他們卻在哭泣，並不是由於看到爲洪流所沖走的這一切可毀滅的事物消逝了，而是由於懷念著他們可愛的故土，亦即在他們漫長的流亡中他們所不斷回憶著的那個天上的耶路撒冷！[59]

697—720（459）289—265

巴比倫的河水在奔流，它沖刷而下，席捲而去。啊，聖錫安山，在那裡一切都是穩固的，在那裡沒有什麼會沖掉。

必須坐在岸邊，不是在其下或在其中而是在其上；不是站著而是坐著；是坐著才能謙卑，在其上才能穩固。然而我們將站立在耶路撒冷的大門上。

讓我們看看這種歡樂是穩固的還是流逝的吧；假如它消逝，那它就是一條巴比倫的河水。

698—721（460）567—266

肉體的慾念、眼睛的慾念、驕傲[60]等等——事物有三等：肉體、精神、意志。肉慾的人是富人、君主：他們以肉體爲目的。好奇者和學者：他們以精神爲目的。智者：他們以正義爲目的。

上帝應該統御一切，一切都復歸於上帝。在肉體事物方面，當然由慾念統御著；在精神方面，當然由好奇心；在智慧方面，當然由驕傲。並非我們不能以財富或者以知識爲榮，但那不是驕傲的地方；因爲承認了一個人有學問，我們就不會使他信服他的高傲乃是錯誤的。高傲的當然地點乃是智慧：因爲我們不能承認一個人使自己有智慧並引以爲榮乃是錯誤的；因爲這是正義的。唯有上帝才能賜給智慧；而這就是何以 Qui gloriatur, in Domino

---

58 〔肉體的慾念、眼睛的慾念、驕傲的慾念。〕《約翰一書》第二章、第十六節：「凡世界上的事，就像肉體的情慾、眼目的情慾，並今生的驕傲，都不是從父來的，乃是從世界來的。」

59 弗熱認爲本段思想係出自奧古斯丁對《詩篇》第一三七篇的詮釋：「在巴比倫的洪流上。」

60 見本書上冊第458段。

glorietur。[61]

373—283（461）576—268

三種慾念就形成了三種派別，而哲學家所做的事無非就是追隨三種慾念之中的一種罷了。[62]

378—305（462）862—270

探求眞正的美好——普通人都把美好寄託在幸運上，在身外的財富上，或者至少是在開心上。哲學家已經指出了這一切的虛幻，而把它寄託在自己力所能及的地方。

379—280（463）583—269

〔**反對只要上帝而不要耶穌基督的那種哲學家**。〕

哲學家——他們相信唯有上帝才配爲人愛慕，卻又願望自己爲人愛慕；他們並不認識自己的腐化。如果他們覺得自己充滿了愛慕的感情，並發現了自己主要的快樂就在其中，並且自認爲美好；那也很好。然而假如他們發現自己與之格格不入，假如〔他們〕沒〔有〕任何別的意圖，一心只要樹立別人對自己的尊敬；並且他們爲了全部完美而做的事就只是雖不強迫別人但卻使別人發現自己的幸福就在於愛慕他們；那麼我就要說，這種完美是可怕的。什麼！他們認識上帝，而並不是一心願望人們愛上帝，反倒願望人們停止在他們的面前！他們願意成爲別人自願的幸福目標！

390—281（464）568—271

哲學家——我們充滿著種種要把我們投向自身以外的東西。

我們的本能讓我們感到，我們的幸福必須求之於自身之外。我們的感情把我們推向身

61 〔凡以自己爲榮的，就在上帝之中以自己爲榮。〕《哥林多前書》第一章、第三十一節：「誇口的當指著主誇口」；又可參見《耶利米書》第九章、第二十三至二十四節。關於本段內容，可參見本書下冊第793段。

62 指哲學家所特有的慾念爲驕傲。拉羅什福柯《箴言》第639：「哲學家們，尤其是塞內卡，並沒有以他們的教誡取消罪惡，他們所做的事無非是以驕傲爲基礎來運用罪惡罷了。」

外，即使並沒有什麼對象來刺激它們。身外的對象其本身就在引誘我們，召喚我們，即使我們並沒有想到它們。所以哲學家儘管高談：「返求你自己吧，你將在其中找到自己的美好」；我們卻不相信他們，那些相信他們的人乃是最空虛而又最愚蠢的人。

391—286（**465**）899—272

斯多噶派說：「返求你們自身之內吧！正是在這裡面你們將會找到你們的安寧。」但這並不是眞的。

又有人說：「走出自身之外吧！向你們的歡樂中去尋求幸福吧。」但這也不是眞的。禍害會臨頭的。

幸福既不在我們的身外，也不在我們的身內；它在上帝之中，既在我們身外，又在我們身內。

692—278（**466**）737—267

假如愛比克泰德確實是完全看出了道路，他就該向人說：「你在遵循一條錯誤的道路」；他指出了還有另一條道路，可是他並沒有引到那條道路。那就是願望上帝之所願望的那條道路；唯有耶穌基督才能引到那條道路：Via, veritas。[63]

芝諾（Zeno）本人的罪惡。[64]

691—190（467）741—249

作用的原因——愛比克泰德。那些人說：「你的頭有病」[65]，但這並不是一回事。[66]我們對健康有把握，而對正義卻沒有；事實上他自己的話純屬毫無意義。

然而在他說：「它要麼是我們的能力所及，要麼便不是」的時候，他是相信那是可以證明的。但他卻沒有察覺到調節內心並不在我們的權力之內，他從基督徒存在的這一事實中所

63〔道路，眞理。〕《約翰福音》第十四章、第六節：「耶穌說，我就是道路、眞理、生命。」

64 芝諾（Zeno，西元前三三五至前二六三年）爲斯多噶派的創立人；「芝諾本人的罪惡」指斯多噶派無力保證德行與幸福。

65 語出愛比克泰德《論文集》第四卷、第六章。

66 讀作：「這和正義並不是一回事。」

得出的這個結論乃是錯誤的。[67]

700—414（468）217—923

沒有別的宗教曾經提出過人要恨自己。因此，也就沒有別的宗教能夠使那些恨自己並在追求一個眞正可愛的上帝的人感到喜悅。而正是那些人，即使他們從不曾聽說過有一個謙卑的上帝的宗教，也會馬上擁抱它的。

443—268*（469）588—250

我覺得我可以並不存在，因爲這個我就在於我的思想[68]；因此，這些思想著的我可以並不存在，假如我的母親在我出生以前就被人殺害了的話；因而我就不是一個必然的存在者。我也同樣既不是永恆的，也不是無限的；然而我卻確實看到了自然界中有著一個必然的、永恆的與無限的存在者。[69]

699—728（470）805—252

有人說：「假如我看見了奇蹟，我就會皈依。」他們怎麼能有把握說，他們會做他們自己所茫然無知的事情呢？他們想像著這種皈依就只在於一種崇拜，這種崇拜猶如是在與上帝進行一場交易和一場談判，就像他們爲自己所描繪的那種樣子。但眞正的皈依卻在於要在爲我們所不斷激惱著的，並且可以隨時合法地毀滅我們的那位普遍存在者的面前消滅我們自己，在於承認我們沒有他就什麼也做不到，並且承認除了他的羞辱之外我們就配不上他的任何東西。它就在於認識上帝與我們之間有著一種不可克服的對立，並且若是沒有一個媒介者就不可能有任何交通。

---

67 見愛比克泰德《論文集》第四卷、第七章。又可參看本書上冊第351段。

68 見本書上冊第347-348段，第365-366段。又笛卡兒《哲學原理》第一部第十節。

69 拉·布魯意葉《論堅強的精神》：「我的有生之始、我的繼續存在，都是由我以外的某種東西所致；它將在我以後繼續存在，並且比我更優越、更有力。假如這個某種東西並不是上帝，那麼就請告訴我那是什麼吧。」

832—755（471）222—248

人們依附我，這是不正義的；儘管他們高興而且自願這樣做。我會欺騙那些我會使之產生了這種願望的人們的，因爲我並不是任何人的歸宿，也並沒有任何東西可以滿足他們。我難道不是要死去的嗎？因此，他們依附的對象也會死去的。所以，正如我若使人相信了一種虛妄便是有罪的，——哪怕我是溫和地在說服人，哪怕人們高興相信它，哪怕這樣也會使我高興，——同樣地，我若使自己爲人所愛而且假如我能引入依附我的話，我也是有罪的。我應該警告那些準備同意謊言的人們說，他們不應該相信謊言，無論謊言會帶給我什麼樣的好處；同樣地，他們也不該依附我，因爲他們應該在取悅上帝或者在追求上帝之中度過他們的一生以及他們的關懷。[70]

702—678*（472）285—99

自我意志[71]是永遠不會滿足的，即使它能支配它所願望的一切；然而只要我們一放棄它，我們立刻就會滿足。沒有它，我們就不會不滿意；有了它，我們就不會滿意。

704—*687（473）815—276

讓我們想像一個身軀充滿了能思想的肢體吧。[72]

705—684（474）263—274

肢體。*由此而著手*——為了規定我們對於自己應有的愛，就必須想像一個身軀充滿了能思想的肢體，因為我們是整體的肢體，並且應該看到每個肢體應該怎樣地愛自己等等……。[73]

---

70 按本段在原手稿中為一條抄錄，其下並附注有下列字樣：「本段出自比里埃小姐」，係多馬的手跡。多馬（Domat）為帕斯卡爾晚年密友，比里埃小姐即帕斯卡爾之姊吉爾帕特・比里埃（Gilberte）。

71 布倫士維格注：自我意志指出自我們自己的意志，係與出自上帝的神恩相對而言。

72《哥林多前書》第十二章、第十二節：「就如身子是一個，卻有許多肢體，而且肢體雖多仍是一個身子」同章，第二十七節，「你們就是基督的身子，並且各自作肢體。」

73 按「身軀」原文為 corps，即「整體」或「集體」；「肢體」原文為 membre 即「成員」或「組成部分」。

706—690（475）833—275

假如腳和手都有自己的個別意志，那麼它們除非能以這種個別的意志服從於統治著全身的最高意志，否則就永遠不會各得其所。超過了這一點，它們就要淪於混亂和不幸；然而在僅只要求整體的利益時，它們卻成就了它們自己的利益。

707—689（476）830—280

應該僅只愛上帝並且僅只恨自己。

假如腳一直無視於它是屬於整體的，並且有一個整體是它所依賴的，假如它只具有對於自己的知識和愛，而它終於認識到自己是屬於一個爲自己所依賴的整體的；那麼對於那個給它注入了生命的整體——那個整體假使摒棄了它，使它脫離整體，就像它使自己脫離整體那樣，那就會把它消滅的，——它竟然沒有用處，那該是多麼地遺憾，它以往的生命又該是多麼地慚愧啊！多麼地祈禱著自己能保全在其中啊！應該以怎樣的馴服讓自己聽命於那個統御著整體的意志啊！直到必要時同意把自己砍掉！否則它就會喪失自己作爲肢體的品質了；因爲每個肢體都必須甘願爲整體而死，只有整體才是大家都要維護著的唯一者。[74]

703—313（477）817—277

說我們居然配別人愛我們，這是妄誕；我們若希望如此，便是不義。如果我們生來就有理智而又大公無私，並且認識我們自己和別人；我們就絕不會把這種傾向賦予我們的意志了。然而我們卻生來就具有這種傾向；因而我們生來就是不義的，因爲人人都在趨向自己。而這一點是違反一切順序的：我們應該趨向普遍的東西；傾向於自我則是一切無秩序——戰爭中的、政治上的、經濟的、個人身體之內的無秩序——的開始。因而，意志是墮落的。

假如自然的或政治的共同體的成員[75]都趨向整體的福利，那麼這種共同體的本身就應該

74《哥林多前書》第十二章、第十五節：「設若腳說，我不是手，所以不屬於身子，他不能因此就不屬於身子了。」又愛比克泰德《論文集》第二卷、第四章有相同的比喻。

75 按「組成部分」、「成員」與「肢體」在原文中均爲membre，「共同體」、「整體」與「身軀」在原文中均爲corps。見本書上冊第474段注。以上各段係以人身爲喻，故譯作「身軀」、「肢體」；以下各節係論集體與個人，故譯作「共同體」、「成員」。

趨向它們自身也只是其中成員的另一個更普遍的整體。因而，我們應該趨向普遍。因而，我們生來就是不義的和墮落的。

701—311*（478）818—281

當我們要思想上帝時，難道沒有任何東西會轉移我們，引誘我們去思想別的了嗎？那一切都是壞東西，並且是與我們有生俱來的。

433—417（479）647—282

如果上帝存在，我們就必須只能愛他，而不能愛那些過眼雲煙的被創造物。《智慧書》中不敬神者的推論都是以根本就不存在上帝爲其基礎的。他說：「確定了這一點，就讓我們來享受被創造物吧。」[76]這就走上了最壞的地步。但是假如有一個上帝可以愛的話，他們就不會做出這種結論，而會做出全然相反的結論了。而這就是智者的結論：「有一個上帝，因此就讓我們不要享受被創造物吧！」

因此，凡是刺激我們使我們依戀於被創造物的，都是壞的；因爲假如我們認識上帝，那就會妨礙我們去侍奉上帝，或者假如我們不認識上帝，那就會妨礙我們去追求上帝。我們既是充滿了慾念，因而我們便充滿了惡；因此，我們就應該恨我們自己，以及一切刺激我們去依戀除了唯一的上帝之外的其他對象的東西。

708—686（480）657—279

爲了使成員們能夠幸福，就必須使他們只有一個意志，並且使他們以意志服從整體。

714—675（481）—278

拉西第蒙人[77]以及其他人的慷慨效死的先例，很難打動我們。因爲那能給我們帶來什麼呢？然而殉道者效死的先例卻打動了我們；因爲他們是「我們的肢體」。[78]我們和他們有一

---

76 《智慧書》第二卷、第六章：「因此就讓我們來享受現有的美好並恣意儘快地享用創造物吧。」

77 斯巴達位於拉西第蒙，拉西第蒙人即古斯巴達人，以勇武著稱。

78 《羅馬書》第十二章、第五節：「我們這許多人在基督裡成爲一身，互相聯絡作肢體也是如此。」

條共同的紐帶：他們的堅決可以構成我們的堅決，不僅是以他們的先例，而且是因爲也許那才值得我們堅決。異教徒的先例並沒有任何這種東西：我們和他們根本就沒有聯繫；就正好像我們看見一個異邦人富有，並不會自己就變得富有，但看見自己的父親或丈夫富有，卻很可以變得富有一樣。

709—676（482）653—245

道德[79]——上帝造成了天和地，而天和地卻並不感到其自身存在的幸福，於是上帝就想要造出既能認識它又能構成一個能思想的成員的整體的那種生命來。因爲我們的組成部分根本就不感到他們的結合的幸福、他們可驚嘆的智力的幸福、大自然具有以精神灌注他們並使之得以長成與延續的那種關懷的幸福。假如他們能感到這一點，假如他們能看到這一點，他們將會怎樣地幸福啊！但是要做到這些，他們就必須有知識可以認識它，並且有善意可以響應一個普遍靈魂的善意。但假如獲得了知識之後，他們卻用之於把糧食留給自己，而不肯把它傳給別的成員，那麼他們就不僅是不義的，而且還是可悲的，而且與其說是在愛自己倒不如說是在恨自己了；他們的福祉，正如他們的責任一樣，就只在於響應整個靈魂的行動，他們是屬於這一整個靈魂的，而這一整個靈魂之愛他們也更有甚於他們之愛他們自己。

710—688（483）681—430 做一個成員也就是除了根據整體的精神並且爲著整體之外，便沒有生命，也沒有存在和運動。

成員分離開來，就再也看不見自己所屬的整體，於是就只不過成爲一個消逝的、垂死的生命而已。然而它卻相信自己是一個全體，又由於根本就看不見自己所依賴的整體，所以他就相信他只依賴著自己並且想要使自己本身成爲中心而兼整體。然而它自身既然沒有生命的原則，所以他就只能誤入歧途；並且由於確實感到他並不是整體，可是又看不到他是整體的成員，所以他就因自己的存在之無從確定而驚惶無措。最後，當他終於認識了自己的時候，它就好像是又回到自己家中，並且也只是爲了整體才愛自己。他會悲泣自己以往的誤入歧途。

他由於自己的本性，除了爲著自己本身並爲著使事物服役於自己之外，就不可能再愛任

---

79 抄本中此處尚有如下字樣：「能思想的肢體的開端。」

何別的東西，因爲每一種事物都愛其自己勝過愛一切別的。然而在愛整體的時候，他也就是愛自己本身；因爲他只是在整體之中、通過整體並且爲了整體才得以生存的：qui adhaeret Deo unus spiritus est[80]。

整體是愛手的；而手假如有意志，就應該以靈魂在愛手的那種同樣的方式來愛自己。一切超乎此外的愛，都是不義的。

Adhaerens Deo unus spiritus est[81]。我們愛自己，因爲我們是耶穌基督的組成部分[82]。我們愛耶穌基督，因爲他是我們成爲其組成部分的那個整體。一切是一，每一個都在另一個之中，就像三位一體那樣。

713—692（484）667—510

只要兩條法律[83]就足以比一切政治法律都更好地統治一切基督教的共和國了。

712—699（485）900—259

因而，眞正唯一的德行就是要恨自己（因爲我們有慾念，所以是可恨的），並且要尋求一個眞正可愛的存在者來熱愛。但是，既然我們不能愛我們自身之外的東西，所以我們就必須愛一個我們自身之內的存在者，而那又不能是我們自己。這一點對於所有的人之中的每一個，都是眞實的。於是，就唯有那位普遍的存在者才能是這樣。上帝的王國就在我們身中[84]；普遍的美好就在我們身中，它既是我們自身，又不是我們自身。

80〔凡是依附上帝的，就與上帝的精神合一。〕《哥林多前書》第六章、第十七節：「但與主聯合的，便是與主成爲一靈。」

81〔依附於上帝的，就與上帝的精神合一。〕

82「組成部分」見本書上冊第477段注。

83《馬太福音》第二十二章第三十五節以下：「你們要盡心、盡性、盡意愛主你的上帝，這是誡命中的第一且是最大的。其次也相仿，就是要愛人如己。這兩條誡命，是律法和先知一切道理的總綱。」又見《馬可福音》第十二章、第二十八節以下。

84《路加福音》第十七章、第二十一節：「上帝的國就在你們心裡。」

424—949（486）648—290

人的尊嚴當其清白無辜時，就在於運用和支配被創造物，然而今天則在於使自己與它分離並使自己向它屈服[85]。

430—422（487）679—289

凡是在信仰方面不把上帝當作是一切事物的原則來崇拜，在道德方面不把唯一的上帝當作是一切事物的鵠的來熱愛，這樣的宗教是虛妄的。

429—308（488）649—740

……但是，假如上帝不是原則，那麼上帝就永遠也不可能成爲歸宿。我們把自己的眼光朝上看，但我們卻站在沙礫上；大地會融化的，我們會仰望著天上而沉淪的。

431—399（489）758—624

如果萬物有一條唯一的原則，萬物也就有一個唯一的歸宿；萬物都由於他，萬物都爲了他。因此，眞正的宗教就必須教導我們只能是崇拜他並且只能是熱愛他。可是，既然我們發現自己沒有能力崇拜我們所不認識的東西或者熱愛我們自己之外的其他事物，所以把這些義務教導給我們的那種宗教，也就應該把這種無能教導給我們並且還教給我們學會補救之道。它教導我們說，由於一個人，一切就都喪失了，上帝與我們之間的聯繫就破裂了；而且由於一個人，聯繫就又恢復了。[86]

我們生來是如此之違反上帝的這種愛，而這種愛又是如此之必要，以至於我們必須是生而有罪的，否則上帝就會是不義的了[87]。

---

85 布倫士維格注：「使自己與它分離」爲的是好使自己依附於上帝，「使自己向它屈服」爲的是好使自己謙卑。

86 這句話裡前面的「由於一個人」指亞當，後面「由於一個人」指耶穌。

87 布倫士維格以爲作者這裡是說，原罪對於論證上帝乃是必要的。

450—263（490）662—625

人類既不習慣於創造優點，而僅僅是在他們發現了優點已經創造出來後才加以報償，所以他們也就根據自己本身來判斷上帝[88]。

432—408（491）684—626

眞正的宗教應該以使人負起愛上帝的義務爲其標誌。這是十分正當的，然而沒有別的宗教告誡過這一點；我們的宗教做到了這一點。它還應該認識到我們的慾念與無能；我們的宗教做到了這一點。它應該對此提供補救之道；其中一種便是祈禱。沒有別的宗教曾要求上帝來熱愛他與追隨他。[89]

434—418（492）728—689

凡是不恨自己身上的自愛，不恨引得自己以上帝自命的那種本能的人，都確實是盲目的。有誰能看不出：再沒有什麼是如此之違反正義與如此之違反眞理的了呢？因爲說我們該當如此的那種說法乃是錯誤的，而且既然大家都在要求同樣的東西，[90]所以要做到這一點就是不正義的和不可能的。因此，它是一種明顯的不正義，我們就生於其中，我們不能擺脫它，而我們又必須擺脫它。

然而卻沒有任何宗教指出過它是一種罪惡，或者指出過我們是生於其中的，或者指出過我們有義務要加以拒絕，也不曾想到過要給我們以補救之道。

435—410（493）685—690

眞正的宗教會把我們的義務、我們的無能：即驕傲與慾念，以及補救之道：即謙卑、節慾，都教給我們。

---

88 據布倫士維格解說，本段意謂人們把正義看作是論功行賞；但正義並不是分配獎賞而是創造優點。

89 這句話讀作：「沒有別的宗教曾要求上帝給人以熱愛他與追隨他的能力。」

90 「同樣的東西」指「自愛」和「以上帝自命」。

436—41*（**494**）678—746

眞正的宗教必須教導人的偉大、可悲，必須引人尊敬自己與鄙視自己，引人愛自己並恨自己。

716—702（**495**）757—607

如果說活著而不去探求我們是什麼，乃是一種超自然的盲目；那麼既信仰上帝而又過著罪惡的生活，便是一種可怕的盲目了。

717—681（**496**）762—608

經驗使我們看到虔誠與善意之間有著巨大的區別。[91]

725—715*（497）686—609

反對那些漫不經心地信賴上帝的仁慈而又不行善事的人——我們罪惡的兩大根源既是驕傲與怠惰，上帝便向我們顯示了他的兩種品質來加以矯治：即，他的仁慈和他的正義。正義的性質是要折服驕傲，不管我們的工作是多麼神聖，**et non intres in judi cium**[92]等等；仁慈的性質是以勸勉善行來克服怠惰，按照下面這段話：「上帝的仁慈引人悔改」[93]，以及尼尼微人的那另一段話：「讓我們悔改吧，好看他會不會也許垂憐我們。」[94]「因此仁慈遠不是

---

91 蒙田《文集》第三卷、第十三章：「對一切體制最有毀滅性的教訓，其爲害更甚於欺騙與詭詐的，就是說服人相信，只要有宗教的信仰而不需要道德風尚便足以滿足神聖的正義了。慣例使我們看到，虔誠與良心之間有著巨大的區別。」

92 〔求你不要審問。〕《詩篇》第一四三篇、第二節：「求你不要審問僕人，因爲在你面前凡活著的人沒有一個是義的。」

93 《羅馬書》第二章、第四節：「他的恩慈是領你悔改。」

94 《約拿書》第三章、第八至九節：「人要切切求告上帝……或者上帝轉意後悔不發烈怒使我們不至滅亡也未可知。」

批准懈怠，反而它那性質乃是正式攻擊怠惰；從而它並非說：「如果上帝並沒有仁慈，我們就必須盡種種努力以求德行」，反倒是必須說，正因爲上帝具有仁慈，所以我們就必須盡種種的努力。

723—744（498）746—610

步入虔敬是艱難的，這是眞的。但是這種艱難並非來自我們身中所開始出現的虔敬，而是來自其中所依然存在的不虔敬。如果我們的感官並不反對悔改，如果我們的腐化並不〔反對〕上帝的純潔，那麼這裡面就不會有任何對我們艱難痛苦的東西了。我們受苦難僅僅是和我們天賦的邪惡之抗拒超自然的神恩成比例的；我們覺得自己的心在這些相反的努力之間被撕碎了；然而把這種暴力諉過於引我們向前的上帝，而不歸咎於滯留我們不前的世界，那就非常不公正了。這就好像一個母親從強盜的手裡奪回自己的孩子一樣；孩子在受痛苦之中，應該是愛母親爲他取得自由的那種深情而合法的暴力，而只能憎恨那些不正義地拘留了他的人們那種兇惡專橫的暴力。上帝對人們的一生所能進行的最殘酷的戰爭，就是不讓他們經受他所要帶來的這場戰爭。他說：「我來是帶來戰爭的」[95]；又教導這場戰爭說：「我來是帶來劍與火的。」[96]在他以前，世界就生活在這種虛假的和平之中。

719—750（499）677—611

外表的行事——沒有什麼能像既討上帝喜歡、又討人們喜歡那麼危險的了；因爲這種既討上帝喜歡又討人們喜歡的狀態，既有一種東西討上帝喜歡，又有另一種東西討人們喜歡；例如聖德麗撒（Sainte Thérèse/Teresa de Cepeda y Ahumada）[97]的偉大：討上帝喜歡的是她在自己的啓示之中那種深沉的謙卑，討人們喜歡的則是她的光明。因此，我們想模仿她的狀態就拼命模仿她的言談，而並不那麼愛上帝之所愛，把自己置於上帝所愛的狀態。

不禁食並因此而謙卑，比禁食並因此而自滿要好得多。法利賽人，稅吏[98]。

---

95 《馬太福音》第十章、第三十四節：「你們不要想我來是叫地上太平，我來並不是叫地上太平，乃是叫地上動刀兵。」

96 《路加福音》第十二章、第四十九節：「我來要把火丟在地上。」

97 聖德麗撒（Sainte Thérèse，即 Teresa de Cepeda y Ahumada, 1515-1582）西班牙宗教革新者與作家。

98 《路加福音》第十八章、第九至十四節：「有兩個人向殿裡去禱告，一個是法利賽人，一個是稅吏。法利賽人站著，自言自語地禱告說：上帝啊，我感謝你，我不像別人勒索、不義、姦淫，也不像這個稅吏，我一個禮拜禁食兩次；凡我所得的都捐上十分之一。那稅吏遠遠地站著，連舉目望天也不敢，只捶著胸說：上帝啊，開恩可憐我這個罪人。我告訴你們：這人回家去，比那人倒算爲義了，因爲凡自高的必降爲卑，自卑的必升爲高。」

記得這些，對於我又有什麼用呢？假如它同樣地既能傷害我，又能幫助我；假如一切都有賴於上帝的恩典，而他又只按他自己的規矩並以他自己的方式把恩典賜給爲他而成就的事物，並且手段又和事物是同樣地重要，也許還更重要[99]；因爲上帝可以從惡中引出善來，而沒有上帝我們卻從善中引出惡來。

715—694*（**500**）719—612

對善與惡這些字樣的理解。

718—712*（**501**）680—702

第一級：作惡而受譴責，爲善而受讚揚。第二級：既不受讚揚，也不受譴責。

672—701（**502**）683—703

亞伯拉罕（Abraham）並不爲自己博取任何東西，除非僅僅是爲了他的僕人[100]；因而正義的人就不會爲自己博取世上的任何東西，也不會博取世人的喝彩，除非僅僅是爲了他用以作爲其自身主宰那些熱情，他對其中的一種說：去吧，又對另一種說：來吧。*Sub te erit appetitus tuus*[101]。他的熱情這樣加以駕馭，便成爲德行：貪婪、嫉妒、憤怒，甚至於上帝也使自己賦有這些東西；而這些正像仁愛、憐憫、有恆（它們也是熱情）一樣地也是德行。對於它們必須像對奴隸那樣地加以使用，把它們的糧食留給它們而禁止靈魂取得任何一部分；因爲當熱情成爲主宰的時候，它們便是罪惡，這時它們便把自己的糧食送給靈魂，靈魂便以之爲營養並且由此中毒。

673—691（503）692—701

哲學家奉獻出罪行，並把它們置於上帝自身之中；基督徒則奉獻出德行。

---

99 可參看本書上冊第98段。

100 《創世紀》第十四章、第二十四節：「只有僕人所吃的，並與我同行的亞乃、以實名、慢利所應得的分，可以任憑他們拿去。」

101 〔你的慾念將屈伏在你下面。〕《創世紀》第四章、第七節：「罪就伏在門前，他必戀慕你，你卻要制伏他。」

671—740（504）670—704

正義的人在最細微的事情上也依據信仰而行事；當他譴責他的僕人時，他希望他們能被上帝的精神感化，並祈求上帝糾正他們，而且他期待於上帝的也正像期待於他的自責一樣多，他祈求上帝能保佑他們改正。這樣，在其他的行爲上……。

〔……失掉了上帝的精神；那麼他的行爲就會由於上帝的精神在他身上中斷或中輟的緣故而欺騙我們；並且他就會在他的苦痛之中懺悔〕。[102]

656—749（505）545—640

任何東西對於我們都可以成爲致命的，哪怕那些造就出來是爲我們服務的東西；例如在自然界中，牆壁可以壓死我們，樓梯可以摔死我們，假如我們走得不正當的話。

最細微的運動都關係著全自然；整個的大海會因一塊石頭而起變化。因而，在神恩之中，最細微的行爲也會以其後果而關係著一切。因此，一切都是重要的。[103]

在每一件行爲中，我們還必須在行爲之外注意到我們目前的、過去的和未來的狀態以及其他一切與之有關的狀態，並須看出這一切事物的聯繫。這時，我們便會十分小心慎重了。

655—759（506）687—641

但願上帝不把我們的罪行歸咎於我們，也就是說別追究我們罪惡的一切影響和後果；其中哪怕是最微小的過錯，假如我們願意無情地追究它們到底的話，也都是非常可怕的。

653—708（507）745—637

神恩的運動，內心的頑固，[104]外界的環境。

---

102 括弧內的話米肖認爲應該緊接上句；此處譯文據布倫士維格本處理。

103 布倫士維格認爲帕斯卡爾的這一自然觀與笛卡兒的旋渦體理論有密切關係，並且預示了後來牛頓和萊布尼茲的理論。

104 布倫士維格注：基督徒的靈魂分裂爲「神恩的運動」與「內心的頑固」。

654—769（508）642—639

要使人成爲聖者，就一定得有神恩；誰要是對此懷疑，就不懂得什麼是聖者、什麼是人。

377—279（509）643—638

哲學家——向一個不認識自己的人大聲喊道，他應該由他自己而達到上帝，這是美好的事。而向一個認識自己的人說這些話，也是美好的事。

484—446（510）691—577

人是配不上上帝的，然而他並不是不可能被轉化爲配得上上帝。

上帝把自己與可悲的人結合在一起，這是配不上上帝的；然而上帝把人從可悲之中挽救出來，這卻不是配不上上帝的。

605—438（511）794—631

如果我們可以說，人類太渺小而不配與上帝相通，那麼就確實必須是很偉大才可以這樣判斷。

639—928（512）644—630

用俗話來說，它全部是耶穌基督的身體[105]，然而卻不能說它就是耶穌基督的全部的身體。兩件事物相結合而沒有變化，就不能使我們說一件變成了另一件；靈魂就這樣與身體相結合，火就這樣與木相結合，而並沒有變化。然而必須有變化才能使一件事物的形式變成另一件事物的形式；而道[106]與人的結合就是如此。

---

105 指聖餐禮的變質論，即認爲麵包變爲耶穌的身體，酒變爲耶穌的血；見《馬太福音》第二十六章、第二十六至二十八節，《馬可福音》第十四章、第二十二至二十四節，《路加福音》第二十二章、第十七至二十節。

106 按此處「道」字原文爲 Verb，「太初有道」的「道」字則法譯各本均作 Parole；這兩個字在拉丁文本中均作邏各斯（Logos），在各種英譯本中均作 Word。

因爲我的身體沒有我的靈魂就不會形成一個人的身體；因而我的靈魂無論是與什麼物質相結合就都形成我的身體。它並不區別必要條件與充分條件：結合是必要的，但不是充分的。左臂並不是右臂。不可滲透性乃是物體的一種性質[107]。

•數目的同一性，就同一個時間而論，就要求物質的同一性。因此，如果上帝把我的靈魂結合於一個在中國的身體，那麼同一個身體 idem numero[108] 也就會在中國。在這裡奔流的同一條河水，與同一個時間在中國奔流的那條河水乃是 idem numero。

659—763（513）572—759

爲什麼上帝規定了祈禱。

（一）爲了向他的被創造物傳達因果性的尊嚴。

（二）爲了教導我們，我們是從誰那裡獲得德行的。

（三）爲了使我們由於勞動而配得上其他的德行。

然而爲了保持他自己的優越性，他就把祈禱給予了他所喜歡的人。

反駁：可是我們相信我們是由於自己而採用祈禱的。

這種說法是荒謬的；因爲既然我們有信心卻不能就有德行，那麼我們又怎麼能有信心呢？難道不虔信與信心之間還不大於信心與德行之間的距離嗎？[109]

配得上，這個詞句是含混的。[110]

Meruit habere Redemptorem[111]。

Meruit tam sacra membra tangere。[112]

Digno tam sacra membra tangere。[113]

---

107 按本段討論的聖餐禮性質，據古圖爾（Couture）說係針對笛卡兒致梅朗（P. Mesland）的信而發的，帕斯卡爾曾間接看到過這封信但不知作者是誰。本段大意據布倫士維格解說：笛卡兒認爲聖餐中的變質只是由於與物體相結合的靈魂的變化，這就混淆了與同一個靈魂相結合的不同的物種，像是左臂之混爲右臂；笛卡兒沒有考慮到物性中的不可滲透性，所以其學說不可能應用於實在的物體。

108 〔同一個數目。〕

109 按關於祈禱的學說在詹森派的教義中具有重要的地位。

110 據布倫士維格解說：「配得上」可以指人配得上救主，也可以指耶穌基督配得上救主，所以「這個詞句是含混的」。

111 〔他配得上有一個救主。〕

112 〔他配得上觸及如此神聖的肢體。〕

113 〔我配觸及如此神聖的肢體。〕

Non sum dignus。[114]

Qui manducat indignus[115]。

Dignus est aceipere[116]。

Dignare me。[117]

上帝應該只遵守他自己的允諾。他曾允諾把正義賜給祈禱[118]，他除了向被允諾的兒女之外就不曾允諾過祈禱。[119]

奧古斯丁[120]曾正式說過，義人的力量將被取消[121]。然而他這樣說只是偶然；因爲也很可能遇到說這話的機緣並未呈現。然而他的原則卻使我們看到，一旦機緣出現，他就不可能不說這話，或是說任何相反的話。因而就更其是當機緣正在呈現的時候，就不得不說這話；而不是正當機緣呈現的時候，就已經說過這話。前者屬於必然，後者則屬於偶然。而這兩者便是我們所能追究的一切。

661，664—774（514）[122] **676—749**

「你們要以戒慎而得救。」

祈禱的證明：Petenti dabitur[123]。

因此，我們就有能力要求。反之……它不在我們的能力之內，因爲能夠獲得祈求他這件事並不在我們的能力之內。既然得救並不在我們的能力之內，而獲得又在那裡[124]，所以祈禱就不在我們的能力之內。

---

114 〔我們不配。〕《路加福音》第七章、第六節：「我不敢當。」

115 〔誰要是吃喝就配不上。〕《哥林多前書》第十一章、第二十九節：「因爲人吃喝，若不分辨是主的身體，就是吃喝自己的罪了。」

116 〔配得上接受。〕《啓示錄》第四章、第十一節：「你是配得榮譽尊貴權柄的。」

117 〔認爲我配。〕

118 《馬太福音》第七章、第七節：「你們祈求，就給你們。」

119 《羅馬書》第九章、第八節：「肉身所生的兒女，不是上帝的兒女；唯獨那應許的兒女，才算是後裔。」

120 奧古斯丁爲詹森派理論的來源之一。

121 布倫士維格注：指義人將自行取消「配得上」的力量。

122 一九五七年《全集》本及其他一些版本，本段附於前段，而以515段作514段；餘類推。此處據布倫士維格本；《全集》本全書共923段，布倫士維格本全書共924段。

123 〔祈求的將被給予。〕《馬太福音》第七章、第七節：「你們祈求，就給你們。」

124 「而獲得又在那裡」讀作：「而獲得神恩又在上帝那裡」。

因此，義人就不應該再希望著上帝，因爲他不應該希望，而應該努力去獲得他所要求的東西。

因而，就讓我們結論說：既然人自從最初的罪惡以來就是罪過的，而上帝又不願意他因此就被上帝疏遠，所以他就僅僅是由於最初的作用才沒有被疏遠的。

因而，那些被上帝疏遠的人就並沒有這種最初的作用，——沒有它，人們就要被上帝疏遠——而那些並沒有被疏遠的人則有著這種最初的作用。因此，我們就看見曾有某一個時期由於神恩而享有這種最初的作用的人，缺少了這種最初的作用，就會停止祈求。

從而，上帝就離開了這種意義上的最初。[125]

666—697（515）688—745

被選的人將忽視他們的德行，被譴責的人將忽視他們的罪行之大：「主啊！什麼時候我們看到了你又飢又渴等等」。[126]

668—766*（516）682—747

《羅馬書》第三章、第二十七節。[127]光榮被排擯；根據什麼法律呢？哪種行事呢？都沒有，而只是根據信心。因而，信心就不在我們的權力之內，像是法律的工作那樣；它是以另一種方式賦給我們的。

---

125 據布特魯（Boutroux）解釋：人們既有權祈求，又無權祈求。得救的條件有二：一是祈求它，一是獲得它。既然已經允諾過給人們以其所祈求的東西，所以獲得它就在人們的權力之內；而不在人們權力之內的則是祈求。這就是說：祈禱須以不是人們有權所可以獲得的神恩爲其前提的。

126 《馬太福音》第二十五章、第三十七節：「主啊，我們什麼時候見你餓了給你吃，渴了給你喝。」

127 《羅馬書》第三章、第二十七節：「既是這樣，哪裡能誇口呢？沒有可誇的了。用何法沒有的呢？是用立功之法嗎？不是，乃用信主之法。所以我們看定了，人稱義是因著信，不在乎遵行律法。」

657—393（517）659—748

安慰你自己吧：你並不是憑你自己就可以期待它的；反之，倒是在無所期待於你自己的時候，你才可以期待它。[128]

663—724*（518）571—750

根據聖書，一切境況——甚至於是殉道者——都要戒懼。

淨獄（purgatoire）[129]中最大的痛苦就是審判無從確定。Deus absconditus。[130]

670—528（519）675—760

《約翰福音》第八章：Multi crediderunt in eum. Dicebat ergo Jesus:"Si manseritis …, vere mei discipuli eritis, et veritas liberabit vos." Responderunt:"Semen Abrahae sumus, et nemini servimus unquam."[131]

信徒與眞信徒二者之間是大有不同的。我們只需告訴他們說眞理將使他們自由，就能識別他們了；因爲假如他們回答說，他們是自由的而且他們自己就能脫離魔鬼的奴役，他們便確實是信徒，但卻不是眞信徒。[132]

---

128 「它」指神恩。

129 淨獄（purgatoire）或作煉獄或淨土，基督教傳說中爲介乎天堂與地獄之間的地方。

130 〔隱蔽的上帝。〕

131 〔他們有許多人相信他。因此耶穌就說：「如果你們信守（我的話）……，你們就將是我眞正的信徒，並且眞理就會解放你們。」他們回答說：「我們是亞伯拉罕的兒女，我們從不是任何人的奴隸。」〕《約翰福音》第八章、第三十至三十三節：「耶穌說這話的時候，就有許多人信他。耶穌對信他的猶太人說，你們若常常遵守我的道，就眞是我的門徒；你們必曉得眞理，眞理必叫你們得以自由。他們回答說，我們是亞伯拉罕的後裔，從來沒有做過誰的奴僕。」

132 《約翰福音》第八章、第三十四至三十六節：「我實實在在地告訴你們，所有犯罪的就是罪的奴僕；奴僕不能永遠住在家裡，兒子是永遠住在家裡。所以天父的兒子若叫你們自由，你們就眞自由了。」

669—762（**520**）646—761

法律並不曾摧毀天性，而是教誨了天性；[133]神恩並不曾摧毀法律，而是使得它行動。由受洗所得的信心乃是基督徒與皈依者全部生命的根源。

674—765（**521**）651—762

神恩將永遠存在於世界，——天性也是如此，——從而它[134]在某種程度上就是天然的。所以就永遠會有伯拉糾（Pelagius）派[135]，永遠會有天主教徒，並且永遠會有鬥爭；因爲第一次的誕生造成了一種人，而第二次誕生的神恩則造成了另一種人。

667—767（**522**）669—694

法律責成人去做它所沒有給予的。神恩則給予人以它所責成的。

675—433（523）656—698

一切信仰全在於耶穌基督與亞當；一切道德全在於慾念與神恩。

676—670（524）766—705

沒有什麼學說比如下這種學說更適於人類的了：這種學說由於人永遠都暴露在絕望與驕傲的雙重危險之下的緣故，便教導人認識到自己接受神恩與喪失神恩的雙重可能性。

133《羅馬書》第三章、第三十一節：「我們因信廢了律法嗎？斷乎不是，更是堅固律法。」

134「它」指神恩。

135 伯拉糾（Pelagius）爲西元五世紀初伯拉糾異端派的創始人。此派否認原罪，並認爲人類只憑自身的力量便可以得救。

392—285（525）664—699

哲學家並沒有規定相應於這兩種狀態的情操。

他們鼓舞了純粹偉大的情緒，而那卻不是人類的狀態。

他們鼓舞了純粹卑賤的情緒，而那也不是人類的狀態。

卑賤的情緒是必須有的，但不是出自天性而是出自悔罪；不是爲了要停滯於其中，而是爲了要步入偉大。偉大的情緒是必須有的，但不是出自優異而是出自神恩，並且是在已經經歷了卑賤之後。

677—668（526）663—706

可悲說服人絕望，驕傲說服人自滿。道成肉身則以人所需要的補救之道的偉大而向人顯示了他的可悲之偉大。

75—383（527）666—707

認識上帝而不認識自己的可悲，便形成驕傲。認識自己的可悲而不認識上帝，便形成絕望。認識耶穌基督則形成中道，因爲我們在其中會發現既有上帝又有我們的可悲。

678—506（528）519—710

耶穌基督就是一個我們與他接近而不驕傲、我們向他屈卑而不絕望的上帝。

679—669（529）782—711

……沒有一種屈卑使我們不可能獲得善，也沒有一種聖潔使我們不可能免除惡。

680—757（530）675—712

曾有一個人有一天向我說起，他做過懺悔出來後是非常愉悅而有信心的。又有一個人向我說起，他仍然懷著恐懼。於是我就想，我們可以把這兩個人合爲一個好人，他們每一個都缺少自己所並不具備的那另一方的情操。別的事情也往往同樣如此。

662—764（531）671—713

懂得自己主人的意志的人將受到更多的鞭撻，因爲他由於有知識而具有權力。Qui justus est, justificetur adhuc，[136]因爲他由於有正義而具有權力。對於接受最多的人，就要向他算最大的賬，因爲他由於有這種幫助而具有權力。

683—260（532）665—726

聖書中提供了許多段話可以慰藉一切境況，也可以威脅一切境況。

人性似乎也由於它的兩種無限，即自然的無限與道德的無限，而做出了同樣的事情：因爲我們總是會有高與低、智與愚、貴與賤，既可以貶低我們的驕傲，又可以抬高我們的屈辱。

694—719（533）661—726

Comminutum cor[137]（聖保羅）；這是基督教的特性。「阿爾巴給你命了名，我不再認識你了」（高乃依[138]）；這是非人的特性。人的特性則相反。

---

136 〔誰是正義的，就讓他仍舊有正義。〕《啓示錄》第二十二章、第十一節：「爲義的，叫他仍舊爲義。」

137 〔破碎的心。〕

138 語出高乃依（Corneille，法國詩劇作家，1606-1684）《荷拉士》（*Horace*）第二幕第三場。

681—700（534）658—722

只有兩種人：一種是義人，他們相信自己是罪人；另一種是罪人，他們相信自己是義人。

682—693（535）654—724

我們深深有負於那些告誡我們有錯誤的人，因爲他們克制我們；他們教給我們說，我們是爲人所鄙視的；他們並不防止我們將來不再如此，因爲我們還有許多別的錯誤爲人所鄙視。但他們準備讓我們做出改正和免於錯誤。

102—189（536）635—738

人是這樣造成的：就憑向他說他是個笨伯，他就會相信；並且就憑他向自己本身這樣說，他就會使自己這樣相信。因爲人是獨自在與自己進行著一場內心的交談，這就理當很好地加以規範：Corrumpunt mores bonos colloquia prava[139]。我們必須盡可能地使自己沉默，並且僅僅向自己談上帝（我們知道他才是眞理）；這樣我們才能以眞理說服我們自己。

684—667（537）446—739

基督教是奇特的。它吩咐人要認識自己是邪惡的，甚至於是可憎的，但又吩咐人要願望著有似於上帝。沒有這樣一種平衡，那種提高就會使他虛驕得可惡，否則那種屈卑就會使他卑賤得可怕。

685—674（538）690—741

一個基督徒是以多麼一點點的驕傲就使自己相信是與上帝結合的！又以多麼一點點的屈

139〔壞的交談敗壞好的節操。〕《哥林多前書》第十五章、第三十三節：「濫交是敗壞善行。」按這句話原出於希臘詩人米南德（Ménandre，西元前三四二至前二九一年）。

辱就使自己等同於地上的蟲豸的！

這是接受生與死、福與禍的最美妙的方式！

686—672（539）614—743

一個兵士與一個沙特略派（Chartreux）[140]二者之間對於服從是何等地不同啊！因爲他們都是同樣服從的與依附的，都在同樣地苦行。但兵士永遠在期望著變成主人卻從來也不曾變成主人，因爲哪怕是官長和諸侯也都永遠是奴隸和附庸；然而他卻永遠在期望著並且永遠在努力以求達到這一點；反之沙特略派則發誓永遠只是依附。因此，他們在永恆的奴役這方面並沒有不同，雙方都在永遠受奴役；但是在希望方面，前者卻永遠有希望，而後者則永遠都沒有。

687—747（540）613—742

基督徒要求享有無限美好的這一希望，是摻和著眞正的歡樂以及恐懼的；因爲這並不像那些雖然期望著有一個王國而自己卻身爲臣民所以終於是一無所有的人；他們期望的是聖潔，是免於不義，他們是會得到其中的某些東西的。

688—673（541）616—642

沒有人能像一個眞正的基督徒那麼幸福，或那麼有理智、有德行而且可愛。

693—726（542）655—644

唯有基督的宗教才能使人完全**可愛而又幸福**。僅有誠實，我們並不能完全可愛而又幸福。

---

140 沙特略派（Chartreux）爲聖布魯諾（St. Bruno, 1030-1101）於一〇八六年所創建的教派，以其所在地沙特略（Chartreuse）得名；此派注重孤獨嚴肅的清修生活。

5—381（543）605—734

序言——上帝存在之形而上學的證明[141]是如此之背離人類的推理而又如此之混亂，所以很難打動人；並且當其可能對某些人有用時，那也只是在他們看到這種證明的那一瞬間才有用，一個小時以後他們就又要害怕自己被騙了。

Quod curiositate cognoverunt superbia amiserunt[142]。

這就是不要耶穌基督而得出對上帝的認識所產生的東西，這就是不要居間者而與人們不要居間者便已認識到的那個上帝之間的相通。反之，那些靠了居間者而認識上帝的人，則認識自己的可悲[143]。

721—302*（544）867—701

基督徒的上帝是這樣一個上帝，他使靈魂感到上帝才是靈魂的唯一的美好，靈魂的全部安憩都在上帝之中，靈魂除了愛上帝之外就沒有別的歡樂；而同時他又使靈魂憎惡種種阻滯自己並妨礙自己得以盡力去愛上帝的障礙。那些束縛著它的自愛與慾念，對於他都是不堪忍受的。這個上帝使靈魂感到它所具有的這種自愛的根基會毀滅它自己，並且唯有上帝才能拯救它。

689—505（545）609—700

耶穌基督所做的事只不過是教誨人們說：他們愛的乃是他們自己，他們是盲目的、病態的、不幸的奴隸和罪人；他必須解救、啓發、降福與醫治他們；他們通過恨自己本身並根據可悲和死於十字架去追隨他，就可以做到這一點。

141 關於上帝存在之形而上學的證明，見笛卡兒《方法論》第四部。

142〔他們由於好奇而認識的東西，又由於驕傲而失掉了。〕語出奧古斯丁《講道集》第141。

143「居間者」即耶穌基督，耶穌基督爲上帝與人類之間的居間者。關於本段的含義，可參看本書上冊第547段。

690—601（546）607—708

沒有耶穌基督，人類就必定會淪於邪惡與可悲；有了耶穌基督，人就會免於邪惡與可悲。在他那裡有著我們全部的德行和我們全部的福祉。離開了他，就只有邪惡、可悲、錯誤、黑暗、死亡、絕望。

730—380（547）[144] 689—709

我們僅僅由於耶穌基督才認識上帝。沒有這位居間者[145]，也就取消了與上帝的一切相通；由於耶穌基督，我們就認識了上帝。凡是自命不要耶穌基督就認識上帝並證明上帝的人，只不過具有一些軟弱無力的證明罷了。但我們卻有著預言——這些預言乃是確鑿可知的證明——可以證明耶穌基督。這些已經成就的並爲事實所眞確證明了的預言就標誌著這些眞理的確實可靠性，從而也就標誌著耶穌基督的神性的證明。因而，我們就在他的身上並且是由於他而認識上帝。除此以外，並且假如沒有聖書、沒有原罪、沒有被允諾了的而且已經到來的必要的居間者，我們就絕對不能夠證明上帝，也不能夠教給人良好的學說或良好的道德。然而由於耶穌基督並且在耶穌基督之中，我們就證明了上帝，並且能夠教給人以道德和學說。因而，耶穌基督就是人類眞正的上帝。

然而我們同時也認識我們的可悲，因爲這個上帝並不是別的什麼，只不過是我們之可悲的拯救者而已。因此，我們就只能在認識我們的罪過時，才能很好地認識上帝。同樣，那些不認識自己的可悲就認識了上帝的人們並沒有光榮化上帝，而只是光榮化了他們自己。Quia ...non cognovit per sapientiam ...placuit Deo per stultitiam praedicationis salvos facere.[146]

729—602*（548）608—723

不僅是我們只能由於耶穌基督才認識上帝，而且我們也只能由於耶穌基督才認識我們自己。我們只能由於耶穌基督才認識生和死。離開了耶穌基督，我們就不知道什麼是我們的

---

144 原稿此處反面寫有：「以耶穌基督論證上帝。」

145 「居間者」此處原文爲大寫。

146 〔因爲……人憑智慧並不認識上帝，……所以上帝便喜歡以愚拙的宣教來做出拯救。〕《哥林多前書》第一章、第二十一節：「世人憑自己的智慧既不認識上帝，上帝就樂意用人所當作愚拙的道理，拯救那些信的人。」

生，什麼是我們的死，什麼是上帝，什麼是我們自己。

因此，若沒有僅只以耶穌基督爲其對象的聖書，我們就什麼也不認識，而只能是在上帝的本性中以及在我們自己的本性中看到蒙昧與混亂。

728—382（549）630—647

不要耶穌基督就想認識上帝，這不僅是不可能的，而且是毫無益處的。他們並沒有疏遠了他，而是接近了他，他們並沒有使自己屈卑，而是……。

Quo quisquam optimus est, pessimus, si hoc ipsum, quod optimus est, adscribat sibi.[147]

732—748（550）617—648

我愛貧窮，因爲上帝愛貧窮。[148]我愛財富，因爲它們提供了可以幫助不幸者的手段。我對一切人都懷著忠誠，我並〔不〕以怨回報怨我的人；並且我希望他們的情形也和我一樣，既不受別人的德也不受別人的怨。我力求對一切人都公正[149]、眞實、誠懇並且忠心；對於上帝使我與之格外緊密結合在一起的那些人，我衷心懷著親切之情；並且無論我是獨自一個人、還是在別人的眼前，我的一切行爲都有上帝明鑒，上帝會判斷它們的，而我也是把它們全部都奉獻給上帝的。

這就是我的感情面貌；我一生中天天都在祝福我的救主，他把它們安置在我的身中，他以他那神恩的力量把一個充滿了脆弱、可悲、慾念、驕傲和野心的人造就成一個免於這一切惡德的人，這一切光榮都由於神恩，而我自己卻只有可悲與錯誤。

733—406（551）621—649

Dignior plagis quam osculis non timeo quia amo.[150]

---

147 〔越是使人好的東西就越會使人壞；假如我們把好的東西歸之於我們自身的話。〕

148 此處原有如下字樣：「我愛一切人有如我的弟兄，因爲他們都是被救贖的。」後經作者刪去。

149 此處最初作「我懷著眞誠與正義」。

150 〔儘管我更配鞭撻而不配親吻，但我並不害怕，因爲我有愛。〕這句話大概是作者自己的。

735—520（552）620—650

耶穌基督的墳墓——耶穌基督死去了，而又被人看見在十字架上。他死去了，並隱藏在墳墓中。

耶穌基督是僅僅被聖徒們所埋葬的。

耶穌基督在墳墓中並沒有行過任何奇蹟。

只有聖徒才進入過那裡。

正是在這裡耶穌基督獲得了一個新生命，而不是在十字架上。

這就是受難與救贖的最後神祕。[151]

耶穌基督在地上除了墳墓之外，就沒有可以安息的地方。

他的敵人只是到了墳墓中才停止折磨他。

736—739（553）631—651

耶穌的神祕——耶穌在受難中忍受著別人所加給他的苦痛，然而他在憂傷中卻忍受著他自己所加給自己的苦痛，turbare semetipsum[152]。那不是出於人手而是出於全能者之手的一種苦難，因爲必須是全能者才能承擔它。

耶穌尋求某種安慰，至少是在他最親愛的三個朋友中間，[153]而他們卻睡著了。他祈求他們和他一起承擔一些，而他們卻對他全不在意，他們的同情心是那麼少，以致竟不能片刻阻止他們沉睡。[154]於是耶穌就剩下孤獨一個人承受上帝的憤怒了。

耶穌在地上是孤獨的，不僅沒有人體會並分享他的痛苦，而且也沒有人知道他的痛苦；只有上天和他自己才有這種知識。

耶穌是在一座園子裡，但不是像最初的亞當已經爲自己並爲全人類所喪失了的那樣一座極樂園，而是在他要拯救自己和全人類的那樣一座苦難園裡。

---

151 手稿中此處原有：「耶穌基督教誨我們，活著、死去、埋葬、復活。」後經作者刪去。

152 〔心裡悲嘆，又甚憂愁。〕語出《約翰福音》第十一章、第三十三節。按此處所引經文原文應作 turbavit seipsum。

153 「三個朋友」指彼得和西庇太的兩個兒子雅各和約翰；事見《馬太福音》第二十六章第三十六至三十七節，又《馬可福音》第十四章、第三十三至三十七節。

154 事見《馬太福音》第二十六章、第四十至四十一節。

他在深夜的恐怖之中忍受這種痛苦和這種離棄。

我相信耶穌從不曾憂傷過，除了在這唯一的一次；可是這時候他卻憂傷得彷彿再也承受不住他那極度的悲苦：「我的靈魂悲痛得要死了。」[155]

耶穌向別人那裡尋求伴侶和慰藉。我覺得這是他一生中獨一無二的一次。但是他並沒有得到，因爲他的弟子們睡著了。

耶穌將會憂傷，一直到世界的終了；我們在這段時間裡絕不可睡著。

耶穌處於這種受到普遍遺棄以及被他那些選來和他一起守夜的朋友們所遺棄的狀態之中，他發現他們都睡著了，便因他們不是把他而是把他們自己暴露在危險之前而煩惱；他爲了他們本身的得救與他們本身的好處而以一種對他們的誠摯的溫情在他們不知感恩的時刻來警告他們；他警告他們說，精神是飄忽的而肉體又是軟弱的。[156]

耶穌發現他們仍然在睡著，既不爲對他的也不爲對他們自己的顧慮所縈繞，便滿懷善意地不把他們喚醒而讓他們好好安息。[157]

耶穌在不能確定父的意志的時候就祈禱著，他害怕死亡；然而當他認識到它之後，他就走向前去獻身給死亡：Eamus. Processit.（約翰〔John/St. John〕）[158]。

耶穌祈求過人，但不曾爲人傾聽。

耶穌在他的弟子們睡覺時，就安排了他們的得救。在義人酣睡的時候，他便造就了每一個義人的得救，既在他們出生之前的虛無之中、也在他們出生以後的罪惡之中。

他僅僅祈禱過一次要這杯離開，然後就順從了；並且他還會去祈禱第二次的，假如有必要的話。[159]

耶穌在憂煩中。

耶穌看到自己所有的朋友都睡著了而自己所有的敵人都警覺著，就把自己完全交給了他的父。

耶穌在猶大的身上並不是看到他的敵意，而是看到他所愛的、所承認的上帝的秩序；因為他稱猶大為朋友。[160]

---

155 《馬可福音》第十四章、第三十四節：「我心裡甚是憂傷，幾乎要死。」

156 見《馬太福音》第二十六章、第四十一節，又《馬可福音》第十四章、第三十八節。

157 見《馬太福音》第二十六章、第四十三至四十五節，又見《馬可福音》第十四章、第四十至四十一節。

158 〔我們去吧。我們走吧。〕見《約翰福音》第十八章、第四至八節，又《馬太福音》第二十六章、第四十六節。

159 見《馬太福音》第二十六章、第三十九節、第四十二節，又《馬可福音》第十四章、第三十六節、第三十九節。

160 見《馬太福音》第二十六章、第五十節。

耶穌擺脫自己的弟子才能進入憂傷；我們必須擺脫自己最親近的和最親密的人才能仿效他。

耶穌既是處於憂傷之中、處於最大的痛苦之中，[161]就讓我們祈禱得格外長久吧！

我們祈求上帝的仁慈，並非爲了要他可以讓我們在我們的邪惡之中得到平靜，而是爲了他可以把我們從其中解救出來。

如果上帝親手給了我們以主人，啊，那麼我們多麼有必要應該衷心地服從他們啊！必然性與各種事件是絲毫不爽的。[162]

——「安慰你自己吧，假如你不曾發現我，就不會尋找我。」

「我在自己的憂傷中思念著你，我曾爲你流過如許的血滴。」

「若是想著你會不會做好這樣或那樣不存在的事，那就是試探我更有甚於考驗你自己了：當它到來時，我會在你的身上做出它來的。」

「你要讓我的規律來引導，看看我把童貞女以及讓我在他們身上起作用的那些聖者們引導得多麼好吧。」

「父愛我所做的一切。」

「你願意它永遠以我那人性的血爲代價，而你卻不流淚嗎？」

「你的皈依就是我的事業：別害怕，滿懷信念地祈禱吧，就像是爲了我那樣。」

「我以我在聖書中的話、以我在教會中的靈，並且以感召、以我在牧師身上的權力、以我在虔敬信者身上的祈禱而與你同在。」

「醫生不能救治你，因爲你終將死去。然而救治你並使你肉身不朽的卻是我。」

「要忍受肉體的枷鎖與奴役；目前我只從精神上解脫你。」

「比起這些和那些人來，我更是你的朋友；因爲我爲你做的比他們更多，他們不會忍受我所忍受於你的，也不會在你不敬與殘酷的時候爲你而死，就像我在我的選民中以及在聖體中所曾做過的以及所準備做的和正在做著的那樣。」

「如果你認識你的罪惡，你就會喪失你的心。」

——主啊！那麼我就喪失它吧，因爲我依據你的保證而確信它們的毒惡。

——「不，因爲我（你是從我這裡學到這些的）可以救治你，而我向你所說的正是我要救治你的一個標記。隨著你贖這些罪，你就會認識它們，並且你就會聽到說：『看哪，你的罪被解免了。』因此，就爲你那隱蔽著的罪行、爲你所知道的那些罪行的祕密毒惡而懺悔吧。」

---

161 見《路加福音》第二十二章、第四十四節。

162 布倫士維格以爲這裡的兩句話並不屬於本段之內，只是作者隨手爲自己寫下的兩條紀錄。

——主啊！我把一切獻給你。[163]

——「我愛你要比你愛你的汙穢——ut immundus pro luto[164]——更熱烈。」

「讓光榮歸於我，而不是歸於你，你這蟲豸與塵土。」

「當我親口說的話對你竟成爲惡德與虛榮或好奇心的緣由時，你就去詢問你的指導者吧。」

——我看到了自己的驕傲、好奇心與慾念的深淵。我與上帝或與正直的耶穌基督並沒有任何關係。然而他卻由我而被弄成有罪的了；所有你的鞭撻都落在他的身上[165]。他倒比我更可憎惡，但他遠沒有憎惡我，反而使自己受到尊敬，以致我要走向他並且求救於他。

然而他卻救治了他自己，而且會更加有理由要救治我。必須把我的創痛加在他的上面，把我和他結合在一起，他將在拯救他自己時也拯救我。然而這卻絕不可推給將來。

Eritis sicut dii scientes bonum et malum[166]。在判斷「這是善或惡」的時候，每個人就都造就了上帝；並且對於事件不是過分地痛苦便是過分地高興。

做小事要像大事那樣，因爲在我們身上做出這些事並過活著我們的生命的耶穌基督是尊貴的；做大事要像輕易的小事那樣，因爲他是無所不能的。

734—742（554）610—688

我覺得耶穌基督只是在他復活之後才許人撫摸他的傷痕的：Noli me tangere[167]。我們必須只把我們自己和他的苦難結合在一起。

他在最後的晚餐中把自己奉獻給聖餐時好像是要死的，對於在以馬忤斯的門徒則是復活了的，[168]而對全體教會則是升了天的。

---

163 雅克琳．帕斯卡爾《根據我們的主耶穌基督之死而樹立的思想》（一六五〇年）第十六節：「耶穌是赤身裸體死去的。這就教導了我應該剝奪掉自己的一切東西。」

164 〔像沾滿了塵土那樣不潔。〕

165 按此處「他」指耶穌基督，「你」指上帝。

166 〔你將知道善與惡，像上帝那樣。〕《創世紀》第三章、第五節：「你們便如上帝能知道善惡。」

167 〔不要摸我。〕語出《約翰福音》第二十章、第十七節。

168 以馬忤斯（Emmaüs）距耶路撒冷約二十五里，事見《路加福音》第二十四章、第十三至三十五節。

737—751（555）619—687

「絕不要拿你自己比較別人，而只能比較我。如果你在那些你以自己與之相比較的人們中間並沒有發現我，你就是以自己在和一個可憎的人相比較了。如果你在其中發現了我，那麼就以你自己來比較吧。然而你將比較什麼呢？是比較你自己嗎，還是在你身上的我呢？如果是你自己，那就只是一個可憎的人。如果是我，那你就是以我來和我自己相比較。而我是一切中的上帝。

「我在向你講話並且時時勸導你，因爲你的引導者不能向你講話，而我又不肯讓你缺少引導者。」

「而或許我是憑他的祈禱這樣做的，因此他在引導著你而你卻看不見他。如果你裡面沒有我，你就不會尋找我。」

「因而，就不要惶恐不安！」

編者按

本書段落按布倫士維格編次排列，布編段落序碼標粗體灰底，居中。括弧兩側四個數碼為參考碼，內側兩碼與拉編本有關，外側兩碼與謝編本有關。左側兩碼供順查，從布碼查謝碼、拉碼；右側可逆查，從拉碼、謝碼查布碼。中間的布碼於逆查時借作拉碼、謝碼用，一碼三用。

請看本書上冊第一二二頁，布164＝謝211＝拉73。拉164＝布457。謝164＝布181。

布碼到924號為止（參看本書上冊第三七一頁注），拉碼到991號，而謝碼只編到840號（另有羅馬字編號71段）。這當然跟各版分量有關，也跟編法有關。有的一段分為數段，有的數段拼而為一，前此對照序列上的空碼即由於此。布本近來似有再編新版，編號增至958，對照序列上有924後的編號即由於此。

編對照時，借重沃譯本所注布碼，謝編本所附對照表（表上的布碼編到958），諸多稱便。沃本偶有誤植，已糾正三處，均注＊於拉碼左上角，另一處疑誤，一時未查清，未敢輕改。拉碼右上角注一＊者，指非帕所寫，兩＊者指部分為帕手跡，本表照注。

下列為924段後，即超出布碼所提供的便利而無法於正文標明拉碼者。形式順序仍如正文。當然，這裡只有拉碼（左）和布碼（右，括弧內）。

925（17）
926*（18）
927*（18）
928（512）
929（775）
930（744）
931*（32）
932*（33）
933（885）
934*（13）
935*（65）
936（63）
937（368）
938（568）
939（41）
940（160）
941（754）
942（266）
943（35）
944（23）
945（776）
946（627）
947（865）
948（943）
949（486）
950（50）
951（777）
952（370）
953（120）
954（119）
955（26）
956（15）
957（14）
958（25）
959（188）
960*（8）
961（355）
962（106）
963（47）
964（12）
965（46）
966（31）
967*（39）
968（40）
969（48）
970（57）
971（27）
972（54）
973（53）
974（28）
975（56）
976（59）
977*（42）
978（58）
979（52）
980（55）
981（7）
982（5）
983（114）
984*（34）
985（36）
986（30）
987*（35）
988（38）
989（45）
990（24）
991（6）

附錄

帕斯卡爾的生平和科學貢獻

十七世紀的法國基本上仍是一個封建農奴制的國家，但新的資本主義生產關係已經在封建制母體之內開始滋長。生產技術上的需要，在自然鬥爭的領域內向先進的科學家們提出了一系列的科學課題；意識形態上的需要，則在思想鬥爭的領域內向先進的思想家們提出了一系列的思想課題。在這兩條戰線上，本書作者帕斯卡爾都占有重要的歷史地位。

帕斯卡爾一六二三年六月十九日生於法國奧維涅（Auvergne）州的克勒蒙—菲朗（Clermont-Ferrand）城；父親艾提安爲克勒蒙城法庭庭長，以博學知名。帕斯卡爾八歲時，舉家遷至巴黎。遷居巴黎後，艾提安和當時社會上的科學家、作家和藝術家經常交往，也常攜帕斯卡爾參與各種學術集會。帕斯卡爾自幼生長在學術氣氛濃厚的環境之中，並且受到他父親的嚴格教育而沒有受當時流行的經院教育；這爲他後來的學術思想活動創造了有利的條件。

幼年的帕斯卡爾顯示了他對研究自然的興趣和卓越的才能。十一歲時他寫了一篇關於聲學問題的論文，探討振動體一經摸觸立即停止發音的原因。這篇文章給他父親以深刻的印象，以致父親怕他的智慧發展過早不利於成長而中止了向他教授幾何學。但帕斯卡爾卻獨自鑽研幾何學並掌握了大量的幾何學知識。一六三九年帕斯卡爾十六歲時寫成有名的論文《圓錐曲線論》，其中提出以他的名字命名的定理。這個帕斯卡爾定理，帕斯卡爾稱之爲「神祕的六邊形」，即圓或橢圓的任意內接六邊形的三組對應邊的交點是在一條直線上。《圓錐曲線論》繼承並發展了數學家德札爾格（Desargues, 1593-1662）的工作，引出推論四百餘條；笛卡兒看到後曾大爲讚嘆。帕斯卡爾就這樣和笛卡兒、德札爾格一起開闢了近代的幾何學。從此帕斯卡爾在科學界顯露頭角，並與當時有名的科學家和思想家笛卡兒、霍布斯（Thomas Hobbes）、伽森狄（Pierre Gassendi）、德札爾格、費馬（1601-1665）、梅爾森（Mersenne, 1588-1648）、羅伯瓦（Roberval, 1602-1675）等人建立了聯繫；帕斯卡爾一生的科學工作和思想發展與這些人有著密切的關係。

一六四一年帕斯卡爾十八歲時，開始設計計算機；他曾先後草擬過五十種模型，終於根據齒輪系的轉動原理製成了世界歷史上第一架計算機，能夠手搖計算出六位數字的加減法。計算機製造的成功是當時國際科學上的一件大事。也是在這時候艾提安病中得到一個詹森派醫生的治療，於是舉家接受了詹森教義，這就是所謂帕斯卡爾的「第一次皈依」。

此後，帕斯卡爾開始從事大氣壓力的研究；在這個問題上，他完成了由伽利略（Galileo Galilei）所開始並由伽利略的弟子托里拆利（Torricelli, 1608-1647）所進行的工作。空氣有重量的事實至遲在一六三〇年已經被人知道了；伽利略也知道空氣是有重量的並做過測定空氣重量的實驗，但是他沒有把水銀柱的高度和大氣壓力聯繫在一起加以考察。一六三二年伽利略在他的著作中曾談到抽水機只能把水抽到一定高度為止，這個命題就在理論上蘊涵了大氣壓力的問題在內，但他在思想上卻仍然侷限於「自然畏懼眞空」的傳統觀念而未能對這一現象作出正確的解釋。一六四三年托里拆利用水銀柱做實驗，認識到不同氣候條件下氣壓的變化。托里拆利的實驗開闢了人類流體力學研究的新時代，它決定性地證明了大氣是有壓力的，並且奠定了測量大氣壓力的基本方法。但托里拆利對氣壓的觀念是含混的、不明確的，還沒有能確定氣壓變化的規律。一六四六年二十三歲的帕斯卡爾重複做了托里拆利的實驗。帕斯卡爾細心研究了水銀柱在各種高度不同的地方的變化，從而使氣壓及其變化的規律問題獲得了明確的科學概念。一六四七年帕斯卡爾請他的姐夫比里埃（Perier）分別在山頂和山腳用水銀柱反覆進行實驗，觀察水銀柱高度的變化。帕斯卡爾已確知山腳的空氣要比山頂的空氣濃厚，因此，結論應該是水銀柱的高度在高處比在低處更低，亦即氣壓隨高度的增加而減小。一六四八年九月十九日比里埃在奧維涅州的普・德・多姆山（Puy de Dome，海拔一千四百公尺）按照帕斯卡爾的設計進行了實驗；實驗證明在山腳和山頂水銀柱的高度相差3.15吋，使得當時在場的實驗者們驚嘆不止。這個實驗震動了整個科學界，並且得到科學界的公認（它同時也標誌著科學中心在十七世紀中葉由義大利轉移至西北歐）。在這個實驗的基礎上，帕斯卡爾寫成他的《液體平衡論》和《大氣重力論》兩部著作，確立了大氣壓力的理論與流體靜力學的基本規律。

一六四八年的實驗是科學革命史上最動人心弦的實驗之一。它是自從阿基米德（Archiméde/Archimedes）以來流體靜力學歷史上最重要的進步，同時它也是長期以來「在普遍的革命中發展著，並且它本身便是澈底革命的」[1]新興科學向舊思想意識作戰又一次光輝的勝利；它證明了水銀柱的高度是大氣壓力作用的結果，從而澈底粉碎了經院哲學中「自然畏懼眞空」的古老教條。帕斯卡爾的眞空試驗對近代思想所起的解放作用，可以和伽利略的落體實驗[2]相媲美；兩人同樣以自己的實驗打破了中世紀思想的束縛，開闢了近代實驗科學和思想方法的新紀元。這一成功標誌著思想領域內兩條路線鬥爭的新高潮：一條路線是由伽利略所開始的近代實驗科學的路線，另一條則是傳統中世紀經院哲學的路線。帕斯卡爾就這樣以其科學實驗、以其通過觀察與實驗所總結的自然界的客觀規律而有力地保衛並發展了

1 恩格斯：《自然辯證法》。北京，人民出版社，一九五五年，第六頁。

2 但伽利略在比薩斜塔上以輕重不同的兩個球進行落體實驗從而打破了亞里斯多德的教條這一長期以來廣泛流傳的故事，卻並沒有任何文獻上的根據。（可參看伽利略，《兩大世界體系對話錄》，加州大學版，一九五三年。頁xxii。）

近代實驗科學的路線。

隨著這一實驗的成功，帕斯卡爾並且從思想方法的高度上總結出一套卓越的認識論理論。在題名爲《眞空論》的論文裡，帕斯卡爾尖銳地攻擊了當時「哲學上的權威」，並提出如下的論點：

（一）墨守古代權威的教條，絕不是追求眞理的態度。他說：「我們今天對古人的崇拜——本來在各個學科上，它都不應該具有這麼大的分量的——已經到了這樣的地步，竟至把他的全部思想和神話當成了神諭，竟至敢於提出新的創見來就不能沒有危險，竟至一個作家的條文就足以摧毀最堅強有力的依據。」[3]這裡的「一個作家」即指亞里斯多德；亞里斯多德的教條在中世紀是被經院學者奉爲權威的。帕斯卡爾堅決反對經院哲學的這種崇古風尚。他認爲古人的權威只能在神學和歷史學，亦即在憑啓示與記述的知識領域內，才能成爲根據；「但在屬於感覺與推理的題目上，情形就不同了，在這裡權威是毫無用處的，唯有理智才能認識它。」[4]事實是否認不了的；因此，他的結論是我們絕不可盲從古人與教條，一切科學眞理唯有依靠實驗和推理才能臻於完善，這是「科學的唯一準則」[5]。

（二）人和動物不同。動物的能力和技巧只是出於天然的需要，它們並不知其所以然，因而只能盲目地不自覺地重複。人卻可以積累前人的經驗，因而具有無窮的能力。積累是無止境的。古人若是活在今天，有著今天的憑藉，也會像今人一樣地高明。這並不是今人有什麼特殊的優異，而是人類歷史進步過程的自然結果。人類綿延相續，其情形正如一個永生不死的人在永遠不斷地進步一樣。崇拜古人是錯誤的，因為古人實際上只是嬰兒。古人的知識也不應該加以蔑視，這是「因爲他們留給我們的知識，可以作我們自己知識的墊腳石」[6]。學習古人乃是爲了超越古人，所以不應該盲從古人。今人由於積累了更多的知識而超出於古人之上；「我們的見解更廣」，「我們看到的比他們更多」[7]。所以，應該加以崇拜的並不是古人而是今人；可是人們卻又何其顛倒：「反對古人竟成了罪行，補充古人竟成了叛逆，竟彷彿古人再也沒有留下來任何有待後人加以認識的眞理似的。」[8]我們不應該崇尚古人而應該崇尚眞理。眞理儘管是新發現，但它卻比一切古人和古人的意見都更爲古老[9]。

3《眞空論・序》。
4 同前注。
5 同注3。
6 同注3。
7 同注3。
8 同注3。
9 按，這個論點在本書中又有所發揮。

（三）「自然畏懼眞空」的教條是荒謬的。一六四八年的實驗證明水銀柱的高度是被大氣壓力所支持，而不是由於什麼「自然畏懼眞空」的緣故。帕斯卡爾質問道：「說沒有生命的物體也有感情和畏懼，說沒有知覺、沒有生命、甚至於不可能有生命的物體也有感情，還有什麼能比這種說法更加荒謬的呢？而且，假如這種畏懼的對象果眞是眞空的話，那麼眞空又有什麼可以使它們害怕的呢？還有比這更無聊、更可笑的事情嗎？不僅如此，假如它們體內眞有逃避眞空這樣一條原則的話，難道說它們也有手，有腳，有肌肉，有神經嗎？」[10]毫無疑問，自然本身是沒有生命的，它絕不會畏懼什麼眞空。所謂「自然畏懼眞空」，只是古人在他們當時的認識條件之下對自然所做的解釋。

這篇論文裡不但包含有他非常可貴的方法論，即認識眞理不能僅憑信仰與教條而須依靠理智進行觀察與實驗；並且也包含有他的歷史進步觀，即人類的認識是不斷積累的，歷史是不斷前進的。文中充滿了戰鬥精神，對封建經學籠罩之下的頑固思想進行了嚴厲的批判。但同時也可以看到，雖然論文以其頌今非古的宣言打破了歷來的迷信，解放了人們的思想，提出了關於科學方法的理論，因而成爲十七世紀思想史與科學史上的一篇里程碑式的重要宣言；然而在積極因素之外，其中也透露出了確鑿的認識乃是不可能的這樣一種消極思想的萌芽。這一思想上的矛盾在十年以後的《思想錄》一書中，得到更進一步的表現。

和這個實驗相聯繫，帕斯卡爾還設想了一個逆實驗，即以氣壓計的變化來測量山的高度；這個逆實驗的工作後來由法國科學家馬略特（Mariotte, 1620-1684）所完成。帕斯卡爾又以大氣壓力解釋虹吸現象，並發現氣壓的變化與氣候條件有關，這對後來氣象學的發展具有巨大的啓蒙意義。

進行了氣壓試驗之後，帕斯卡爾就轉而研究液體平衡的一般規律，並發現了流體靜力學最基本的原理，即封閉器內流體任何一點所受的壓力以同等的強度向各個方向同樣地傳遞；這就是有名的「帕斯卡爾原理」。這一原理的發現有著極大的理論上與實踐上的價值，它奠定了近代流體力學的基礎。

進行過一個時期的流體力學的研究，帕斯卡爾又回到數學工作上來。與帕斯卡爾同時而稍早的義大利數學家加伐麗麗（Cavalieri, 1598-1647）曾經提示過三角形的面積可以用劃分爲無數平行直線的辦法來計算。帕斯卡爾在這個基礎上做出了重大的新貢獻。他指出加伐麗麗所謂的直線實際上乃是細小的長方形，由此遂導致了極限與無窮小的觀念。這一不朽的研究開闢了近代的數學方法，爲以後的微分積分學掃清了道路。

此外，帕斯卡爾還從事多方面的科學研究與技術設計。十七世紀在某些科學史著作中曾

10《真空論・序》。這個論點在本書中繼續有所發揮。

有「天才的世紀」[11]之稱。還在青年時代，帕斯卡爾就以他的光輝的科學貢獻而側身於十七世紀的天才的行列。但「天才的世紀」的天才行列並不是憑空湧現的，它是新的資本主義生產方式刺激的結果。海外航行刺激了天文學的建立，水利工程刺激了流體力學的出現[12]，機器的採用「對當時的大數學家來說……就是使近代力學得以創造出來的實際支點和刺激」[13]。沒有這個社會物質基礎，十七世紀就不會舉行近代科學的奠基禮。

帕斯卡爾這些豐富的科學研究工作，是在疾病不斷纏繞、身體極其衰弱的情況下進行的。從十八歲起，他就沒有一天不在病中，二十四歲時又曾因中風而癱瘓。這段時期內，他和父親與妹妹雅克琳（Jacqueline）同住在一起，受到他們兩人的影響，逐漸注意思想和信仰的問題。

一六五一年他的父親去世，接著妹妹又入波・羅雅爾修道院。從這時候到一六五四年爲止的兩、三年間，帕斯卡爾（二十八至三十一歲）獨居巴黎，過著世俗生活。現存的《愛情論》一文，大多數研究者都認爲是帕斯卡爾的著作，並且是這一世俗生活時期的作品；這篇文章全文洋溢著伊比鳩魯主義的精神，表明他的詹森主義的思想已經遭遇到危機。這時，他和當時的無神論者、自由思想者、人性學者戴巴魯（1602-1673）、米東、默雷（Méré, 1610-1684）等人交遊，特別受到默雷的影響；同時他又深入鑽研從愛比克泰德（50-135?）至蒙田（1533-1592）等人的著作。他在科學中、在哲學中、在沉思生活中又在世俗生活中，探求世界的眞理問題和人生的幸福問題，並且往而不返地求之不倦。這一段時期的世俗生活使他有機會比較深入地觀察形形色色的社會生活與人世現象，從而爲後來的《思想錄》提供了多方面的素材。世俗生活的另一個側面，賭博，則誘導了他著手研究概率論。

帕斯卡爾和費馬兩人是概率論這一學科的創立人。據萊布尼茲說，十七世紀的數學家們是從計算賭博中的機遇而開始奠定概率論的。帕斯卡爾的友人而兼賭客的默雷提出了如下的問題：賭博進行到任何一定階段而告中斷時，其勝負的機遇應該如何計算？這個問題在當時的學者中間曾轟動一時；帕斯卡爾就這樣被引入概率論的研究[14]。帕斯卡爾曾把自己的研究通知費馬，兩人分別得出了自己的解答。萊布尼茲於一六七二至一六七六年僑居巴黎時讀到帕斯卡爾的研究成果，深刻地意識到這一門「新邏輯學」的重要性，並且進行了認眞的研究。繼帕斯卡爾、費馬和萊布尼茲之後，歷代的數學家如惠更斯、雅．貝努義、德庲福、

---

11 懷海德（A. N. Whitehead）：《科學與近代世界》。倫敦，一九三三年，第五十頁以下。

12 恩格斯：《自然辯證法》第一五〇頁。

13 馬克思：《資本論》，北京，人民出版社，一九六三年，第一卷，第三七〇頁。

14 萊布尼茲：《人類理智新論》英譯本第二版。芝加哥，一九一六年，第五三九頁。

拉卜拉司等人，都曾繼續研究過並發展了概率論。由帕斯卡爾所開創的這一學科在近代科學技術的許多部門日越獲得廣泛的應用，對於近代理論科學和哲學思想也有巨大的啓發，它的重要的意義和價值已經爲後來的科學實踐所證明。

帕斯卡爾的世俗生活時期也是他豐富的科學創作時期。他的兩篇著作《大氣重力論》與《液體平衡論》均於一六五三年問世；次年他又完成了一系列數論和概率論的研究工作，代數學上沿用至今的有名的「帕斯卡爾三角形」（即二項式係數的三角形排列法）就是在這一年提出的。

一六五四年十一月二十三日帕斯卡爾乘馬車遇險，兩匹馬均墜死巴黎塞納河中，而帕斯卡爾本人卻奇蹟般地倖免於難。這次事故刺激他經歷了一番特殊的內心經驗，這就是歷來某些帕斯卡爾研究者所謂的「第二次皈依」。此後，帕斯卡爾即入居波・羅雅爾修道院，終其餘生全心全意地追求宇宙與人生的眞理，而且是在激烈的鬥爭與痛苦之中追求著的。詹森派的風格是強調理智的，帕斯卡爾所遵循的基本路線也是理智的而非經院的，是哲學的、思考的，而非神學的、教條的。他短促一生的晚年所寫的幾部重要著作——一六五五年的《與沙西先生的談話》，一六五六至一六五七年的《致外省人信札》與一六五八年開始寫作的《思想錄》——都反映著這一思想特色。

自從投石黨（Fronde）被鎮壓之後，耶穌會在法國的活動加強了。在十七世紀法國思想戰線上的那場尖銳鬥爭中，即詹森派反抗耶穌會的理論鬥爭中，帕斯卡爾作爲詹森派突出的辯護人，曾以俗人的身分前後寫了十八封抨擊耶穌會的信。這十八封信成爲當時反耶穌會的教權思想統治的重要歷史文獻，對新興的人文主義思想起了鼓舞作用。這部《致外省人信札》和後來的《思想錄》，以其論戰的鋒芒和思想的深邃以及文筆的流暢雋永已經成爲思想文化史上的古典著作，它們對後世有著深遠的影響。

就在沉耽於哲學與宗教沉思的時期，他也沒有放棄他的科學研究工作。他的《數學三角形論》經費馬修訂後於一六六五年出版，書中第一次奠定了關於數學歸納法的證明方法。他晚年研究得最多和貢獻最大的科學問題是旋輪線的問題。旋輪線的研究提供了十七世紀由於工業技術的發展「運動和辯證法便進入了數學」[15]的光輝例證，並爲後來牛頓（Isaac Newton）和萊布尼茲的工作奠定了基礎。旋輪線是當時數學界最有名的曲線，笛卡兒、托里拆利、費馬等人都曾用心鑽研過；他本人則解決了當時被認爲是最困難的求積問題。隨著這一問題的解決，他又提出了一系列的其他問題向科學界挑戰，惠更斯等人都參加應戰，他也公布了他本人對於這些問題的解法。這些研究直接促成了微分學的誕生。他的科學業績曾

15 恩格斯：《自然辯證法》第二二七頁。

被十八世紀百科全書派（Encyclopédiste）的科學家達朗貝爾（D'Alembert, 1717-1783）譽爲阿基米德的工作與牛頓的工作兩者的中間環節，這個評價基本上是符合史實的。

晚年的帕斯卡爾又是反對耶穌會的堅決鬥士。當波・羅雅爾修道院幾經統治當局的嚴厲打擊已經瀕於失敗的關頭，一些詹森派的代表人物都傾向於妥協，唯有他堅持要繼續鬥爭。因此之故，他幾乎與他的波・羅雅爾的朋友們決裂，並且終於在痛苦與疾病之中結束了他天才而又短促的一生。一六六二年八月十九日帕斯卡爾死於巴黎，享年三十九歲。詹森派與耶穌會的這場論戰，作爲一場狹隘的神學理論的爭論，早已成爲歷史陳跡；但是他在這場論戰的過程中所醞釀的某些光輝的近代思想內容而尤其是近代思想方法，卻超出神學範圍之外而爲思想史留下了一份值得重視的遺產。關於他的生平活動，他的姐姐吉爾帕特（即比里埃夫人）曾爲波・羅雅爾版的《思想錄》寫過一篇帕斯卡爾傳略，讀者可以參看[16]。

每一個時代的哲學觀點和思想方法論總是根據當時的科學成就和政治鬥爭總結出來的。十七、十八世紀的思想家，其世界觀與方法論的形成幾乎無一不是和他們的科學工作（而在這一歷史階段裡，主要的是數理科學）緊密地聯繫在一起的。但是除了與他們的科學知識和科學方法相制約之外，他們的世界觀和方法論又是和他們的時代特徵和政治特性相制約的。帕斯卡爾生於神學思想統治行將崩潰但還沒有崩潰的時代，所以他的理論體系裡往往採用神學的思想資料；他的社會地位又是屬於近代早期中等階級的市民反對派，所以其中又不可避免地帶有大量唯心主義和不可知論的觀點。這些都是我們在肯定他的歷史貢獻的同時，所應該注意並加以分析和批判的。

16 這篇傳略一六七〇年波・羅雅爾版並沒有刊登，第一次是刊登在一六八四年阿姆斯特丹的吳爾夫崗版上；布倫士維格編《思想錄與著作集》（巴黎，一九一二年）收入卷首。

有關版本和譯文的一些說明

帕斯卡爾身後的影響雖大，但《思想錄》一書卻長期未曾被人很好地整理過，顯得雜亂無章；以致十七、十八兩個世紀裡，無論是贊成他的人還是反對他的人，都沒有可能很好地閱讀和理解《思想錄》的內容和思想。一直要到十九世紀的中葉，這位十七世紀中葉思想家的遺著才逐步恢復它原來的面貌而呈現於讀者的面前。

他死後不久，他的外甥女艾提安・比里埃（Étienne Perier）就整理這部未完成的大書的片段草稿。整理過的草稿復經詹森派中心波・羅雅爾修道院刪訂，特別是剔除了其中一些異端色彩過於濃烈、鋒芒過於外露的部分，於一六七〇年出版；這是《思想錄》最早的一個版本，通稱波・羅雅爾本。事實上，這一最早的版本與著者原作的本來面貌大有出入，並且簡牘錯亂，難以卒讀。

自波・羅雅爾本問世後，歷代都有人研究帕斯卡爾，包括伏爾泰（1694-1778）、孔多塞（Condorcet, 1743-1794）、夏多布里昂（Chateaubriand, 1768-1848）等著名人物在內。歷代也有過不同的版本問世，如一七七六年的孔多塞本、一七七九年的鮑絮（Bossut）

本、一八一九年的勒斐弗爾（Le Fevre）本，但沒有一種是接近原貌的。要到一八三五年的法蘭丹（Frantin）和一八四二年的庫贊（Cousin）才開始企圖按照作者本人的原來設想來恢復本書的次序；一八四四年的弗熱（Faugère）本，是第一個大體上符合原書手稿狀態的版本。此後的各家版本都在弗熱本的基礎上不斷進行訂正，它們是：一八五一年阿韋（Havet）本，一八五四年盧安德（Louandre）本，一八五七年阿斯吉（Astie）本，一八五八年拉於爾（Lahure）本，一八七三年羅歇（Rocher）本，一八七七年莫利尼埃（Mollinier）本，一八八一年德雷烏（Drioux）本，一八八三年冉南（Jeannin）本，一八九五年維拉爾（Vialard）本，一八九六年米肖（Michaud）本，一八九七年狄狄奧（Didiot）本，一九〇四年布倫士維格本，一九〇七年迦齊埃（Gazier）本，一九一一年馬吉瓦（Margival）本，一九二五年馬昔斯（Massis）本，一九三一年斯特羅斯基（Strowski）本，一九三三年蘇瑞（Souriau）本，一九三七年狄德（Dedieu）本，一九四九年謝瓦里埃（Chevalier）本，一九五〇年斯圖爾特（Stewart）本，一九五七年謝瓦里埃《帕斯卡爾全集》本。弗熱、阿韋、莫利尼埃、米肖、布倫士維格各家均對帕斯卡爾做過專門的研究與注釋；其中布倫士維格本較爲晚出，一般公認是最好的版本。此外，聖柏甫（Sainte Beuve, 1888）、斯特羅斯基、索爾鋒（Soltau）、布特魯、克里昂（Criand）諸家也都以研究帕斯卡爾著稱。關於帕斯卡爾的生平，他的姐姐比里埃夫人爲波・羅雅爾本所寫的「帕斯卡爾傳」爲後世留下了可貴的原始材料。關於波・羅雅爾的歷史，聖柏甫的《波・羅雅爾史》（一八四二至一八四八年）一書迄今仍不失爲一部詳盡的研究，其中對帕斯卡爾的評論也有一些獨到的見解，雖則作者標榜客觀主義。有關帕斯卡爾的詳盡書目，可參看梅爾（A. Maire）編《帕斯卡爾書籍總目》和吉羅德（J. Giraud）編《16、17、18世紀法國文學書目》（一四八至一六一頁）。至於較簡明的書目，可參看梅納（J. Mesnard）《帕斯卡爾的生平與著作》一書的附錄（英譯本。紐約，一九五二年。二〇二至二〇八頁）。

中譯文是根據布倫士維格編《帕斯卡爾思想錄與著作選集》修訂第六版（巴黎 Hachette 版，一九一二年）的原文譯出的。布倫士維格本雖然號稱精審，但也有錯誤，甚至於是非常明顯的錯誤，尤以注釋及引文部分較多，正文部分也有一些；譯文中已就個人所知加以改正，不再一一注明。譯文及注釋還參考過謝瓦里埃編訂的《帕斯卡爾全集》（巴黎 Gallimard 版，一九五七年）。這個本子的編次與布倫士維格本頗爲不同，有些地方吸取了較近的研究成果。帕斯卡爾這部書本來就是一部未完成的草稿的殘簡，因此，行文每嫌過於簡略，許多地方甚至於不是完整的句子，從而使得歷來的研究者莫衷一是；自己由於水準所限，錯誤更爲難免，希望能得到讀者的指正。

在翻譯過程中參考過特羅特（W. Trotter）的英譯本，部分地參考過黑塞（H. Hesse）的德譯本（萊比錫，P. Reclam 版）。英譯本有特羅特、羅林斯（G. B. Rawlings）與沃靈頓（J. Warrington）三種，「人人叢書」本、「現代叢書」本及「哈佛古典叢書」本中的三種《思想集》都用的是特羅特的英譯本。這個英譯本雖然也不無可取，但錯訛甚多，並且出現有整段整句的遺漏，次序上的顛倒混亂更是屢見不鮮。凡是布倫士維格本錯誤的地方，無論是正文還是注釋，特羅特英譯本大都承繼下來以訛傳訛；布倫士維格本原來不錯的地方，特羅特英譯本也弄出許多錯誤，有些是非常可笑的錯誤，例如把帕斯卡爾的友人米東（Miton）弄成了英國詩人米爾頓（Milton，見《人人叢書・第八七四種》第一九二段，一九三一年）之類，使人啼笑皆非。

凡是作者原文中的錯字或漏字經後人補正的，均用方形括弧標出。至於書中若干本來就不完整的句子，除了後人已能確定其含義者加以增補之外，其餘均照原文逐字譯出，以免綴補成文有傷原意。

翻譯任何一部思想作品，最感棘手的莫過於名詞與術語難以統一。雖然在翻譯過程中對於重要的名詞和術語儘量求其前後一致，但有時仍然不得不分別用幾個不同的中文字來表示原文中的同一個字，甚至於原文中關鍵性的字。另一方面，大部分名詞雖然照顧了前後的譯名一致，但這種一致卻又不可能不在不同的使用場合之下或多或少地偏離了原意。困難在於，沒有一種文字可以完全精確一貫地符合並表達另一種文字。

中文中的自然、人性、天性和由它們演變來的形容詞自然的、天然的、天賦的，在原文中是同一個字 nature 和它的形容詞 naturel；但我們卻在不同的場合中使用不同的對應詞。中文中的成員、組成部分和肢體在原文中也是同一個字 membre，這個字在國家則譯成員，在整體則譯組成部分，在個人則譯肢體。

Esprit 這個字全書都譯作精神。這個字大致相當英文的 spirit、德文的 Geist、中文的精神、心靈、心智或頭腦，在本書第一編中這個字實際指的是思想方式。所謂幾何學精神與敏感性精神或「精微性的精神」，英譯本作「直覺的精神」的不同，即指幾何學的思想方式與敏感性思想方式之不同。Esprit 這個字在十七、十八世紀有著遠比我們今天所說的「精神」更微妙得多的含義。一個字是不能不受時代的影響而不斷改變它自身的品質和重量的。另一個情形相似的字是 philosophe（哲學家），在十七、十八世紀這個字的含義在一定程度上不同於我們今天所稱的哲學家，它是指有別於形而上學家——而「形而上學」這個字又和我們今天的含義也有不同——的知識追求者。要用一種文字表達不同的時間、地點和條件之下另一種文字所表達的內容，幾乎是不可能的事；因此，就只能希望讀者體會文字的精神實質，做到以意逆志而不以詞害意。

另一個關鍵性的字是 raison。十七世紀的 raison 可以相當於十八世紀的 Verstand（或英文的 understanding：理智、知性、理解、悟性），也可以相當於十八世紀的 Vernunft（或英文的 reason，中文的理性）。這裡我們必須注意到，無論是在帕斯卡爾本人還是在整個

十七世紀的思想裡，Verstand 和 Vernunft 還沒有獲得後來它們在康德那裡所被賦予的那種區別。這個字在帕斯卡爾的用法裡分別指推理能力、理智、道理或理性，我們在書中大多譯作「理智」，少數場合譯爲「理性」或「道理」。當然，德譯本也可以把它譯作 Vernunft，只要不把這個字理解爲一個半世紀以後它在德國古典哲學中所獲得的那種嚴格的意義。嚴格來說，更接近於 Vernunft 的，在帕斯卡爾的用語裡應該是 pensée（思想）。帕斯卡爾用 pensée 這個字，大致相當於笛卡兒用 cogitatio（思想，即「我思故我在」中的「思」字）。笛卡兒說：「我所謂的思想（cogitatio）是指我們意識到在自己心中活動著的全部東西。這就是爲什麼不僅僅是理智（understanding）、意志、想像而且還有感情，在這裡都和思想是同一回事。」[17]笛卡兒的「思想」包括知、情、意三方面，帕斯卡爾的「思想」也包括知、情、意三方面。可以說，笛卡兒和帕斯卡爾的「思想」大致相當於 Vernunft，而「理智」則大致相當於 Verstand。康德的提法是：「全部心靈能力或者說能量（Seelen vermögen oder Fähigkeiten），可以歸結爲不能從一個共同的立場再進一步加以引申的如下三種，即認識能力、好惡的感情與願望能力。」[18]帕斯卡爾的命題是：「心靈有其自己的理智（道理），

17 笛卡兒：《哲學著作集》劍橋版，第一卷，第二二二頁。

18 康德：《判斷力批判》，萊比錫，P. Reclam 版，第二十七頁。

這是理智所不認識的。」[19]帕斯卡爾的「心靈」或「思想」接近於康德的「心靈能力」即理性，而帕斯卡爾的理智則接近於康德的認識能力。理智有所不能認識，但這一點卻是靠理智自己來認識的。這個推論形式正如康德的純粹理性乃是其自身認識能力的立法者一樣；這裡面談不到有什麼像文德爾班（Wilhelm Windelband）所指責的「悖論」[20]。

有的字相當於中文一個以上的意義，我們有時只採用一個譯名。如 lumière 這個字既是光明又是知識，特別是對於某些理性主義者來說，理智的知識本來就是天賦的光明；我們在書中大多數是用「光明」而不用「知識」。另有些字既有字面的意義也有實質的意義；在這種情況下，譯文大多採用其實質的意義。如 l'esprit de finesse 字面上應作「精微性的精神」，我們則用「敏感性的精神」[21]以與「幾何學的精神」相對應；又如 pyrrhonisme 字面上應作皮浪主義（皮浪是懷疑主義的創始人），譯文則逕作懷疑主義。

人名譯音大多採用一般通用的，所以有些人名沒有採用拉丁文的「烏斯」字尾；如 Virgilius 我們就用較通行的維吉爾（Virgilius）而不用魏吉里烏斯。法文專名詞的拼法和拉丁文或英文的都不一樣，有些名字一般中文譯名是以拉丁文或英文為根據的，在這種情形下，我們便不以法文為准。如塞爾修斯我們便不根據法文形式 Celse，而根據較常見的拉丁文與英文的形式 Celsus；同樣，阿達拿修斯就根據 Athanasius，而不根據法文形式 Athanase。

至於 religion chrétienne 之譯作基督宗教而不譯作基督教，是因爲基督宗教不僅更符合原文，也更符合原意，它標誌著帕斯卡爾由中世紀全神性的宗教朝向近代半神性半人性宗教的過渡。

19 本書上冊第277段。

20 文德爾班：《近代哲學史》第一卷，第三七三頁。

21 可參看本書上冊第1段譯注。

《思想錄》不同版本編次對照表

MANUSCRIT	1re COPIE	2de COPIE	PORT-ROYAL	BOSSUT	FAUGÈRE	HAVET	MOLINIER	MICHAUT	BRUNSCHVICG
1	358	315	IX 8	II xvii 68	II 79	XXIV 57	I 82	2	412
1	90	116	VIII 1	II vii 1 II iv 8	II 269	XI 8	I 281	3	693
1	357	313	...	...	II 89	...	I 295	4	660
1	316	313	...	...	II 260	XXV 156	I 267	5	664
3	201	409	VII 1	II iii 1	II 163	X 1	I 146	6	235
..4	...	...	VII 2	II iii 4	...	X 1b	...	...	...
..7	...	...	XXVIII 69	II iii 5	...	...	...	...	...
..8	...	...	...	II xvii 63	...	...	...	...	...
3	361	318	XXIV 8	I vi 4	II 56	III 4	I 118	15	97
4	207	418	...	...	II 171	XXV 38	I 124	7	535
4	259	316	...	...	II 274	XXV 97	I 200	16	731
4	358	315	IX 1	II xvii 64	II 84	XXIV 53	I 72	17	146
7	...	...	...	II iv 9	II 172	XI 9b	I 303	8	604
7	357	314	IX 3	II xvii 65	II 143	XXIV 54	II 42	18	479
8	206	416	...	...	II 169	XXV 91	I 98	9	89
8	206	417	...	II xvii 3	II 170	XXIV 2	I 314	10	231
8	207	418	XXVIII 51	II xvii 5	II 172	XXIV 5	II 140	11	277
8	...	...	...	...	II 172	XXV 39b	I 309	12	542
8	207	418	XXVIII 51	...	II 172	XXIV 5	II 140	13	278
8	206	417	IX 5	II xvii 67	II 171	XXIV 56	II 39	14	477
			IX 6	...	...	XI 4b	I 309	...	...
8	206	417	II 6	II iv 4	II 171	XXV 39	I 309	14	606
8	357	313	...	...	II 260	XXV 156	I 267	19	663
8	358	314	...	...	II 92	XXV 29	I 173	20	394
11	354	309	...	I ix 18	I 195	VI 15b	I 114	21	36
11	354	310	...	I ix 58	I 195	VI 55	II 152	22	155
11	357	313	IX 7	II xvii 67	II 143	XXIV 56b	II 40	24	492
11	349	303	XVI 8	II xii 5	II 320	XIX 5	II 10	25	750
12	354	310	...	...	I 261	XXIV 94	II 115	23	30
						XXV 133	...	...	...
12	351	306	XXVIII 37	II xvii 35	I 328	XXIV 25	II 93	26	868
15	173	207	...	...	II 254	XVI 8t	I 273	27	652
15	126	152	...	...	II 254	...	II 25	28	679
15	126	152	...	...	II 254	XXV 111b	I 256	29	649
15	129	156	XIII 4 5 6	II ix 8 9	II 254	XVI 7	I 245	30	678
17	127	153	X 7	II viii 5	II 362	XV 1	I 267	31	662
17	126	152	XVIII 14	II xiii 7	II 281	XX 11	II 6	32	758
17	420	394	XXVIII 59	II xvii 52	II 177	XXIV 42	II 58	33	247
17	420	395	...	...	II 181	XXIV 97	I 315	34	230
19	423	398	...	...	II 382	XXV 196	II 24	35	782
19	423	398	XV 12	II xi 5	II 340	XVIII 20	I 199	36	712

M.	1e c	2e c	PORT-R.	BOSSUT	FAUG.	HAVET	MOLINIER	MIC.	BR.
19.	423	398	....	II xvii 8..	II 352.	XXIV 8...	II 58.....	37.	561
19.	125	152	....	....	.....	....	....	38.	900
19.	125	151	....	....	II 248.	XXV 153..	I 270.....	39.	657
19.	173	207	....	....	.....	....	....	40.	623
21.	20.	40.	....	....	II 79..	....	....	41.	174
21.	13.	31.	XXIV 12..	I vi 5....	II 43..	III 5......	I 110.....	42.	172
21.	14.	32.	....	I viii 9...	I 185..	V 8.......	I 99.....	43.	305
21.	8^b.	23.	....	I x 31....	I 206..	VII 31....	II 150....	44.	134
21.	9..	23.	XXIV 2...	I v 1.....	I 209..	II 1^b.......	I 88.....	45.	158
21.	14.	32.	XXXI 14..	I ix 47...	I 211..	VI 11.....	I 63.....	46.	132
23.	9..	23.	....	I ix 62...	II 11..	VI 59^b....	I 63.....	47.	164
23.	9..	23.	....	....	II 11..	....	I 63.....	48.	141
23.	15.	33.	....	....	II 89..	XXV 28....	I 67.....	49.	429
23.	14.	32.	....	....	II 135.	XXV 36....	I 170.....	50.	388
23.	9..	23.	....	....	II 75..	I 1^t.......	I 12.....	51.	71.
23.	...	...	....	....	.....	....	....	Err.	154
23.	14.	32.	....	I ix 3....	II 392.	VI 3......	I 99.....	52.	293
23.	8^b.	23.							
459	383	342	....	....	II 75..	I 1^b.......	I 12.....	53.	69.
23.	8^b.	23.	....	....	I 224..	XXV 17....	I 11.....	54.	207
23.	8^b.	23.	XXIV 11...	I ix 25...	I 215..	VI 22^b.....	I 60.....	55.	136
23.	79.	104	....	II xvii 4..	II 387.	XXIV 3^b...	II 62.....	56.	189
23.	77.	102	XXVIII 15.	II xvii 18.	II 146.	XXIV 16...	I 323.....	57.	226
23.	2..	14.	....	....	II 391.	X 11......	II 62.....	58.	248
23.	2..	13.	....	....	II 392.	XXV 110...	II 62.....	59.	291
23.	2..	14.	....	....	II 389.	XXII 1....	II 61.....	60.	60.
23.	1..	14.	....	....	II 390.	X 9.......	II 62.....	61.	247
23.	2..	13.	....	....	II 391.	X 10......	II 62.....	62.	246
27.	1..	13.	....	....	II 334.	XXV 45...	I 179.....	63.	396
27.	2..	15.	....	....	II 388.	XXV 199...	II 64.. ..	64.	602
27.	2..	15.	....	....	II 11..	....	I 58.....	65.	167
27.	80.	105	I 1.......	II ii 1....	II 18..	IX 5......	I 16.....	66.	183
27.	79.	104	XXVIII 19.	II xvii 19.	II 18..	XXIV 17^b..	I 154.....	67.	218
27.	120	147	....	.... 21..	II 156.	XXIV 82...	II 21.....	68.	510
27.	3..	15.	XXVIII 38.	II xvii 36.	II 387.	XXIV 26...	II 63.....	69.	187
27.	119	146	XVIII 11...	II xiii 7..	II 282.	XX 7......	II 6.....	70.	793
29.	1..	13.	....	....	II 389.	XXV 109..	II 61.....	71.	227
29.	1..	13.	....	....	II 389.	XXV 200..	I 314....	71.	244
29.	1..	13.	....	....	II 390.	XXV 108^b..	II 61.....	72.	184
29.	...	...	....	....	II 246.	XVI 8^b....	I 272.....	73.	647
29.	132	159	XIII 8.....	II ix 10...	II 246.	XVI 8^b....	I 272.....	74.	683
29.	126	164	XIII 7.....	II ix 10...	II 315.	XVI 8.....	II 21.....	75.	545
31.	137	164	XIII 11....	II ix 11...	II 258.	XVI 12....	I 246.....	76.	687
							I 256.....	...	...
31.	140	188	XVII 3....	II xvi 8..	II 334.	XIX 8....	I 180.....	77.	691
					II 247.	XXV 152..	....	...	...
31.	125	152	....	....	II 247.	XXV 152..	I 243.....	78.	648
31.	125	151	....	....	II 247.	XXV 152..	I 243.....	79.	653
33.	133	160	XIII 17 18..	II ix 17 18.	II 307.	XVI 15....	II 11.....	80.	692
						XVI 16....	I 264.....	...	...

M.	1° C	2° C	PORT-R.	BOSSUT	FAUG.	HAVET	MOLINIER	MIC.	BR.
35.	134	162	X 3 5 6 8....	II VIII 3 4 5	II 254.	XVI 13....	I 262.....	81.	670
			XIII 15 16..	II IX 15 16	.....	XV 3^{b} 5....	....	...	...
					.....	XVI 14....	....	...	...
35.	130	157	X 13......	II VIII 9..	II 274.	XV 8.....	I 204.....	82.	757
35.	111	158	....	....	II 254.	....	I 244.....	83.	677
37.	355	310	XV 10.....	II XI 3...	II 249.	XVIII 15..	I 255.....	84.	766
			....	....	.....	XVIII 16..	II 3.....	85.	...
							II 5.....	...	...
37.	355	311	XV 11....	II XI 3....	II 250.	XVIII 17..	I 205.....	86.	736
37.	132	159	XIII 18....	II IX 18...	II 247.	XVI 16^{b} et 16^{t}	I 270.....	87.	680
37.	131	158	X 13......	II VIII 9..	II 325.	XV 8^{b}.....	I 323.....	88.	762
39.	131	158	X 4.......	II VIII 3..	II 203.	....	....	89.	746
39.	138	165	X 9.......	II VIII 6..	II 203.	XV 6.....	I 323....	90.	745
39.	131	159	....	....	II 272.	XXV 162..	I 200....	91.	719
39.	131	158	....	....	II 203.	....	II 13.....	92.	686
38.	125	151	....	....	II 249.	....	I 243....	93.	667
39.	125	151	....	....	II 249.	XXV 154..	I 272....	94.	681
39.	125	151	....	....	II 249.	....	I 272....	95.	674
39.	417	391	....	....	II 403.	....	....	96.	612
39.	420	395	....	....	II 403.	....	....	97.	193
41.	422	397	....	....	I 228..	XXV 20...	I 155....	98.	259
41.	422	397	VII 2.. ..	II III 5...	II 181.	X 3.......	I 153....	99.	240
41.	422	397	....	II XVII 7..	II 357.	XXIV 7...	I 287....	100	615
41.	417	391	....	....	II 145.	XXV 88...	I 195....	101	532
41.	157	188	....	....	II 234.	....	II 67.....	102	809
43.	419	394	....	....	II 329.	XXV 101..	II 48.....	103	519
	420	...	....	....	.....	....	....	...	...
43.	159	167	X 1.......	II VIII 2..	II 245.	XV 2.....	I 248....	104	643
				II IX 3...	.....	....	....	...	...
45.	138	165	XIII I....	II IX 5...	II 363.	XVI 4.....	I 242....	105	642
						XXV 186..	....	...	...
45.	147	145	XVIII 22..	II XIII 11.	II 372.	XX 16....	II 104....	106	789
45.	117	145	....	II XVII 4..	II 369.	XXIV 4...	I 296 et...	107	523
							II 104....	...	...
45.	118	145	XVIII 5...	II XIII 3..	II 158.	XX 3......	I 319....	108	501
45.	123	149	....	....	II 155.	....	....	109	228
45.	117	145	....	....	II 392.	XXV III...	II 64.....	110	570
45.	117	145	XXVIII 22.	II XVII 22.	II 323.	XXIV 20..	II 17.....	111	233
45.	118	144	XVIII 24..	II XIII 11.	II 116.	XX 19....	I 319....	112	506
45.	118	144	....	....	II 369.	XXV 52...	I 290....	113	444
47.	117	143	....	vol.II p.547	I 221..	XXIV 99...	II 89.....	114	816
47.	117	143	XVIII 13..	II XIII 7 10	II 282.	XX 9.....	I 319....	115	751
						XX 10....	....	...	...
47.	118	144	....	....	II 149. (note)	....	....	116	430 (note)
47.	118	144	....	suppl. 20..	II 156.	XXIV 84^{b}..	I 315....	117	511
47.	359	316	....	....	II 95..	XXV 32^{b}...	I 174....	118	462
47.	360	317	....	....	II 131.	XXV 83...	I 68......	119	94.
47.	361	318	XXIV 6...	I V 4.....	II 81..	II 4......	II 66.....	120	411
47.	359	315	....	....	II 42..	XXV 26...	I 61......	121	131
47.	360	317	III 13.....	II V 5....	II 81..	XII 8.....	I 284....	122	417

M.	1ᵉ C	2ᵉ C	PORT-R.	BOSSUT	FAUG.	HAVET	MOLINIER	MIC.	BR.
49.	360	317	XXIV 4 ...	I v 2.....	I 209..	II 2^b......	I 90......	123	153
						XXV 122 ..	....	...	...
49.	360	316	XXIV 5 ...	I v 3.....	I 208..	II 3	I 88......	124	150
49.	89.	115	....	....	I 225..	XXV 16^b ..	I 43......	125	208
49.	89.	115	....	....	I 235..	....	II 151....	126	57.
49.	90.	116	....	....	I 236..	....	I 85......	127	86.
						....	II 364....	...	...
49.	359	316	....	....	II 80..	....	I 102	128	214
49.	161	192	XVI 5.....	II XII 4...	II 321.	XIX 4	II 11.....	129	640
49.	164	194	....	....	II 384.	....	II 14.....	130	178
49.	120	147	XIII 10....	II IX 12...	II 146.	XVI 10....	I 297	131	765
49.	163	193	XIV 5.....	II X 4....	II 323.	XVII 5....	II 15.....	132	800
51.	420	395	....	....	II 494.	XXV 93^b...	II 2	133	741
51.	421	395	XVI 3.....	II XII 2...	II 370.	XIX 2.....	II 15	134	798
51.	421	396	XXVIII 60.	II XVII 53.	I 240..	XXIV 43...	II 99	135	895
51.	421	396	XXXI 22...	I X 16....	I 196..	VII 16	II 150	136	6..
51.	163	198	....	....	II 273.	XVI 1^b....	I 212	137	752
53.	158	189	XIV 1.....	II X 1....	II 330.	XVII 1....	II 21	138	793
53.	163	192	XVI 6.....	II XII 4...	II 324.	XIX 4^b....	II 12	139	639
53.	120	147	....	....	II 273.	....	I 199	140	705
55.	161	191	XVI 1.....	II XII 1...	II 322.	XIX 1^b....	II 16	141	801
55.	157	187	XIV 2.....	II X 2....	II 325.	XVII 2....	II 13	142	786
55.	121	148	XVIII 20 et	II IV 5 ...	II 146.	XI 5......	I 318	143	585
			II 7.....	II XIII 10.	II 264.	....	....	...	...
55.	121	148	XVII 1....	II XII 7..	II 335.	XIX 7	I 177	144	601
57.	119	145	XVIII 2 17	II XIII 2 9	II 263.	XX 1	II 13.....	145	578
			et 18.....	II VIII 18 .	.....	XX 13	I 271	...	...
			XI 2......	....	.....	XXV 158 ..	I 324	...	...
				....	.....	XV 15.....	I 190	...	...
57.	164	195	XVII 6....	II XII 10..	II 335.	XIX 10....	I 179	146	600
57. 317	69.	95.	III 1 et 2 ..	II V 1 et 2.	II 152.	XII 1.....	I 274	147	430
318	121	147	3 et 10....	5 et 12 ...	II 147.	XII 3.....	I 285	...	...
321	...	...	11 et 12 13 .	II XVII 60.	.....	et 4	I 278	...	...
322	...	...	XVIII 1...	II XIII 1..	.....	et 20......	I 316	...	...
325	...	...	IV 1......	....	.....	et 5.......	....	...	...
326	...	...	XXVIII 66.	....	.....	XX 1......	....	...	...
57.	118	145	XVIII 12 ..	II XIII 7 ..	II 330.	XX 8	II 7	148	771
59.	157	187	XV 5	II XI 2 ...	II 277.	XVIII 5 ...	I 204.....	149	772
59.	161	191	XIV 4.....	II X 4....	II 349.	XVII 4....	II 14.....	150	797
59.	158	188	XVI 6 et 7 .	II XII 4...	II 320.	XIX 4^c....	II 12.....	151	638
59.	118	144	XVIII 21 ..	II XIII 10 .	II 349.	XX 15	II 26.....	152	796
59.	120	146	X 2	II VIII 3..	II 251.	XV 3	I 261.....	153	645
59.	163	192	....	....	II 404.	....	....	154	697
59.	163	192	....	....	II 374.	XXV 193 ..	II 115.....	155	569
59.	157	187	XXXI 26 ..	I X 19.....	II 265.	VII 19	I 195.....	156	283
59.	163	195	....	....	II 274.	....	I 309.....	157	699
61.	158	189	....	II X 4....	II 324.	XVII 6....	II 24.....	158	764
61.	163	194	....	....	II 371.	....	II 13.....	159	755
61.	157	187	XIV 6.....	II X 5....	II 330.	XVII 9....	II 20.....	160	742
61.	158	188	....	....	II 322.	XXV 174 ..	II 13.....	161	743

M.	1ᵉ C	2ᵉ C	PORT-R.	BOSSUT	FAUG.	HAVET	MOLINIER	MIC.	BR.
61.	157	188	....	....	II 370.	XIX 2^b....	II 24.....	162	799
61.	158	188	....	....	II 324.	XXV 475 ..	II 24.....	163	763
61.	89.	115	....	....	II 55..	XXV 80 ...	I 85	164	98
61.	79.	105	I 4.......	II II 4....	II 48..	IX 4......	I 45	165	200
61.	78.	104	....	....	I 224..	XXIV 404..	I 472.....	166	225
61.	78.	104	XXVIII 67.	II XVII 64.	II 482.	XXIV 50...	I 453.....	167	257
63.	361	318	....	....	II 96..	XXV 33^b ..	I 474.....	168	422
63.	78.	103	XXVIII 47.	II XVII 48.	II 472.	XXIV 46^t..	I 453.....	169	237
63.	78.	...	....	....	II 473.	....	....	170	281
63.	80.	105	XXIX 44 ..	II XVII 69.	I 244..	XXIV 58 ..	I 444.....	171	210
63.	79.	104	XXVIII 49.	II XVII 49.	I 224..	XXIV 98 ..	I 472.....	172	221
63.	78.	104	....	....	II 49..	....	II 64.....	173	190
63.	100	129	XXIII 6...	I IV 6....	II 84..	I 6.......	I 70	174	347
63.	78.	104	....	....	II 276.	....	....	175	204
63.	77.	103	I 4.......	....	II 48..	IX 3......	I 46	176	215
63.	101	129	....	....	II 343.	XXV 209 4 .	II 34.....	177	517
63.	78.	103	....	....	II 474.	XXV 92 ...	I 454.....	178	258
63.	77.	103	VIII 4 ...	....	II 49..	XIV 4.....	I 444.....	179	211
65.	78.	104	XXVIII 48.	II XVII 49.	II 473.	XXIV 47 ..	I 453.....	180	236
65.	359	316	IX 9......	II XVII 68.	I 226..	XXIV 57^b..	I 46	181	495
65.	361	318	I 4.......	....	II 49..	....	I 46	182	198
65.	349	303	....	....	II 296.	....	I 344.....	183	576
65.	350	304	II 43......	II IV 44...	II 47..	XI 44	I 285.....	184	450
65.	15.	33.	....	....	I 494..	XXV 448 ..	I 38	185	111
67.	15.	33.	....	....	I 223..	XXV 72 ...	I 44	186	379
67.	21.	40.	....	....	II 430.	....	I 404.....	187	454
67.	20.	39.	....	....	I 224..	XXV 46 ...	I 44	188	205
67.	15.	33.	XXIX 36 ..	I IX 66 ...	I 494..	VI 63.....	I 444.....	189	181
67.	16.	35.	....	I IX 42 ...	I 487..	VI 9......	I 99	190	296
67.	15.	35.	XXIX 35 ..	I IX 39 ...	I 494..	VI 36.....	I 424.....	191	103
67.	15. / 16.	34.	XXIX 37 ..	I IX 40 et 43	I 488..	VI 37.....	I 402.....	192	332
						VI 40.....	....	...	...
69. / 365	16.	35.	XXV 5 et 6.	I VI 8 et 9.	II 426.	III 8......	I 94	193	294
				I IX 5.....	......	....	....	...	...
69.	21.	40.	XXXI 46 ..	I IX 48 ...	I 494..	VI 45.....	I 47	195	110
69.	19.	38.	....	....	I 204..	XXV 66 ...	I 86	196	151
70. / 366	22.	41.	....	....	II 423.	....	I 473.....	194	75
							I 458.....	...	...
70.	20.	39.	....	I IX 40 ...	II 430.	VI 40^b	I 98	197	326
73.	19.	38.	....	....	I 489..	XXV 63...	I 48	198	115
73.	21.	40.	....	I IX 25 ...	II 42 n.	....	....	199	165
73.	350	312	XXIX 43 ..	II XVII 69.	II 94..	XXIV 57^t..	I 472.....	200	219
73.	21.	40.	XXIV 3 ...	I V 2.....	II 89..	II 2	I 90	201	405
73.	20.	39.	....	....	II 432.	XXV 85 ...	I 97	202	879
73.	19.	38.	XXXI 25 ..	I IX 53 ...	I 486..	VI 50.....	I 403.....	203	295
73.	19.	37.	....	I IX 5....	II 432.	VI 5......	I 96	204	309
73.	19.	38.	XXIX 34 ..	I IX 38 ...	I 487..	VI 35.....	I 443.....	205	177
73.	21.	40.	....	....	II 435.	XXV 37 ...	I 459.....	206	389
75.	350	305	XXIX 48 ..	I IX 23 ...	I 497..	VI 20.....	I 428.....	207	455

M.	1° c	2° c	PORT-R.	BOSSUT	FAUG.	HAVET	MOLINIER	MIC.	BR.
73.	356	312	....	....	II 86..	....	I 65.....	208	443
73.	21.	40.	....	....	I 226..	XXV 60...	I 154.....	209	66.
73.	349	303	XVI 9.....	II xii 5...	II 320.	XIX 5^{b}....	II 40.....	210	768
					II 183.	....	....	...	...
73.	27.	45.	XXIV 9...	I v 6.....	I 208..	II 6......	I 90.....	211	152
73.	197	9..	XXIII 5...	I iv 5....	II 80..	I 5.......	I 66.....	212	400
77.	192	2..	....	II xi 4...	I 202..	XVIII 18..	II 1.....	213	617
77.	193	3..	II 8......	II iv 5...	II 244.	XI 5^{t}....	I 260.....	214	644
77.	196	7..	XX VIII 65.	II xvii 58.	II 79..	XXIV 48..	I 68.....	215	174
79.	198	9..	....	I vii 3...	II 40..	VI 4......	I 59.....	216	171
79.	6..	19.	....	I ix 46...	II 41..	VI 43.....	I 89.....	217	127
79.	5..	18.	....	....	I 184.n	....	....	218	318
79.	13.	30.	....	....	I 207..	....	I 89.....	219	163
79.	5..	18.	....	....	I 294..	*Pro* 296...	....	220	...
79.	5..	18.	....	....	II 392.	....	....	221	292
79.	5..	17.	....	I ix 62...	I 207..	VI 59.....	I 63.....	222	161
79.	7..	19.	....	I viii 8...	I 478..	V 7^{b}......	I 82.....	223	350
79.	14.	31.	XXV 9....	I vi 12...	II 53..	III 9.....	I 40.....	224	366
79.	5..	17.	....	....	II 335.	XXV 102..	I 123.....	225	113
81.	6..	19.	XXVIII 52.	I ix 44...	I 498..	VI 41.....	I 126.....	226	67.
81.	5..	17.	....	....	II 353.	XXV 103..	II 53.....	227	338
81.	8..	21.	XXV 1....	I vi 1....	II 98..	III 1.....	I 41.....	228	374
81.	6..	19.	....	I viii 8...	I 182..	V 7.......	I 82.....	229	308
81.	27.	45.	....	....	II 79..	XXV 81...	I 67.....	230	126
81.	9..	22.	....	....	II 55..	XXV 80^{t}..	I 86.....	231	117
83.	5..	17.	....	I x 39....	I 206..	VII 38....	I 85.....	232	133
83.	5..	17.	....	....	I 235..	I 4^{b}......	I 72.....	233	410
					II 82..	....	....	...	...
83.	8..	21.	....	I viii 10..	I 178..	V 9.......	....	234	320
83.	8..	21.	....	....	I 185..	....	....	235	317 n
83.	7..	20.	....	....	I 203..	XXIV 89...	I 43.....	236	354
83.	5..	18.	XXV 3....	I vi 2....	II 75..	III 2^{b}.....	I 40.....	237	381
83.	8..	21.	XXIV 10..	I v 7.....	I 208..	II 7......	I 89.....	238	149
83.	6..	18.	....	....	XXV. 120..	....	I 40.....	239	367
83.	8..	20.	XXIX 38..	I ix 41...	I 215..	VI 38.....	I 86.....	240	156
83	9..	22.	....	I vi 2....	II 98..	III 2......	I 169.....	241	376
85.	...	...	....	....	I 269..	*Pro.* 287..	II 114.....	242	882
85.	...	...	....	....	I 312..	....	*Pro.* 100.	243	...
85.	...	...	....	....	I 231..	XXIV 33^{b}..	II 46.....	244	459
85.	...	...	....	II xvii 74.	I 231..	XXIV 63...	II 57.....	245	520
						XXV 126..	....	...	...
85.	...	...	....	II xvii 74.	I 231..	XXIV 63^{b}..	II 57.....	246	582
						XXIV 63^{t}..	I 320.....	...	...
85.	...	...	....	....	II 333.	XXV 181..	II 45.....	247	460
87.									
89.	...	...	....	....	II 338.	XXV 209^{1}..	II 27.....	248	553
90.	...	...	....	....	II 348.	XXV 112...	II 44.....	...	...
99.	...	...	....	....	.....	XXV 113...	I 98.....	...	...
						XXV 209^{2}..	II 29.....	...	...
						XXV 209^{3}..	I 147.....	...	...

M.	1ᵉ C	2ᵉ C	PORT-R.	BOSSUT	FAUG.	HAVET	MOLINIER	MIC.	BR.
99.	...	...	....	....	......	XXV 114...	II 32.....	...	553
						XXV 115...	II 33.....	...	...
90.	...	...	....	....	II 318.	XXV 209...	....	248	791
100	...	...	....	....	II 477.	XXV 137...	I 202.....	249	698
89.	...	...	....	....	II 326.	XXV 44...	II 32.....	250	785
90.	...	...	....	....	II 376.	XXV 54...	II 47.....	251	504
90.	...	...	....	....	II 328.	XXV 209^{8}..			
						209^{9}.....	II 33.....	252	554
90.	...	...	....	....	II 350.	XI 3^{b}.....	II 50.....	253	250
90.	...	...	....	....	II 262.	XXV 157..	II 129....	254	661
90.	...	...	....	suppl. 9...	II 384.	XXIV 70...	I 294.....	255	580
90.	...	...	....	....	II 384.	XXV 107...	I 294.....	256	490
93.	...	...	....	....	I 291..	XXV 205...	II 89.....	257	856
93.	352	307	....	II XVII 73.	I 325..	XXIV 62...	II 121.....	258	905
93. } 94. }	...	...	....	....	I 293..	*Pro.* 295..	*Pro.* 109.	260	...
					I 300..	....	....	...	...
94.	...	...	....	II XVII 72.	II 180.	XXIV 61^{t}..	II 49.....	259	498
97.	...	...	....	....	I 380..	XXV 105...	II 52.....	261	668
97.	...	...	....	....	I 274..	*Pro.* 290..	II 121.....	262	897
97.	...	...	....	....	II 318.	XXV 209...	II 26....	263	790
99. }	...	...	....	II XVII 77.	I 266..	*Pro.* 287..	II 106....	264	920
100 }	...	...	....	....	I 270..	XXIV 66..	II 116.....	...	...
						XXIV 66^{b}..	....	...	...
						Pro. 288..	....	...	...
99.	...	...	....	....	I 230..	XXV 73...	II 51.....	265	540
100	...	...	....	....	II 477.	XXV 137..	I 202.....	249	698
103	...	...	....	....	I 177..	XXV 1....	I 46.....	266	104
103	409	385	....	I IX 60....	I 210..	VI 57.....	I 123.....	268	101
105	409	385	XIV 10....	II VIII 19.	II 197.	XV 20.....	I 202.....	269	737
						XV 19.....	I 308.....	...	...
103	.. .	...	....	....	......	....	....	272	518
104	...	...	....	....	II 372.	XXV 189..	I 248.....	267	658
104	...	...	....	Sup. 6....	I 243..	XXIV 69...	II 34.....	270	550
104	...	...	....	....	I 291..	....	II 116....	271	191
105	...	...	....	....	I 216..	XXV 70...	II 60.....	273	264
105	...	...	....	....	I 201..	....	II 129....	274	...
107	...	...	....	suppl. 18..	I 234..	XXIV 79...	I 45.....	275	505
							II 152....	...	...
107	...	...	....	....	I 233..	XXV 127..	II 50.....	276	499
107	...	...	....	....	I 233..	XXV 209^{17}.	II 33.....	277	555
						XXV 209^{6}..	....	...	...
109	325	275	XXXI 29..	I X 21....	I 250..	VII 21....	II 134....	278	48.
109	325	275	....	suppl. 14..	I 318..	XXIV 75..	II 114....	279	880
109	325	275	....	I IX 17..	I 286..	*Pro.* 294..	II 125....	280	869
109	470	275	....	....	II 99..	VI 14.....	I 115.....	281	378
109	340	293	XXVIII 49.	II XVII 44.	II 232.	XXIV 34...	I 321.....	288	263
110	326	330	....	....	II 75..	....	I 39.....	282	70.
110	326	332	....	....	II 129.	....	I 94.....	283	375
110	326	276	....	....	II 98..	....	I 171.....	284	387
110	326	277	....	....	II 37..	IV 2......	I 57.....	285	140

M.	1e C	2e C	PORT-R.	BOSSUT	FAUG.	HAVET	MOLINIER	MIC.	BR.
110	...	...	....	....	I 37..	IV 2......	I 58	286	145
110	326	...	....	....	I 314..	....	....	288	853
110	335	287	....	I x 23....	I 255..	VII 23	II 134....	289	45.
110	336	287	....	....	I 489..	XXV 63 ...	I 47	290	114
					I 257..	....	....	...	...
110	339	292	XII 4.....	II IX 4....	II 253.	XVI 3.....	I 273	291	646
113	441	237	....	II XVII 20.	II 264.	XXIV 48...	I 317.....	292	564
113	441	238	....	....	I 283..	....	II 97.....	293	855
							Pro. 112.	...	...
113	337	289	....	II XVII 49.	I 228..	XXIV 39^b..	II 44.....	294	485
113	338	290	....	....	II 313.	XXV 171^b..	I 177	295	591
115	333	284	....	....	II 329.	XXV 180 ..	I 207	296	778
115	333	284	XXVIII 48.	II XVII 43.	I 232..	XXIV 33...	II 45	297	458
115	333	285	XXVIII 33.	II XVII 33.	II 329.	XXIV 23 ..	II 26	298	515
115	334	285	XXVIII 34.	II XVII 33.	II 330.	XXIV 23^b..	II 26.....	299	784
115	334	255	....	....	II 330.	XXV 180 ..	II 404....	300	779
115	334	285	....	....	II 330.	XXV 180...	II 406....	301	780
117	452	250	....	II XVI 40..	II 216.	XXIII 35 ..	II 84.....	302	839
						XXIII 36 ..	II 85.....	...	...
117	340	295	....	....	II 265.	XXV 159 ..	I 257	303	651
119	441	238	XXVII 3...	II XVI 2 ..	II 227.	XXIII 3...	II 67.....	304	824
119	441	238	XXVIII 61.	II XVII 54.	II 227.	XXIV 44 ..	I 487	305	671
119	442	239	XXVII 8...	II XVI 5..	II 228.	XXV 149 ..	II 88.....	306	827
						XXIII 15 ..	....	...	...
119	336	288	....	....	II 343.	XXV 209^5..	II 32.....	307	552
119	345	299	....	....	II 494.	XV 43^b...	I 488.....	308	704
						XXV 139 ..	....	...	...
121	...	...	....	....	II 383.	XXV 55 ...	II 427....	309	513
					II 382.	XXV 55^b ..	II 128....	...	...
						XXV 497 ..	....	...	...
121	55.	75.	XXVI 4 ...	I VII 4 ...	II 39..	IV 5......	I 58	310	168
121	53.	75.	....	....	II 40..	....	I 58	311	169
121	5..	18.	....	....	I 284 n.	....	....	218	318
121	5..	18.	....	....	I 207..	....	....	221	292
123	338	290	....	suppl. 15..	I 317..	XXIV 76...	II 443....	312	874
						XXIV 77...	....	...	...
123	338	290	....	....	II 214.	XXV 94^t...	II 72.....	313	815
123	338	290	....	suppl. 16..	I 317..	XXIV 77...	II 443....	314	872
123	339	291	XII 2 et 3..	II IX 2 ...	II 324.	XVI 2.....	I 254	315	768
123	339	292	....	suppl. 17..	II 374.	XXIV 78...	II 426....	316	775
123	342	296	....	....	I 259..	XXV 74 ...	I 47	317	12.
125	444	241	XXVII 6 et 9	II XVI 4 et 5	II 230.	XXIII 7...	II 86.....	318	829
						XXIII 46 ..	....	...	...
						XXV 450 ..	....	...	...
125	342	296	....	....	I 260..	XXV 132 ..	II 436....	319	53.
125	342	295	....	....	I 260..	XXV 76 ...	II 236....	320	28.
125	53.	75.	....	I IV 44 ...	II 476.	I 44	I 445	321	469
127	334	285	XXVIII 43.	II XVII 39.	II 347.	XXV 200 4°.	II 34.....	322	744
						XXIV 29...	II 9	...	...
127	335	286	....	I VI 45 ...	I 200..	III 44.....	I 84	323	84.
127	335	286	....	I IX 50 ...	I 200..	VI 47.....	I 39	324	107

M.	1e C	2e C	PORT-R.	BOSSUT	FAUG.	HAVET	MOLINIER	MIC.	BR.
127	337	289	....	....	I 240..	XXV 13 ...	I 144	325	173
127	336	288	XXXI 30 ..	I x 22....	I 249..	VII 22	II 135....	326	27.
127	337	289	....	II xvii 59.	II 374.	XXIV 49...	II 145....	327	886
129	343	296	XXXI 31...	I x 24....	I 255..	VII 24	II 132....	328	32.
129	344	297	XXXI 32...	I x 25 ...	I 256..	VII 25	II 136....	329	33.
129	344	298	XXIX 14 ..	I ix 48 ...	I 257..	VI 15.....	I 120	330	34.
130	341	294	XXXI 15 ..	I viii 10..	II 173.	XXIV 88 ..	I 155	331	234
					I 217..	V 9^{b}	I 121	...	...
130	345	299	....	....	II 327.	XXV 99 ...	I 270.....	332	656
130	329	280	XXXI 6 ...	I x 4.....	I 224..	VII 4.....	II 143....	333	274
130	343	296	....	....	I 258..	XXV 25 ...	II 135....	334	56.
130	343	296	....	....	I 258..	XXV 25^{b} ..	....	...	15.
						XXV 118^{b}..	II 132....	334	...
139 210 209 217 133 217	53.	76.	XXVI 1 2 3.	I vii 1 2 3 .	II 31..	IV 2......	I 49	335	139
134	327	277	....	I ix 43 et 11	II 130.	VI 40.....	I 96	336	325
134	328	278	....	I ix 64 ...	I 193..	VI 61.....	I 88	337	408
134	328	278	XXXI 4 ...	I x 3.....	I 173..	VII 3.....	II 141....	338	40.
134	328	279	....	I ix 57 ...	I 210..	VI 54.....	II 152....	339	57.
134	329	279	XXIX 39 ..	I ix 42....	II 54..	VI 39.....	I 39	340	105
137	330	280	XXXI 27...	I viii 1...	II 96..	V 1	I 167.....	341	373
137	330	280	XXXI 27 ..	I ix 55....	II 96..	VI 52.....	I 118.....	341	331
137	330	281	XXXI 7 ...	I x 5.....	I 257.	VII 5	II 137....	342	5..
137	331	280	XXIX 10 ..	I ix 14 ...	I 209..	VI 11.....	I 116.....	343	102
137	338	290	XVIII 10 ..	II xiii 6..	II 205.	XX 6	I 196.....	344	575
141	331	282	....	....	II 374.	XXV 194...	I 195.....	345	579
141	331	282	XXIX 11 ..	I ix 15 ...	I 209..	VI 12.....	I 124.....	346	407
141	332	283	....	....	II 374.	XXV 194...	I 196	347	531
141	332	283	....	I vi 13 ...	I 223..	III 10.....	II 39.....	348	99.
							I 196.....	...	...
141	331	282	XXIX 13 ..	I ix 1....	I 205..	VI 1......	II 151....	349	380
					I 187..	VI 1^{b}.....	I 103.....	...	...
142	335	284	....	....	I 235..	....	II 151....	350	120
142	333	284	....	....	I 216..	XXIV 92...	I 42	351	370
						VI 48 n....	....	...	...
142	...	...	....	....	I 291..	....	II 101....	352	...
142	342	295	....	s ppl. 27..	I 247..	XXIV 87^{b}..	II 132....	353	26.
142	59.	82.	XXXI 3 ...	I ix 64 ...	II 40..	VI 58.....	I 58	354	166
142	335	287	....	....	I 213..	XXIV 91...	I 83	355	303
142	329	280	XXIX 9...	I viii 59..	I 199..	V 18......	I 85	356	85.
142	346	300	....	....	II 404.	....	....	357	186
142	337	289	....	....	I 222..	XXV 71....	II 44.....	358	534
142	345	299	....	....	II 178.	XXV 40 ...	II 56.....	359	279
142	341	294	....	....	II 373.	XXV 192...	II 100....	360	567
145	335	287	XXXI 8 ...	I x 6.....	I 248..	VII 6.....	II 135....	361	47.
145	339	292	....	....	I 259..	XXV 130...	II 135....	363	54.
145	308	530	X 12 et 14..	II viii 8.. et 10 ...	II 261.	XXVI 9 ...	I 249.....	364	675

M.	1e C	2e C	PORT-R.	BOSSUT	FAUG.	HAVET	MOLINIER	MIC.	BR.
...	...	...	XIII 9	II IX 10 ..					
				et 11 ...	.....	....	....	...	...
146	...	...	....	....	I 250 n.	....	....	362	371
146	58.	82.	XXVI 4 ...	I VII 4 ...	II 38..	IV 3......	I 61	365	142
146	177	210	XXVIII 54.	II XVII 48.	I 214..	XXIV 38...	I 112.....	366	539
149	181	214	XXIX 3 ...	II XVII 70.	II 370.	XXIV 59^{b}..	II 37.....	367	483
						XXIV 59'..	....	...	...
149	178	211	....	II XVII 70.	II 378.	XXIV 59...	II 37.....	368	482
150	85.	111	....	II XV 2...	II 316.	XXII 7....	II 18.....	369	547
151	31.	47.	XXIX 4 ...	I VI 25 ...	I 180..	III 18.....	I 126.....	370	327
151	148	170	X 16 18 et 19	II VIII 10					
				12 et 13.	II 363.	XV 10	I 266.....	372	607
152	32.	48.	....	t. II, p. 547	I 181..	XXIV 100^{b}.	II 148....	371	79.
153	395	367	....	....	II 281.	XX 18	I 315.....	373	568
							I 201.....	374	...
								375	...
								376	...
155	...	...	....	....	I 285..	*Pro.* 293..	II 100....	377	...
155	...	...	....	....	I 319..	....	....	378	...
155	...	...	....	....	I 320..	....	....	379	...
157	410	387	XXXI 19 ..	I IX 52 ...	I 186..	VI 19.....	I 99......	380	393
157	40.	61.	XXIII 4...	I IV 4....	II 81..	I 4.......	I 74......	381	409
157	394	265	....	....	I 226..	XXV 125 ..	I 87......	382	501
157	167	197	....	....	II 273.	....	I 271.....	383	725
159	411	387	....	....	I 193..	XXV 5....	I 46......	384	160
							I 45......	...	...
159	32.	48.	....	I IX 8....	II 433.	VI 7^{b}.....	I 101.....	385	878
159	428	399	XXVIII 63.	II XVII 56.	II 190.	XXIV 46...	I 181.....	386	593
161	46.	66.	XXI 4	II 1 4 et 5..	II 83..	VIII 13....	I 65......	387	416
161	81.	107	V 2.......	II VI 1 ...	II 347.	XIII 2	II 57.....	388	268
161	412	388	....	....	I 380..	XXV 119 ..	....	389	314
161	37.	54.	....	....	I 216..	....	I 109.....	390	467
161	178	210	....	....	I 227..	XXIV 22 ..	II 38.....	391	481
163	412	389	....	....	I 234..	XXV 206...	I 109.....	392	310
						XXIV 90^{b}..	I 121.....	...	...
						XXV 119...	I 104.....	...	...
						XXV 22 ...	....	...	...
163	415	389	XXXI 37 ..	I IX 56 ...	I 253..	VI 53.....	I 123.....	393	41.
163	179	211	....	....	I 235..	XXV 23 ...	II 121....	394	209
163	84.	111	....	....	II 349.	XIII 5^{b}....	II 47.....	395	254
						XXV 46 ...	....	...	...
163	...	221	....	....	II 195.	XXV 141 ..	I 194.....	396	633
163	394	365	....	....	.....	....	....	397	258
163	46.	67.	XXV 15 ...	II VI 19...	II 131.	III 13.....	I 96......	398	92.
165	39.	60.	....	....	II 84..	I 6^{b}	I 70......	399	348
165	40.	60.	XXIII 3...	I IV 3....	II 82..	I 3.......	I 71......	400	397
165	172	205	XV 6	II XI 2 ...	II 308.	XVIII 7...	I 204.....	401	735
165	172	205	XV 6	II XI 2 ...	II 308.	XVIII 6...	I 204.....	402	729
165	170	204	....	II XI 2 ...	.....	....	....	403	738
165	31.	47.	....	I IX 7 et 8 .	II 434.	VI 7......	I 100.....	404	299
165	31.	47.	....	....	II 435.	XXV 86 ...	I 324.....	405	271

M.	1e C	2e C	PORT-R.	BOSSUT	FAUG.	HAVET	MOLINIER	MIC.	BR.
167	169	202	XVIII 15 ..	II XIII 8 ..	II 280.	XXV 167 ..	II 14.....	406	753
						XX 12	....	...	...
167	397	371	....	....	II 135.	VI 62^b	I 115.....	407	306
167	167	200	XV 2	II XI 1 ...	II 271.	XVIII 2...	I 199....	408	710
167	168	201	XV 1	II XI 1 ...	II 270.	XVIII 1 ..	I 198....	409	706
167	181	213	....	....	II 378n.	....	....	410	473
169	36^b	55.	....	I IX 9....	II 134.	VI 8......	I 100....	411	296
169	323	403	....	I X 34 et 36.	I 151..	VII 34	II 139 ...	412	4..
169	323	404	....	....	I 223..	XXV 124..	II 139...	413	356
169	403	378	XXIX 30 ..	I IX 35 ...	I 222..	VI 32	I 119....	414	68.
169	404	378	....	....	II 88..	XXIV 96 ..	I 85	415	88.
						XXIV 96^b..	I 85	...	...
169	84.	110	V 6.......	II VI 3 ...	II 348.	XIII 7	II 59....	416	253
169	84.	110	....	....	II 214.	XXV 94^b...	II 72....	417	811
169	395	367	....	....	II 83..	....	I 70	418	346
171	...	...	....	....					
173	...	...	....	....					
175	...	...	....	....					
177	...	...	....	....					
179	...	...	....	....					
181	...	...	....	....	II 298.	XXV 170...	I 228.....	419	713
183	...	...	....	....			I 224.,....	...	...
185	...	...	....	....					
187	...	...	....	....					
189	...	...	....	....					
191	38.	58.	XXVIII 13.	II I 1	II 108.	VIII 6	I 156 ...	420	282
				II XVII 77.	II 352.	....	I 158 ...	...	...
191	61.	85.	XXIX 40 ..	II XVII 71.	II 95..	XXIV 6^b...	I 172 ...	421	463
193	389	355	....	....	II 236.	....	II 71 ...	422	818
193	83.	109	XVI 4.....	II XII 3...	II 214.	XIX 3.....	II 73 ...	423	838
195	425 / 325	399	VII 3 ...	II III 6...	II 174.	X 8	I 116 ...	424	252
			XXVIII 68.	II XVII 62.	.....	XXIV 52 ..	II 140....	...	...
195	47.	67.	XXV 15 ..	I VI 19 ...	II 132.	III 13.....	I 96	425	93.
195	171	204	XV 14....	II XI 5 ...	II 272.	XVIII 22 ..	I 202	426	723
197	37^b	57.	XXXI 5 ...	I VI 21....	II 107.	III 15.....	I 170	427	392
197	61.	85.	....	....	II 315.	XXV 43 ...	II 20.....	428	466
197	180	212	XXVIII 10.	II XVII 16.	II 370.	XXIV 14...	II 126....	429	672
197	...	...	XV 6	II XI 2 ...	II 275.	XVIII 10 ..	I 206	430	733
199	169	202	XV 5	II XI 2 ...	II 276.	XVIII 4..	I 203	431	724
			....	....	....	....	I 207 ...	...	...
199	182	215	....	II XVII 70.	II 380.	XXIV 60^b..	II 39.....	432	476
199	181	213	....	....	II 380.	XXIV 60^c..	II 39.....	433	480
201	390	357	....	....	I 203..	XXV 121 ..	II 143...	434	96.
201	390	357	XXIX 26...	I X 10....	I 173..	VII 10	II 143...	435	10.
201	391	357	....	....	I 203..	XXV 11^b ..	II 149...	436	341
201	391	357	....	....	I 286..	*Pro.* 294.	II 101 ...	437	864
201	391	359	....	....	I 223..	XXV 123 ..	II 115 ...	438	583
201	47.	68.	....	I IV 10 ...	II 92..	I 40	I 38	442	415
201 / 222	391	359	....	suppl. 1 ..	I 223..	XXIV 67 ..	II 149....	439	340

M.	1° c	2° c	PORT-R.	BOSSUT	FAUG.	HAVET	MOLINIER	MIC.	BR.
202	390	359	XXIX 27 . .	I IX 32 . . .	I 496. .	VI 20.	I 148.	440	108
202	390	359	XXVIII 45.	II XVII 41.	I 324. .	XXIV 31 . .	I 322	441	859
202	141	171	. . . .	. . . .	II 208.	XXV 145 . .	I 299	443	635
202	178	210	III 24.	II v 11. . .	II 377.	XII 19	II 49.	444	538
205	426	399	XXIV 13						
	221	435	et I 1. . . .	II II 4 . . .	II 20sqq	XXV 134 . .	I 46	445	194
				II XVII 8					notes
				et 35 . . .	. . . . .	XXV 135 . .	II 89	. . .	. . .
				I VI 6. . . .	. . . . .	XXIV 45. . .	I 46	. . .	. . .
						XXIV 8b. . .	I 155	. . .	. . .
						III 6.	I 45	. . .	. . .
							II 88	. . .	. . .
							I 45.	. . .	. . .
							I 46	. . .	. . .
							I 45.	. . .	. . .
							II 88.	. . .	. . .
							I 45	. . .	. . .
							I 344	. . .	. . .
							I 43.	. . .	. . .
							I 47	. . .	. . .
							I 46	. . .	. . .
							I 84	. . .	. . .
							I 293	. . .	. . .
206	404	379	XXIX 31 . .	I IX 36 . . .	II 27. .	VI 33.	I 21.	446	62.
206	405	380	XX 1	II XV 1 . . .	II 113.	XXII 2. . . .	I 137	447	242
206	429	400	. . . .	II 403. . . .	. . . . .	. . . .	. . . .	448	901
213	149	179	. . . .	. . . .	II 249.	. . . .	. . . .	449	689
213	317	401	XXXI 28. . .	I x 20. . . .	I 250. .	VII 20	II 135. . . .	450	49.
213	317	. . .	XXXI 1 . . .	I x 1.	I 186. .	VII 1.	II 151. . . .	451	7. .
213	317	401	XXXI 2 . . .	I x 2.	I 152. .	VII 2.	II 146. . . .	452	2. .
213	82.	108	V 3.	II VI 2 . . .	II 348.	XIII 3	II 58	453	273
213	393	361	. . . .	suppl. 25. .	II 357.	XXIV 86 . .	I 323	454	589
214	249	465	. . . .	. . . .	II 196.	. . . .	I 186	455	618
214	249	465	. . . .	. . . .	II 322.	. . . .	II 16	456	572
214	84.	110	V 6.	II VI 3 . . .	II 348.	XIII 6	II 59	457	272
214	314	406	. . . .	. . . .	II 402.	XXV 201 . .	I 171	458	363
214	147	178	. . . .	. . . .	I 321. .	*Pro.* 301 . .	II 93.	459	867
217	59.	82.	XXVI 1 . . .	I VII 1 . . .	II 31. .	IV 1.	I 56	460	143
218	145	175	II 8	II IV 5 . . .	II 199.	XI 5b.	I 301	461	613
221	397	373	XXVIII 58 .	II XVII 51.	I 265. .	XXIV 41. . .	II 119. . . .	462	903
221	385	347	. . . .	. . . .	II 403.	. . . .	. . . .	463	754
221	166	197	. . . .	. . . .	II 271.	XXV 160 . .	I 205	464	732
221	37.	55.	XXIX 6 . . .	I VIII 15 . .	I 179. .	V 11.	I 105	465	324
221	. . .	. . .	. . . .	. . . .	. . . . .	. . . .	. . . .	466	759
222	285	400 / 507	XV 15 et 16.	II XI 2 et 3	II 278.	XVIII 14 . .	II 7	467	727
					II 280.	XXV 166 . .	I 201	. . .	. . .
							I 203	. . .	. . .
222	. . .	. . .	XV 8	II XI 2 . . .	II 325.	XVIII 13 . .	II 9	468	761
222	39.	60.	XXIII 1 . . .	I IV 2. . . .	II 83. .	I 2.	I 72.	469	339
225	406	381	. . . .	II XVII 46.	I 190. .	XXIV 36. . .	I 197	470	266

M.	1° C	2° C	PORT-R.	BOSSUT	FAUG.	HAVET	MOLINIER	MIC.	BR.
225	...	...	....	....	.....	XXV 3	I 126	470	266
225	406	381	....	....	I 183	XXV 62	I 45	471	357
225	406	382	....	....	I 254	XXV 128	I 197	472	23.
225	406	382	....	....	II 327	XXV 100	II 128	473	776
225	407	383	....	....	II 328	XXV 100	II 2	474	627
225	407	382	....	....	I 287	XXIV 12^{b}	II 100	475	865
225	407	382	....	....	II 328	....	II 100	476	...
225	407	382	XXVIII 2	II XVII 12	II 350	XXIV 11^{b}	I 297	477	486
225	407	383	....	I X 32	I 250	VII 32	I 197	478	50.
225	407	383	....	....	II 328	XXV 100	II 128	479	777
227	402	376	XXVIII 46	II XVII 42	II 375	XXIV 32	II 43	480	497
227	401	375	XXIX 28	I IX 33	I 244	VI 30	I 112	481	103
227	113	139	XIV 9	II X 5	II 343	XVII 12	II 24	482	774
227	113	139	....	....	II 364	XV 11	II 44	483	747
229	393	362	....	....	I 185	XXV 2	I 48	484	456
229	393	263	XXIV 14	I VI 7	I 185	III 7	I 115	485	176
229	393	363	....	I X 33	I 254	VII 33	II 144	486	3..
229	394	365	....	....	I 186	XXV 64	II 125	487	865
229	471	204	XV 13	II XI 5	II 202	XVIII 21	I 200	488	720
229	82.	109	XXXI 13	I VI 23	I 215	III 47	I 322	489	384
229	395	367	....	II IV 7	II 204 n.	XI 7	I 348	490	857
229	394	365	IX 2	II XVII 64	II 85 et note	XXIV 53^{b} et note	I 73	491	365
229	395	367	XXVIII 16	II XVII 18	II 80	XXIV 16^{b}	I 153	492	212
229	37^{b}	57.	....	....	I 203	XXV 11	II 148	493	342
231	33.	50.	....	I VIII 14	I 221	V 13	I 104	494	315
231	34.	50.	XXIX 2	I VIII 3	I 248	V 2	I 107	495	337
231	34.	51.	XXXI 10	I VIII 2	I 219	V 2^{t}	I 107	496	335
231	34.	51.	....	I VIII 1	I 219	V 2^{b}	I 107	497	328
231	34.	51.	....	....	I 220	XXIV 90	I 109	498	336
232	36.	52.	....	....	I 220	....	I 109	499	329
232	36.	52.	XXIX 4	II XVII 70	I 220	XXIV 61	I 105	500	334
232	35.	52.	....	I VIII 13	I 179	V 12	I 106	501	316
232	36.	53.	XXIX 5	I VIII 11	I 247	V 10	I 69	502	80.
232	36.	53.	XXVIII 53	II XVII 47	I 247	XXIV 37	I 69	502	536
232	165	198	VII 2	II III 5	II 275	X 4	II 5	503	694
232	165	197	XV 6 et 7	II XI 2	II 309	XVIII 9	I 206	504	730
					II 275	XVIII 11	....	...	...
232	166	198	XV 7	II XI 2	II 344	XXX 172	II 3	505	770
235	393	362	VII 2	II III 5	II 474	X 2	I 153	506	239
235	45.	65.	XXIII 7	I IV 7	II 85	I 7	I 68	507	418
						I 7^{b}	....	...	...
235	439	235	XXVII 2 et 3	II XVI 1 et 2	II 213	XXIII 1	II 66	508	803
235	439	235	XXVII 4	II XVI 3	II 139	XXIII 4	I 280	509	487
237	439	236	XXVII 15 11 12 et 13	II XVI 7 5 et 10	II 228	XXIII 22	II 68	510	828
						XXIII 18	....	...	...
237	147	177	II 10	II IV 7	II 204	XI 7	I 307	511	616
239									
240	241	455	XIX 1 et 2	II XIV 1 et 2	II 357	XXI	I 303	512	610
243							I 271	...	...
244							I 303	...	...

M.	1e C	2e C	PORT-R.	BOSSUT	FAUG.	HAVET	MOLINIER	MIC.	BR.
244	7..	20.	XXV 13 ...	I VI 18 ...	II 88..	III 12.....	I 99	513	456
244	194	5..	XXVIII 56.	II XVII 49.	I 198..	XXIV 39[c]..	II 11.....	514	471
244	82.	109	....	....	II 350.	XXV 47 ...	II 46.....	515	256
244	35.	52.	....	I VIII 4...	I 179..	V 3.......	I 106.....	516	313
247	...	221	....	....	II 194.	XXV 141 ..	I 192.....	517	632
							I 193.....	...	...
247	428	400	XXXVIII 21	II XVII 20.	II 18..	XXIV 18[t]..	I 17	518	217
247	145	175	XXVIII 39.	II XVII 36.	II 205.	XXIV 26[b]..	I 188.....	519	690
247	81.	107	....	....	II 347.	XIII 2[b]...	II 57.....	520	269
						XXV 182 ..	....	...	...
247	84.	111	V 1.......	II VI 1 ...	II 347.	XIII 1 ...	II 57.....	521	267
249	402	376	XXIX 29 ..	I IX 34 ...	I 205..	VI 34.....	I 60	522	155
249	167	200	X 6	II VIII 4..	II 278.	....	I 273.....	523	748
249	352	307	....	....	I 324..	XXIV 93...	II 124....	524	885
249	353	308	....	....	II 375.	XXV 104 ..	II 47.....	525	502
251	355	309	....	suppl. 23..	I 347..	XXIV 84...	II 113....	526	871
251	61.	86.	....	II I 1	II 94..	VIII 3 ...	I 174.....	527	464
251	401	375	XXXI 18 ..	I IX 49 ...	I 247..	VI 46.....	I 61	528	355
					I 202..	XXIV 89[b] ..	I 128.....	...	...
251	401	376	....	I IX 54 ...	I 240..	VI 54	II 152....	529	58.
253	392	361	....	....	II 325.	XXV 177 ..	II 13.....	530	787
253	128	154	XIII 12 et 13	II IX 13...	II 256.	XVI 11....	I 259.....	531	728
253	128	155	XIII 2 et 3.	II IX 5 et 7.	II 254.	XVI 6.....	I 259.....	532	685
255	127	155	XIII 11....	II IX 2 ...	II 257.	XVI 10[b]...	I 258.....	533	684
255	149	179	X 21 et 17..	II VIII 15 et 13....	II 362.	XV 12.....	I 266.....	534	608
255	62.	87.	XXI 1	II I 1	II 92..	VIII 4 ...	I 175.....	535	350
257) 258 (	48.	69.	XXI 1 et 4.	II I 1 et 4..	.....	VIII 1 ...	I 161.....	536	454
261) 262 (	...	...	III 5 6 et 8..	II V 3 et 4..	II 100.	....	I 292.....	...	...
			XXVIII 14.	II XVII 23.	II 158.	....	....	...	...
265	177	209	III 18.....	II V 9	II 145.	XII 15 ...	I 289.....	537	529
265	179	212	XXVIII 57.	II XVII 50.	II 349.	XXIV 40...	II 102....	538	249
265	180	213	....	II XVII 70.	II 377.	XXIV 60...	II 36.....	539	474
265	180	213	....	....	II 377.	XXV 195...	I 188.....	540	611
265	182	215	....	....	II 93..	XXV 30 ...	I 291.....	541	503
265	182	215	....	....	II 377.	XXIV 60...	II 36.....	542	475
265	171	204	XVI 6.....	II XII 6...	II 274.	....	I 188.....	543	637
265	85.	112	XX 2	II XV 2...	II 114.	X 5	I 139.....	544	543
265	147	178	II 11......	II IV 9 ...	II 172n.	XI 9......	I 303.....	545	603
267	142	172	....	....	II 206.	XXV 144 ..	I 297.....	546	446
267	179	212	....	....	I 273..	*Pro.* 289..	II 121....	547	914
269	429	400	....	I IX 65 ...	I 182..	VI 62.....	I 83	548	304
269	430	401	XXXI 20 ..	I X 12....	I 183..	VII 12 ...	I 44	549	351
269	314	406	....	....	II 403.	....	....	550	90.
								551	...
270	397	371	....	I IX 2....	I 212..	VI 2......	II 143..	552	345
270	429	400	X 15......	II VIII 11 .	II 259.	XV 9	I 274.....	553	673
						XXV 155 ..	I 272.....	554	...
270	172	206	....	....	II 272.	XXV 161 ..	I 200.....	555	718

M.	1e C	2e C	PORT-R.	BOSSUT	FAUG.	HAVET	MOLINIER	MIC.	BR.
270	81.	107	....	....	II 214.	XXV 94 ...	II 72.....	556	812
270	82.	108	....	....	II 351.	XXV 48 ...	I 323.....	557	261
273	397	371	....	I x 18....	I 250..	VII 18	II 436....	558	39.
275	397	371	....	I x 37....	I 206..	VII 36	II 453....	559	8..
273	513	405	....	....	I 294..	....	II 404....	560	260
					II 351.	XXV 49 ...	II 142....	561	
273	47.	68.	....	I IV 40 ...	I 226..	I 10b	I 38	562	396
275 276	385	347	XXVII 3...	II XVII 13.	I 324..	XXIV 12 ..	II 90.....	563	862
275	62.	87.	....	....	II 92..	VIII 5	I 476	564	461
277	82.	108	XXVIII 7..	II XVII 13.	II 351.	XXIV 13 ..	II 126....	565	563
277	148	178	X 17 18 et 19	....	II 361.	XV 10b....	II 44.....	566	609
277	301	523	....	....	II 79..	XXV 27 ...	I 68	567	439
277	301	525	....	....	II 401.	....	I 211 .... I 271.....	568 569 570 571	714
277	302	525	XIV 3.....	II x 3....	II 314.	XVII 2....	II 2	572	792
277	301	523	....	....	....	....	....	573	721
277	301	523	X 22......	II VIII 16 .	II 192.	XV 13	I 269.....	574	641
277	302	524	....	....	II 393.	....	I 269.....	575	630
277	302	524	....	....	II 400.	....	I 212.....	576	715
279 280	...	...	....	....	I 296.	*Pro.* 296.. et 297....	*Pro.* 108. et 116...	577	...
283	...	...	....	....	I 294.	....	*Pro.* 113.	578	...
283	145	175	II 9......	II IV 6 ...	II 201.	XI 6......	I 303.....	579	614
281	33.	49.	....	....	II 51 n.	III 3b.....	I 83	580	307
285	...	...	....	....	I 300..	*Pro.* 297.. et 298....	*Pro.* 118.	581	...
309 311 313 315 289 291 293 295	271	489	....	....	II 283.	XVIII 22 n. et 18 remar- que......	I 214.....	582	722
295	314	...	....	....	II 404.	....	....	583	364
297 298 341	223	447	VIII 4	II VII 4 ..	II 486.	XIV 4.....	I 484.....	584	620
339 301 303 305 307 305 307	279	499	....	....	II 291.	XXV 168 ..	I 207.....	585	682
317	et suivants. (*Voir* page 57.)								
329 330 333	267	485	....	....	II 296.	XXV 169 ..	I 213	586	711

M.	1ᵉ C	2ᵉ C	PORT-R.	BOSSUT	FAUG.	HAVET	MOLINIER	MIC.	BR.
335	237	451	VIII 2	II VII 2	II 488	XIV 5	I 268	587	631
335 336 339	245 246	461 462	VIII 1	II VII 1	II 485	XIV 3	I 482	588	619
				II XVII 9	...	...	...	...	...
335	246	463	...	...	...	...	...	589	717
343	468	267	...	...	I 289	*Pro.* 295	II 409	590	...
343	468	268	...	II XVI 10	I 289	XXIII 42	II 449 440	591	851
						XXIII 33	...	...	...
						XXIV 83ᵇ	...	...	...
						XXV 204	...	...	...
345	225	271	...	I IX 63	II 97	VI 60	I 468	592	585
344	471	271	...	I X 40	I 272	VII 39	II 449	593	916
						Pro. 289	...	...	...
344	471	271	...	...	I 259	XXV 430ᵇ	II 435	594	55.
344	471	271	XXVIII 64	II XVII 57	I 230	XXIV 47	II 59	595	262
344	471	272	...	II XVI 10	I 268	XVIII 43	II 449	596	924
					I 269	...	II 416	...	...
344	472	272	...	...	II 260	XXV 41	II 25	597	781
	344	352	...	II XVII 10	II 326	XXIV 11	II 126	598	
	471	272	...	...	II 260	XXV 41	II 25	599	
347 348 351 352 355 356 359 360	91.	117	XXII et XXXI 23	I IV 4 I VI 24 et 26	II 63 ...	I 4 ...	I 25 ...	600 ...	72. ...
361 362 369 370	8ᵇ	24.	XXV 4 et 8, 7 et 10, 11 12 et 14.	I VI 3 10 11 14 16 17 et 27 I VIII 9	II 47	III 3	I 76	601	82.
370	8ᵇ.	24.	...	...	II 47	III 49	I 75	601	83.
373 374	106	131	III 14 et 22	II V 5 et 11	II 436	XII 11	I 282	602	435
374	62.	86.	XI 1	II I 1	II 93	XXV 136	I 176	603	360
374	86.	113	...	...	II 316	XXV 173	II 20	604	549
377 378	65.	91.	XXI 1	II I 1	II 121	VIII 2	I 143	605	425
			III 7	II V 3	...	...	...	...	...
381	147	391	XXVIII 42	II XVII 38	II 373	XXV 191	I 255	606	666
					II 260	XXIV 28	...	...	...
381	418	392	XXIX 42	I IX 45	I 490	VI 42	I 122	607	122
381	418	392	XXXI 17	I VI 20	II 402 n	III 14	I 168	608	386
381	419	393	...	...	II 406	XXV 35	I 296	609	447
381	419	393	XXXI 21	I X 14	I 251	VII 14	I 46	610	106
382	419	395	XXIV 1	I V 1	...	II 1	I 87	611	147
382	305	527	...	...	II 310	...	I 223	612	700
382	305	527	...	II IX 6	II 253	XVI 5	I 244	613	659
385 386	...	...	...	...	I 328	*Pro.* 300	*Pro.* 310	614	...

M.	1e C	2e C	PORT-R.	BOSSUT	FAUG.	HAVET	MOLINIER	MIC.	BR.
389 390	...	...	...	...	I 303	*Pro.* 298	*Pro.* 120	615	...
390	...	...	...	...	II 372	XXV 490	II 429	616	512
393	...	...	...	...	I 401	XXV 207	II 450	617	75.
394	...	...	...	...	II 295	XXV 98	II 428	618	636
393	177	209	III 46 et 47.	II v 7 et 8	II 445	XII 44	I 289	619	526
393	41.	60.	...	...	II 94	XXV 31	I 472	620	349
393	46.	67.	...	...	II 89	VIII 45	I 68	621	125
						XXV 446	...	...	...
394	40.	60.	XXIII 3	I iv 3	II 82	I 3	I 74	622	398
394 419 420	305	527	X 40 41 et 42	II viii 7 8. II ix 2	II 244	XV 7 XV 7b	I 254 ...	623 ...	571 ...
394	48.	68.	...	...	II 55	XXV 80b	I 86	624	116
397 398	...	...	...	...	I 305	*Pro.* 298 299	*Pro.* 444	625	921
397	...	...	...	...	...	...	...	625	362
397	...	...	...	...	I 327	*Pro.* 302	II 98	626	888
397	36b	56.	XXIX 7	I viii 46	I 484	V 45	I 403	627	322
398	83.	110	...	II vi 3	II 349	XIII 5	II 59	628	255
					II 347	XXV 483	II 47	...	...
							II 425	...	...
398	166	197	XV 6	II ix 2	II 275	XVIII 8	I 206	629	734
						XXV 465	II 5	...	...
401	460	259	...	...	II 248	XXV 95	II 82	630	846
401	462	259	...	...	II 56	III 4	I 449	631	138
402	459	258	...	II xvi 9 40	I 279	XXV 202	II 98	632	849
					I 324	XXIII 39	...	...	...
						XXIII 26	...	...	...
						XXIII 27	...	...	...
						XXIII 40	...	...	...
401	378	337	XXIX 23	I ix 29	I 242	VI 26	I 424	633	9..
401	81.	107	...	...	II 274	...	...	634	696
402	370	327	...	...	I 288	*Pro.* 294	II 404	635	...
402	370	327	XXXI 34	I x 27	I 247	VII 27	II 432	636	25.
402	370	327	...	...	I 226	XXV 49	I 428	637	457
402	81.	107	...	...	II 372	XXV 53	II 47	638	224
405 406	321	401	XXXI 2	I x 2	I 449	VII 2b	II 444	639	1..
405	168	200	XV 3	II xi 2	II 276	XVIII 3	I 204	640	708
405	45.	65.	...	...	I 225	XXIV 80t	I 404	641	402
405	168	201	XV 4	...	II 276	XVIII 3	I 204	642	709
405	177	209	III 49	II v 9	II 444	XII 46	I 289	643	524
406	31.	47.	...	I viii 42	I 484	V 44	I 208	644	317
406	33.	49.	...	...	II 429	...	I 98	645	297
406	82.	108	V 4	II vi 2	II 348	XIII 4	II 59	646	270
406	...	...	...	...	I 342	*Pro.* 300	*Pro.* 409	647	902
409	...	...	...	...	I 288	*Pro.* 294	*Pro.* 442	648	...
409	...	...	...	...	I 292	...	*Pro.* 407	649	...
409	84.	111	V 7	II vi 4	II 349	XIII 8	II 57	650	265
409	168	201	...	...	II 340	...	II 24	651	716

M.	1° C	2° C	PORT-R.	BOSSUT	FAUG.	HAVET	MOLINIER	MIC.	BR.
409	82.	107	...	II XVII 4.	II 178.	XXIV 3	II 60.	652	185
409	428	400	...	...	II 369.	XXV 51	II 57.	653	522
411 } 412 }	...	...	...	...	I 326.	*Pro.* 304	II 97.	654	889
411	84.	111	...	...	I 268.	...	II 96.	655	...
411	...	221	...	...	II 496	XXV 442.	I 492.	656	634
411	178	210	III 24	II V 44	II 376.	XII 48	II 52.	657	541
412	177	209	III 45	II V 7	II 445.	XII 43	I 288.	658	537
412	179	212	...	...	I 207.	XXV 67	II 400.	659	496
412	385	347	...	...	I 264.	XXV 447	II 445.	660	196
412	385	347	...	...	I 264.	XXV 447	II 445.	660	38.
415	464	262	...	...	I 284.	*Pro.* 292	II 442.	661	...
415	464	263	...	...	I 260.	XXV 434	II 436.	662	51.
415	464	263	...	...	I 484 n.	XXIV 100^{t}	II 436.	663	78.
415	464	263	...	...	I 260.	XXV 434	II 436.	664	52.
415	464	263	XXIX 20	I IX 25	II 42.	VI 22	I 460.	665	165
415	464	263	...	I IV 48	II 88.	...	...	666	436n
415	465	263	...	II XVI 40.	II 243.	XXIII 44	II 67.	667	804
416	463	262	...	...	II 323.	XXIV 20^{b}	II 46.	668	222
416	464	262	...	...	I 275.	...	II 446.	669	...
416	464	262	...	...	I 286.	*Pro.* 294	II 442.	670	860
415 } 416 }	...	...	...	...	I 284.	*Pro.* 292	II 406.	671	...
					I 285.	*Pro.* 293	II 96.	...	...
					I 272.	...	II 447.	...	...
416	45.	45.	XXIV 7	I V 5.	I 208.	M 5	I 88.	672	148
416	61.	85.	...	...	II 95.	XXV 32	I 476.	673	509
416	86.	113	XX 2	II XV 2	II 345.	XXII 5	I 444.	674	527
419	37^{b}	57.	...	...	I 220.	XXIV 80^{b}	I 404.	675	403
419	177	209	...	...	II 376.	XXV 54^{b}	II 48.	676	767
419	182	215	XXVIII 44.	II XVII 47.	II 378.	XXIV 45.	II 42.	677	484
419	369	326	...	...	I 242.	...	II 424.	678	911
420	368	324	...	...	I 223.	XXV 44	II 442.	679	369
420	368	324	XXXI 33.	I X 26.	I 254.	VII 26	II 433.	680	14.
420	371	328	...	...	I 490.	XXV 4	I 47	681	124
423	368	325	...	...	I 270.	*Pro.* 288	II 447.	682	913
423	382	341	...	...	I 259.	XXV 429	II 436.	683	118
423	368	325	...	...	I 287.	*Pro.* 294.	...	684	...
423	369	326	...	...	II 400.	XXV 34^{b}	I 474.	685	391
423	371	328	XXIX 47	I IX 22	I 206.	VI 49	I 424.	686	46.
423	369	326	...	I VI 22	I 200.	III 46	I 427.	687	91.
423	369	326	XXXI 42	I X 44	I 204.	VII 44	I 447.	688	81.
423	369	326	XXVIII 4	II XVII 43.	I 204.	XXIV 42^{t}	II 425.	689	521
423	370	327	...	...	I 204.	XXV 9	I 427.	690	121
423	371	328	...	I IX 59	I 204.	VI 56	I 424.	691	44.
425	372	329	XXVIII 36.	II XVII 34.	I 252.	XXIV 24.	I 24	692	63.
425	372	330	XXIX 49	I IX 24	I 492.	VI 24	I 44	693	353
425	373	330	...	...	II 470n.	...	...	694	232
425	376	334	...	II XVII 4.	II 400.	XXIV 4	II 20.	695	432
427	...	342	...	...	I 324.	...	II 423.	696	896
427	370	327	...	I VIII 6.	II 433.	V 5.	I 83	697	311

M.	1° C	2° C	PORT-R.	BOSSUT	FAUG.	HAVET	MOLINIER	MIC.	BR.
427	370	328	....	....	I 248.	XXIV 95.	II 153.	698	188
427	371	328	....	....	I 191.	XXV 57.	I 47.	699	123
427	371	328	....	....	I 209.	XXV 12.	....	700	359
427	371	328	XXXI 35.	I x 28.	I 249.	VII 28.	II 134.	701	29.
427	372	329	....	....	I 270.	*Pro.* 288.	II 95 et.	702	894
							Pro. 121.	...	...
427	371	329	....	....	I 318.	*Pro.* 300.	II 114.	703	873
427	372	329	....	....	I 183.	VII 13.	I 67.	704	358
427	373	337	....	I IX 28.	II 388.	VI 25^{b}.	I 127.	705	21.
429	374	331	....	I x 15.	I 204.	VII 15.	I 87.	706	401
429	376	334	....	II XVII 76.	I 271.	XXIV 65.	II 116.	707	915
429	374	332	XXIX 21.	I IX 26.	I 199.	VI 23.	I 125.	708	144
429	380	339	....	....	I 318.	....	II 114.	709	877
429	380	340	XXXI 36.	I x 30.	I 249.	VII 30.	II 133.	710	24.
429	381	340	....	I VIII 5.	II 133.	V 4.	I 101.	711	301
429	379	338	....	....	II 369.	XXV 187.	II 125.	712	507
429	381	340	XXVIII 44.	II XVII 40.	I 226.	XXIV 30.	II 60.	713	530
431	377	336	XXIX 32.	I IX 4.	I 192.	VI 4.	I 95.	714	383
431	377	336	....	I x 9.	I 254.	VII 9.	I 22.	715	22.
431	378	337	....	....	I 274.	*Pro.* 289.	II 96.	716	...
431	380	339	....	....	I 199.	XXV 8.	I 43.	717	175
431	375	335	....	....	I 252.	XXV 24.	I 22.	718	64.
433	374	332	....	....	I 201.	XXV 10.	II 149.	719	368
433	378	336	....	....	I 202.	XXV 65.	I 127.	720	119
433	378	337	XXIX 22.	I IX 37.	I 192.	VI 24.	I 95.	721	382
433	373	330	....	I IX 28.	II 388.	VI 21.	II 63.	722	20.
433	375	334	....	....	....	....	....	723	506
433	371	329	....	....	I 268.	....	II 101.	724	...
							Pro. 112.	...	...
435	381	340	....	....	I 325.	....	II 123.	725	923
435	382	342	....	....	I 269.	XXV 77.	II 148.	726	912
435	382	342	....	suppl. 12.	I 269.	XXIV 73.	II 148.	727	917
					I 272.	*Pro.* 288.	....	...	...
435	382	342	....	....	I 269.	*Pro.* 288.	II 147.	728	922
437	384	344	....	....	I 273.	*Pro.* 289.	II 123.	729	...
437	383	343	....	suppl. 24.	I 318.	XXIV 85.	II 114.	730	876
437	384	344	....	....	I 273.	....	II 124.	731	904
437	368	326	XXIX 16.	I IX 20.	I 207.	VI 17.	I 116.	732	377
437	369	324	XXVIII 35.	I IX 51.	I 246.	VI 48.	I 42.	733	372
437	381	341	....	....	I 274.	*Pro.* 289.	II 95.	734	...
437	382	341	....	....	I 214.	XXV 58.	I 43.	735	215
439	383	383	....	....	I 273.	....	II 95.	736	884n
439	382	341	....	....	II 383.	XXV 106.	II 101.	737	788
439	369	324	XXIX 33.	I IX 37.	I 205.	VI 34.	I 105.	738	452
439	384	344	....	I x 35.	I 254.	VII 35.	II 133.	739	31.
439	382	341	....	I x 38.	I 206.	VII 37.	II 152.	740	17.
439	463	261	....	....	I 288.	*Pro.* 294.	II 142.	741	831
439	383	343	XXIX 24.	I IX 30.	I 191.	VI 27.	I 44.	742	352
439	...	...	....	....	II 371.	XXV 188.	I 247.	743	654
440	367	323	....	....	I 258.	VI 15^{t}.	I 119.	744	35.
440	365	324	....	....	I 194.	XXV 6.	I 124.	745	182

M.	1e C	2e C	PORT-R.	BOSSUT	FAUG.	HAVET	MOLINIER	MIC.	BR.
440	366	322	....	....	I 195..	XXV 7....	I 111.....	746	129
440	366	322	....	....	I 195..	XXV 92b ..	I 293.....	747	448
440	366	322	....	I IX 21 ...	I 205..	VI 18.....	I 87	748	159
440	366	322	....	....	I 266..	*Pro.* 287..	II 120....	749	210
440	367	324	....	I X 7.....	I 252..	VII 7.....	I 22	750	65.
440	368	...	XXIX 8 ...	I VIII 17..	I 204..	V 16......	II 150....	751	333
441	367	325	XXXI 9 ...	I X 8.....	II 230.	VII 8.....	II 88.....	752	833
441	365	321	....	....	I 259..	XXV 25t...	II 135....	753	59.
441	365	321	XXIX 15 ..	I IX 19 ...	I 194..	VI 16.....	I 111.....	754	109
				I VII 5 ...	II 43..	IV 6......	I 112.....	755	
441	365	321	....	....	I 211..	XXV 68 ...	I 18	756	13.
441	365	321	....	....	I 212..	XXV 69 ...	I 123.....	757	42.
441	33.	30.	XXXI 11 ..	I VIII 20..	I 213..	V 19......	I 103.....	758	302
441	366	323	....	....	I 213..	VIII 7	II 112....	759	95.
442	48.	68.	XXI 1.....	II I 4	II 89..	VIII 11....	I 70	760	420
442	46.	67.	....	....	II 89..	....	I 67......	761	157
442	380	339	....	....	I 324..	....	II 122....	762	870
442	380	339	....	....	I 266..	*Pro.* 287..	II 96.....	763	898
442	379	338	....	....	II 178.	XXV 138 ..	II 56.....	764	516
442	379	338	....	....	I 243..	XXV 208...	II 105....	765	...
442	379	339	XXIX 25 ..	I IX 31 ...	I 187..	VI 28.....	I 113.....	766	180
442	171	205	....	....	II 273.	XXV 163 ..	II 7	767	756
442	147	177	....	....	II 327.	XXV 99b...	I 270.....	768	655
442	255	471	....	II XVII...	II 389.	XXIV 10t..	II 64.....	769	449
443 / 444	391	339	XXXI 24 ..	I X 17....	I 252..	VII 17 et 17b	II 147....	770 / 770b	18.
443	255	471	....	II XIII 5..	II 157.	XX 5......	I 294.....	771	562
443	255	471	....	....	II 157.	....	....	772	577
443 / 444	388	353	XXVII 16 .	II XVI 7 ..	II 384.	XXIII 23 ..	II 69.....	773	817
444	254	470	....	....	II 96..	....	I 70	774	419
444	254	471	....	....	II 96 n.	....	....	775	321
444	254	471	....	II III 3...	II 116.	X 7.......	I 311.....	776	428
447	463	261	XXVII 11..	II XVI 6 ..	I 287..	*Pro.* 294..	II 111....	777	850
					II 215.	XXIII 21 ..	II 72.....	...	...
447	465	264	....	II XVI....	I 282..	XXIII 28 ..	II 94.....	778	844
					I 284..	XXIV 16t..	II 67.....	...	...
					II 234.	....	....	...	...
447	466	265	XXVIII 11.	II XVII 17	II 179.	XXIV 15b..	II 82.....	779	285
447	466	265	....	....	II 99..	XXV 34 ...	I 315.....	780	390
447	466	266	....	....	I 260..	XXV 75 ...	II 49.....	781	533
447	466	265	....	II XVI 10..	I 272..	XXIII 44 ..	II 125....	782	887
447	467	266	....	....	I 279..	*Pro.* 292..	II 121....	783	...
449	456	255	....	....	I 281..	XXV 203 ..	I 309.....	784	807
449	456	255	....	....	I 282..	XXV 203 ..	I 309.....	785	805
449	457	255	....	....	I 282..	XXIV 83 ..	II 95.....	786	883
449	457	255	....	....	II 235.	XXV 61b ..	II 68.....	787	814
449	457	256	....	suppl. 22..	I 282..	XXIV 83...	II 95.....	788	884
449	457	256	....	II XVI 10..	I 282..	XXIII 37 ..	II 82.....	789	832
449	453	251	....	II XVI 16..	II 225.	XXIII 38 ..	II 83.....	790	834
						XXIII 34 .	....	...	...

M.	1e C	2e C	PORT-R.	BOSSUT	FAUG.	HAVET	MOLINIER	MIC.	BR.
451	455	254	XXVII 44 47	II xvi					
				6 8 et 9	I 281	XXIII 24	II 108	791	852
					II 214	XXIII 19	II 67	...	...
451	110	135	II 3	II IV 3	II 349	XI 3	I 290	792	251
453	458	256	...	...	I 283	...	II 94	793	...
453	458	257	...	...	I 283	...	II 95	794	875
453	458	257	...	...	I 283	...	II 95	795	890
453	458	257	...	...	I 222	XXIV 74	II 125	796	508
453	458	257	XXVII 14	II xvi 6	II 215	XXIII 20	II 86	797	826
453	458	257	...	...	I 283	...	II 95	798	845
453	459	259	...	...	II 233	XXV 61	II 68	799	813
					I 283	XXIII 29	...	...	...
453	459	257	...	...	I 325	...	II 123	800	881
453	458	257	...	...	I 283	...	II 95	801	844n
453	459	257	...	II xvi 10	II 328	XXV 179	II 86	802	820
453	...	...	...	...	II 134	...	II 153	803	300
455	108	134	II 1	II IV 1	II 144	XI 1	I 279	804	491
455	449	247	...	...	II 223	XXV 148	II 112	805	893
455	449	247	...	...	II 223	XXV 148	II 112	805	806
455	449	247	XXVIII 50	II xvii 45	II 382	XXIV 35	I 264	806	665
455	453	252	XXVII 8	II xvi 5	II 224	XXIII 44	II 84	807	823
457	103	130	III 1	II v 1	II 144	XII 6	I 280	808	489
457	103	130	XVII 5	II xii 9	II 337	XIX 9^b	I 179	809	597
467 } 457 }	107	133	XVII 7	II xii 10	II 336	XIX 10^b	I 178	810	599
459	109	134	XII 1	II x 1	II 248	XVI 1	I 256	811	650
							I 243	...	...
459	448	245	XXVII 5 7	II xvi 3 4	II 226	XXIII 8	II 74	812	808
						XXIII 5	I 265	...	...
						XXIII 5^b	II 74	...	...
461	445	242	...	...	II 353	XXV 50	I 287	813	588
461	460	243	XXVII 8	II xvi 5	II 353	XXIII 42	II 84	814	836
461	445	243	II 353	...	...	XXV 184	II 42	815	837
461	445	243	...	...	II 353	XXV 184	II 42	816	861
461	451	249	XXVII 3	II xvi 2	II 224	XXIII 2	II 79	817	835
461	451	250	...	...	II 225n	XXV 92^t	I 16	818	192
463	454	252	...	...	II 215	XXV 146	II 86	819	819
463	454	255	...	II xvi 9	II 246	XXIII 30	II 80	820	840
463	467	266	XXVIII 8	II xvi					
				5 9 et 10	II 224	XXIII 13	II 81	821	841
					I 287	XXIII 25	II 144	...	...
465	109	134	...	...	II 144	XXV 87	I 279	822	493
465	109	134	II 2	II IV 2	II 14	XI 2^b	I 279	823	433
465	195	6	XXI 4	II I 4	II 87	VIII 12	I 66	824	427
465	110	136	II 4	II IV 4	II 142	XI 4	I 289	825	486
465	445	248	XXVIII 7 3	II xvi 4	II 223	XXIII 10	II 78	826	821
465	109	135	XVII 4	II xii 9	II 335	XIX 9	I 180	827	598
465	108	133	...	suppl. 19	I 225	XXIV 81	I 105	828	453
467	103	130	...	...	...	...	...	829	235
467	108	134	...	...	...	...	...	830	551
467	108	133	...	II x 4	II 314	XVII 7	II 24	831	528

M.	1ᵉ c	2ᵉ c	PORT-R.	BOSSUT	FAUG.	HAVET	MOLINIER	MIC.	BR.
467	105	130	....	....	II 186	XXV 93	I 186	832	592
467	108	133	....	suppl. 19	I 225	XXIV 80	I 205	833	451
467	465	264	....	....	II 263	....	II 12	834	573
467	105	129	XVII 2	II XII 7	II 334	XIX 7^b	I 179	835	595
469	450	248	....	....	II 231	XXV 151	II 79	836	842
					I 286	....	....	...	...
469	465	264	....	....	II 234	XXV 151	II 73	837	822
469	27	45	....	....	II 42	XXV 79	I 63	838	128
471 473	443	240 244	XXVII 7	II XVI	II 249	XXIII 31	II 74	839	843
			1 5 8 et 10	9 et 5	II 221	XXIII 17	....	...	...
				4 3 et 1		XXV 147	....	...	...
						XXIII 6	....	...	...
						XXIII 9	....	...	...
						XXIII 1^b	....	...	...
						XXIII 1^t	....	...	...
						XXIII 32	....	...	...
						XXIII 11	....	...	...
481	195	5	III 20	II V 10	II 91	XII 17	I 284	840	525
481	196	8	....	I IV 9	II 93	I 9^b	I 74	841	465
481	193	4	XVIII 16	II XIII 8	II 479	XXIV 19	I 320	842	288
				II XVII 21	....	....	....	...	...
481	185	217	VI 3	II VI 7	II 476	XIII 11	II 55	843	286
481	194	4	IX 4	II XVII 66	I 228	XXIV 55	I 294	844	478
481	196	7	....	....	II 364	....	I 340	845	290
483	185	217	VI 1	II VI 5	II 232	XIII 9	II 49	846	470
483	186	217	VI 4	II VI 8	II 479	XIII 12	II 55	847	227
483	197	9	....	suppl. 10	I 480	XXIV 71	I 148	848	415
485	191	2	XIV 7	II X 5	II 313	XVII 10	II 20	849	740
485	185	217	....	....	II 233	XXV 42	II 79	850	827
485	163	195	XVI 10	II XII 6	II 309	XIX 6	I 223	851	701
485	191	2	....	....	II 325	XXV 176	II 5	852	794
485	195	6	XXI 3	II I 3	II 90	VIII 11	I 68	853	438
485	191	1	XXVIII 40	II XVII 36	II 387	XXIV 26^t	II 64	854	241
485	185	217	VI 2	II VI 6	II 477	XIII 10	II 56	855	284
485	199	10	....	....	II 43	XXV 26^b	I 61	856	130
485	198	10	XX 2	II XV 2	II 316	XXII 9	II 19	857	546
487	195	6	XXI 2	II I 2	II 88	VIII 10	I 296	858	437
487	197	8	....	....	II 391	XXV 109^b	II 64	859	74
487	196	7	....	I IV 9	II 49	I 9	I 74	860	421
487	196	7	III 11	II V 5	II 146	XII 9	I 285	861	424
487	197	9	....	I IX 46	I 207	VI 43^b	I 89	862	162
487	193	4	II 2	II IV 2	II 141	XI 2	I 279	863	442
487	192	3	....	II XI 4	II 203	XVIII 19	II 9	864	749
489	197	8	XXI 2	II I 2	II 91	VIII 8	I 175	865	413
489	196	7	XXI 2	II I 2	II 99	VIII 9	I 169	866	395
489	197	8	....	....	II 93	IX 6	I 171	867	220
489	185	217	....	....	I 230	XXV 21	II 60	868	280
489	164	195	XVI 1 et 2	II XII 1	II 322	XIX 1	II 16	869	802
489	154	184	XI 3	II VIII 18	II 193	XV 17	I 191	870	625
489	191	1	....	....	II 270	....	I 199	871	707

M.	1e C	2e C	PORT-R.	BOSSUT	FAUG.	HAVET	MOLINIER	MIC.	BR.
489	191	1	...	...	I 230	...	I 154	872	203
491	153	184	XI 2	II VIII 18	II 192	XV 16	I 190	873	624
491	154	184	...	...	I 230	...	I 154	874	204n
491	154	184	X 23	II VIII 16	II 191	XV 13^{b}	I 188	875	703
491	154	185	...	...	II 191	...	I 189	876	702
491	154	184	...	...	II 193	XXV 140	I 192	877	629
491	153	183	XI 4	II VIII 18	II 193	XV 18	I 194	878	626
491	153	183	...	...	II 354	XXV 185	I 288	879	587
491	199	10	XX 2	II XV 2	II 347	XXII 8	II 19	880	548
495 / 496	...	...	...	...	...	...	...	881	514
...	37^{b}	57	...	...	I 260	XXV 74	I 47	882	343
...	37^{b}	57	XXIII 2	I IV 2	II 83	...	I 72	883	339n
...	39	60	...	...	I 223	XXV 15	I 67	884	344
...	45	65	XXIII 8	I IV 8	II 90	I 8	I 73	885	423
...	53	75	XXIX 12	I IX 16	II 40	VI 13	I 58	886	170
...	65	87	...	...	II 96	XXV 33	I 174	887	361
...	82	...	...	...	...	...	...	894	747n
...	90	116	...	...	I 236	...	I 89	888	162n
...	101	129	...	...	I 224	XXV 17^{b}	I 41	889	206
...	165	197	...	...	II 326	XXV 178	II 26	890	773
...	171	205	...	...	II 274	XXV 164	II 14	891	695
...	171	205	...	...	II 326	XXV 178	II 26	892	727n
...	179	211	XXVIII 55	II XVII 49	I 227	XXIV 39	II 41	893	472
...	179	212	...	...	...	...	...	894n	747n
...	191	1	...	...	II 384	...	I 47	895	197
...	191	1	...	...	II 191	...	I 189	896	630
...	193	5	...	...	II 131	XXV 84	I 68	897	426
...	209	419	I 1	II II 1	II 5	IX 1	I 1	898	194
...	217	427	I 1	...	II 15	IX 2	I 12	899	195
...	219	429	VIII 1	II VII 1	II 148	XIV 2	I 159	900	229
					I 225	XXV 18	II 57	...	...
...	220	431	II 5	II IV 4	II 141	XI 4^{b}	I 289	901	431
			III 1	...	...	...	...	...	...
...	220	439	...	II V 6	II 369	XII 12	I 295	902	560
				II XVII 11	...	...	...	...	...
...	221	434	XV 7	II XI 2	II 348	XVIII 12	II 4	903	783
...	221 (*Voir* manusc. page 205)								
...	222	435	...	I VII 6	II 23	IV 7	I 155	904	199
...	225	435	...	II VIII 1	II 196	XV 1	I 187	905	621
...	225	437	VIII 3 et 4	II VII 2 3	II 190	XIV 6	I 267	906	628
					II 189	XIV 5	I 269	...	...
...	225	433	...	...	II 82	XXV 82	I 72	907	399
...	226	438	XVIII 23	II XIII 11	II 156	XX 17	I 349	908	848
...	226	438	XVIII 19	II XIII 10	II 156	...	I 349	909	565
...	226	458	...	...	II 156	XXV 89	I 345	910	559n
...	226	438	...	...	II 157	...	...	911	201
...	226	439	XXVIII 9	II XIII 5	II 157	XX 5^{b}	I 294	912	560n
...	226	...	...	II XVII 13	I 324	XXIV 12	II 93	913	863
...	236	439	XVIII 7	II XIII 4	II 154	XX 4	I 295	914	557
...	227	439	...	...	II 155	...	I 47	915	558

M.	1e C	2e C	PORT-R.	BOSSUT	FAUG.	HAVET	MOLINIER	MIC.	BR.
...	227	439	XVIII 6	II XIII 3	II 455	XX 3[b]	I 349	916	586
...	227	440	...	II X 5	II 368	XVII 8	II 49	917	769
...	227	440	XVIII 4	II XIII 2	II 455	XX 2	I 321	918	559
...	228	440	II 12	II IV 40	II 355	XI 40[b]	I 311	919	556
			XVIII 3	II XVII 21	II 357	XXIV 19[b]	I 287	...	...
				II III 2	II 354	XI 40	I 439	...	...
				II XV 2	II 445	X 5	I 440	...	...
				II XIII 2	II 446	XXII 3	II 20	...	...
				II XVII 9	II 447	XXII 6	I 320	...	...
					II 447	XXII 40	I 296	...	...
					II 447	XX 2	...	...	...
						XXIV 9	...	...	...
...	232	445	...	II XVII 9	II 442	XXIV 9[b]	I 279	920	494
...	253	469	...	...	II 445	...	I 322	921	88n
...	253	469	...	...	II 340	...	I 200	922	713n
...	253	469	XX 2	II XV 2	II 354	XXII 4	I 444	923	544
...	253	470	...	II XVII 6	II 457	XXIV 6	II 43	924	584
...	254	470	XIV 8	II X 5	II 330	XVII 44	II 5	925	739
...	254	470	...	II III 3	II 446	X 6	I 343	926	243
...	255	471	XXIII 5	I IV 5	II 80	I 5[b]	I 67	927	404
...	256	472	III 44	II V 5	II 458	XII 40	I 287	928	441
...	256	472	...	II XVII 40	II 49	XXIV 40	I 348	929	574
...	256	473	...	...	II 458	...	I 293	930	500
...	256	473	XI 4	II VIII 47	II 492	XV 44	I 492	931	622
...	257	473	X 20	II VIII 44	II 204	XV 44[b]	I 243	932	676
...	257	473	...	...	II 205	...	I 256	933	688
...	257	473	...	II XVII 40	II 86	XXIV 40[b]	I 90	934	406
...	257	473	...	...	II 86	...	II 65	935	137
...	257	473	...	...	II 86	XXV 32[1]	I 474	936	74n
...	257	474	...	...	II 265	XXV 96	I 280	937	590
...	257	474	...	...	II 490	XXIV 46[b]	I 484	938	594
...	258	474	...	II IV 42	II 364	XI 42	I 340	939	289
...	259[b]	477	...	...	II 393	XXV 474	I 223	940	726
...	314	...	...	...	II 403	...	...	941	90.
...	335	287	...	...	I 235	XXIV 400	II 448	942	76.
...	342	296	...	...	II 263	XVI 43[b]	II 243	943	669
...	349	304	...	...	II 283	...	...	944	202
...	352	307	XXVIII 23	II XVII 23	I 275	XXIV 24	II 446	945	908
...	352	307	...	...	II 458	XXV 90	I 285	946	440
...	352	307	...	...	I 277	*Pro.* 294	II 420	947	907
...	366	323	...	I IX 6	II 432	VI 6	I 96	948	312
...	370	327	...	...	II 434n	...	...	949	94n
...	375	333	...	I VIII 48	I 496	V 47	I 422	950	323
				I IX 60	...	...	...	...	...
...	376	335	XXVIII 44	II XVII 37	I 274	XXIV 27	II 54	951	906
...	376	335	...	...	II 388	XXV 408	II 64	952	61.
...	377	335	III 9	II V 4	II 406	XII 7	I 293	953	445
...	382	341	...	...	...	...	...	954	830
...	394	365	...	...	II 384	XXV 498	II 44	955	179
...	396	369	...	II XVII 75	I 229	XXIV 64	II 53	956	11.
...	403	377	...	...	II 205	XXV 443	I 257	957	899

M.	1e C	2e C	PORT-R.	BOSSUT	FAUG.	HAVET	MOLINIER	MIC.	BR.
...	403	378	XXVIII 47.	II xvii 44.	I 324..	XXIV 31b..	I 322.....	958	858
...	403	377	....	....	II 206.	XXV 143 ..	I 257.....	959	847
...	437	232	....	....	II 234.	....	II 67.....	960	810
...	...	468	....	....	I 284..	*Pro*. 292..	II 104....	961	519
...	...	555	....	....	I 313..	*Pro*. 300..	*Pro*. 122.	962	...
...	...	611	....	....	I 278..	....	II 102....	963	...
2e Manuscrit Guerrier.			....	I x 41....	I 369..	....	II 148....	1000	77
2e Manuscrit Guerrier.			....	....	I 177..	XXV 56 ...	II 143....	964	276
2e Manuscrit Guerrier.			....	....	I 244..	XXV 59 ...	I 143.....	965	216
2e Manuscrit Guerrier.			....	....	I 277..	*Pro*. 291..	II 103....	970	891
2e Manuscrit Guerrier.			....	....	I 277..	*Pro*. 291..	II 120....	971	909
2e Manuscrit Guerrier.			....	....	I 277..	*Pro*. 291..	II 105....	972	892
2e Manuscrit Guerrier.			....	....	I 286..	XV 78.....	I 315.....	973	488
						Pro. 293..	....	...	...
Portefeuille Vallant.			....	....	I 177..	X 9 n......	I 94	974	320
Manuscrit de Sainte-Beuve			....	I v 8.....	II 56..	II 8	I 129.....	975	100
...	...	...	X 15......	II viii 11.	......	....	....	976	603
...	...	...	XXVI 1 ...	I vii 1 ...	......	....	....	978	171n
...	...	...	XXVI 1 ...	I vii 4 ...	II 86..	....	I 59......	979	168n
...	...	...	XXVIII 1..	II xvii 17.	II 204.	....	I 293.....	980	560n
...	...	...	(1678) XXVIII	II xvii 62.	I 229..	XXIV 54 ..	II 144....	983	275
...	...	...	XXIX 44...	I viii 7...	I 184..	V 6.......	I 108.....	984	319
...	...	...	(1678) XXXI	I x 29....	I 254..	VII 29	II 133....	985	19.
...	...	...	....	II xvi 10..	I 280..	....	II 99.....	986	854
...	...	...	....	suppl. 2 ..	I 254..	XXIV 68...	II 151....	987	43.
...	...	...	....	suppl. 11..	I 271..	XXIV 72 .	II 118....	988	918
...	...	...	....	suppl. 27..	I 247..	XXXIV 87 .	II 131....	989	16.

布萊茲・帕斯卡爾年表

Blaise Pascal, 1623-1662

年代	生平紀事
一六二三	•六月十九日出生於法國奧維涅（Auvergne）州的克勒蒙—菲朗（Clermont-Ferrand）城。 •他的父親艾提安為克勒蒙城法庭庭長，對科學和數學有很大的興趣，以博學知名。
一六三一	舉家移居巴黎。
一六三四	寫了一篇關於聲學問題的論文，探討振動體一經摸觸立即停止發音的原因。
一六三九	•完成《圓錐曲線論》的論文，並在文中提出以他的名字命名的定理。這個帕斯卡爾定理，帕斯卡爾稱之為「神祕的六邊形」，即圓或橢圓的任意內接六邊形的三組對應邊的交點是在一條直線上。 •《圓錐曲線論》繼承並發展了數學家德札爾格的工作，引出推論四百餘條；笛卡兒看到後曾大為讚嘆。
	•在科學界顯露頭角，並與當時有名的科學家和思想家笛卡兒、霍布斯、伽森狄、德札爾格、費馬、梅爾森、羅伯瓦等人建立了聯繫。
一六四〇	寫成了數學水準很高的〈圓錐截線論〉一文，這是他研究德札爾格關於綜合射影幾何的經典工作的結果。

一六四一	・為了減輕父親工作的負擔，開始設計計算機；他曾先後草擬過五十種模型，終於根據齒輪系的轉動原理製成了世界歷史上第一架計算機，能夠手搖計算出六位數字的加減法。 ・隨家移居盧昂。
一六四六	他重複做了托里拆利的實驗，細心研究水銀柱在各種高度不同的地方的變化，使氣壓及其變化的規律問題獲得了明確的科學概念。
一六四七	重返巴黎居住。
一六四八	以實驗證明水銀柱的高度是被大氣壓力所支持，而不是由於什麼「自然畏懼真空」的緣故。
一六五三	出版《大氣重力論》與《液體平衡論》二書。
一六五四	・完成一系列數論和概率論的研究工作，提出「帕斯卡爾三角形」（即二項式係數的三角形排列法）。 ・十一月二十三日乘馬車遇險，兩匹馬均墜死巴黎塞納河中，而帕斯卡爾本人卻奇蹟般地倖免於難。
一六五五	出版《與沙西先生的談話》一書。
一六五六	開始撰寫《致外省人信札》一書。

年代	生平紀事
一六五八	開始撰寫《思想錄》一書。
一六六一	出版《寫在簽名的形式》一書。
一六六二	八月十九日清晨因病去世，埋在聖艾蒂安教堂的墳墓裡。
一六六五	其書籍《數學三角形論》經費馬修訂後於該年出版，書中第一次奠定了關於數學歸納法的證明方法。

索引（上）

一、人名索引

七畫

八畫

九畫

十畫

十一畫

十二畫

十三畫

十四畫

十五畫

十六畫

十七畫

十九畫

二十畫

二、名詞索引

六畫

七畫

十一畫

十二畫

十九畫

【筆記頁】

思想的・睿智的・獨見的

經典名著文庫

經典名著文庫 130

思想錄（上）

Pensées

作　　者 —— 帕斯卡爾（Blaise Pascal）
譯　　者 —— 何兆武
發 行 人 —— 楊榮川
總 經 理 —— 楊士清
總 編 輯 —— 楊秀麗
文庫策劃 —— 楊榮川
副總編輯 —— 黃文瓊
責任編輯 —— 吳雨潔
特約編輯 —— 廖敏華
封面設計 —— 姚孝慈
著者繪像 —— 莊河源
出 版 者 —— 五南圖書出版股份有限公司
地　　址 —— 臺北市大安區 106 和平東路二段 339 號 4 樓
電　　話 —— 02-27055066（代表號）
傳　　眞 —— 02-27066100
劃撥帳號 —— 01068953
戶　　名 —— 五南圖書出版股份有限公司
網　　址 —— https://www.wunan.com.tw
電子郵件 —— wunan@wunan.com.tw
法律顧問 —— 林勝安律師事務所　林勝安律師
出版日期 —— 2020 年 12 月初版一刷
定　　價 —— 520 元

版權所有・翻印必究（缺頁或破損請寄回更換）
繁體字版經由商務印書館有限公司授權出版發行

國家圖書館出版品預行編目資料

思想錄 / 帕斯卡爾（Blaise Pascal）著；何兆武譯．--
初版．-- 臺北市：五南，2020.12
　冊；公分．--（經典名著文庫；130-131）
譯自：Pensées
ISBN 978-986-522-335-9（上冊：平裝）．--
ISBN 978-986-522-336-6（下冊：平裝）

1. 巴斯卡（Pascal, Blaise, 1623-1662）　2. 學術思想
3. 哲學

146.33　　109016802